荒野上的

Rediscover A Lost Era

大师

中国考古百年纪

张泉

著

GUANGXI NORMAL UNIVERSITY PRESS

广西师范大学出版社

·桂林·

图书在版编目(CIP)数据

荒野上的大师：中国考古百年纪/张泉著. ——
桂林：广西师范大学出版社, 2022.3（2024.8重印）

ISBN 978-7-5598-4615-0

Ⅰ.①荒⋯ Ⅱ.①张⋯ Ⅲ.①考古学史 – 中国 –
通俗读物 Ⅳ.①K87-49

中国版本图书馆CIP数据核字(2022)第007670号

HUANGYE SHANG DE DASHI: ZHONGGUO KAOGU BAINIAN JI
荒野上的大师：中国考古百年纪

作　者：张　泉
责任编辑：谭宇墨凡
书籍设计：陈威伸
内文制作：燕　红

广西师范大学出版社出版发行

　广西桂林市五里店路9号　邮政编码：541004
　网址：www.bbtpress.com

出版人：黄轩庄
全国新华书店经销
发行热线：010-64284815
河北鑫玉鸿程印刷有限公司印刷
开本：880mm×1230mm　1/32
印张：11.75　字数：250千字
2022年3月第1版　2024年8月第9次印刷
定价：69.00元

推荐序　不可磨灭的足迹

黄进兴

十年前，张泉第一次访问史语所时，我告诉他，现在的史语所无法定义。

在史学领域，陈寅恪先生那一代人代表着一个大师的时代，但那个时代已经落幕。如今，史语所还能在世界汉学界占据一席之地，靠的是每一位学人研究成绩的累积，大家陆续开拓出新社会史、思想史、宗教文化史、新文化史、环境史等研究方向，走出各自的新路。从前，傅斯年先生认为史语所是一个学派，现在我们却非常多元。

大师的时代似乎一去不返，但我很高兴张泉愿意探究那段逝去的时光。

2011 年秋，张泉来访问史语所。当时他是《生活》杂志副主编，策划过敦煌、台北故宫博物院、营造学社等专题报道，他的许多文章都让我印象深刻。他希望采访史语所同仁，记录几代学人的心路历程。那时我担任所长，自然全力支持。

离开台湾大约四个月后，他发来一篇三万多字的长文，请史语所的同仁针对历史细节帮忙勘误。看得出，他下了很深的功夫，用丰富的史料展现出史语所从创建到迁台以来的变迁。他的视角独特，从那一代人构筑民族想象与重建公共信仰的角度出发，重新审视史语所的使命、探索与贡献。他尊重历史，持论公允，又能以动人的文字娓娓道来。我和几位同仁读过，无不交口称赞。这篇报道在《生活》杂志刊登后，我请同事又彩印了许多份，分发给所内的同仁和来访的海内外学者，便于大家了解史语所的历史渊源与嬗变。

2014 年秋，云南派代表团来访，提出在昆明举办关于史语所的大型展览。抗战期间，史语所被迫南迁，曾有一年半的时间落脚于昆明。据说，旧日的所址和一些故居仍保存完好。云南方面希望邀请专家，协力策划这次展览。恰巧，一个多星期后，张泉再次来采访，到史语所与我见面。我顿时眼中一亮。策划这次展览，他显然是最合适的人选。他了解史语所的渊源与现状，并且严谨、细致；而作为资深媒体人，他也擅长以深入浅出的方式把遥远的历史传递给公众。

听了我的提议，张泉也很兴奋。后来，他多次去昆明，来台湾，勘察遗迹，查阅档案资料，寻访专家和历史亲历者。他每天到傅斯年图书馆，从开门坐到下班，梳理研究一些尘封的档案资料，或者来史语所与同仁们访谈交流。大约一年后，他完成了策展方案，格局大气恢宏，形式生动有趣。经过我所各学门多位同仁评审建议，策展方案又几易其稿，堪称是对史语所历史非常全面、深入的总结和展示，自此，云南方面也获得了史语所在大陆完整首展的授权，所掌握的第一手档案资料的深度与广度，在大陆无出其右者。

这些年我也一直在关注张泉的写作，他对晚清民国时期知识分子命运的追溯，对城市和地域文化变迁的探究，还有他与海内外各领域学者的访谈，都让我感到很有价值。

如今阅读他寄来的这部书稿，我发现，关于史语所的篇章既熟悉又陌生。他搜集了大量的第一手档案资料，广泛阅读了各种回忆录、学术论文和专著，对学人的精神、思想与人生发掘得更深入，呈现得更完整。他还把视野扩大到地质调查所、清华国学研究院和中国营造学社，勾勒学人的群像，探究学界的浮沉。这几家学术机构都与史语所渊源颇深，学人之间存在着复杂又密切的交集，构成一个学术共同体。无论坐拥书斋，还是走向田野，他们都以科学的精神研习"纸上之材料"，探寻"地下之材料"，在无比艰苦的环境中，有了许多震惊世人的大发现，就像张泉在书中所写的那样，"不世出的天才涌进同一个时代，合力造就时势"。

读着这部书稿，我感慨万千，不禁想起几十年前一个隆冬时节。当时我重返哈佛，路过"哈佛中国同学碑"时突发奇想，冒着风雪爬到驮碑的赑屃背上，一字一句辨认、抄录起模糊的碑文。那座石碑是1936年中国哈佛同学会为庆祝母校创校三百周年捐赠的，其中有一段话，我一直难以忘怀：

> 深识远见之士，知立国之本必亟以兴学为先。创始也艰，自是光大而扩充之，而其文化之宏往往收效于数

百年间而勿替。

当年捐赠石碑的一千多名校友中，就有张泉这本书中讲到的赵元任、李济、吴宓、梁思成、梁思永等先生，碑文则是胡适先生的手笔，并由他千里迢迢带到波士顿。那一代学人以此碑向哈佛致敬，而他们在中国探求学问、传播新知的历程，同样艰辛曲折，同样深谋远虑，同样坚忍不拔，也终于让学术发扬光大，让文化泽被后世，令人敬仰，也引人唏嘘。

张泉的这本书，让我们可以更清晰地回望他们走过的路。旧日的足音或已远去，他们留在文化史上的足迹不可磨灭。

我辈于乱世求研究，本为逆流之妄举。

——杨铨

目录

清华国学研究院·告别乌托邦

中央研究院历史语言研究所·重新发现中国

中国营造学社·被遗忘的"长征"

前言　大发现的时代

今日之时代，可谓之发现时代。

——王国维

"极可喜可恨可悲之事"

鲁迅平生最自信的事，或许并不是文学。

1927 年 4 月 8 日，他到黄埔军校演讲，标题虽然叫《革命时代的文学》，入题却是从挖煤开始的——"我首先正经学习的是开矿，叫我讲掘煤，也许比讲文学要好一些。"[1]

他以此自嘲，幽默地开场，但他其实没有开玩笑。当还是个少年时，他确实曾对探寻矿藏心向往之，并为此下过苦功。

鲁迅十八岁转入江南陆师学堂附设的矿务铁路学堂，到日本弘文学院留学后，依然对矿物情有独钟，记录了大量笔记，手抄、临摹过许多海外矿业的专著。他甚至下过矿井，踩在半

---

[1]　鲁迅：《革命时代的文学》，载《鲁迅全集》（第三卷），人民文学出版社，2005 年，第 436 页。

尺深的积水里，头顶仍有水不断漏下，在他周围，矿工们"鬼一般工作着"。鲁迅读书的时代，地质学仍被称为"地学"，矿物学则被称为"金石学"，不明就里的人或许会以为，这两门功课探讨的仍是舆地和钟鼎碑版这些古老的学问。[1]

鲁迅正式出版的第一本书中有这样一段话：

> 中国矿产，富有既如是。故帝轩辕氏，始采铜于首山，善用地也。唐虞之世，爰铸金银铅铁。逮周而矿制成……

当然，那时他还叫周树人，那本书也不是小说集或杂文集，而是《中国矿产志》，但其流行程度并不亚于他的那些横眉冷对、嬉笑怒骂的作品集。

《中国矿产志》是鲁迅和他的同学顾琅合著的，曾被清政府学部定为国民必读书。他们期望国人重视并了解自己国家丰富的矿藏，不要总是依赖外国人去研究和转述；他们更希望未来的中国能自主开矿，发展实业，寻求富强之道。

不过，两人最终选择了不同的人生。

留学回国后，顾琅辗转于教育、实业和政治领域，但并未放弃田野考察，他后来走访了汉阳、大冶、萍乡、六河沟、临城、井陉、开滦、中兴、本溪湖、抚顺等地，在 1916 年出版了《中国十大矿厂调查记》，书名由张謇题写。

1　鲁迅：《琐记》，载《鲁迅全集》（第二卷），人民文学出版社，2005 年，第 305—307 页。

鲁迅选择了"躲进小楼成一统"。发表《狂人日记》时，他已经三十七岁。人们记住了三十七岁以后的鲁迅，却淡忘了那个曾经企盼寻求矿藏的少年。

由于那段痴迷矿藏的经历，鲁迅一直对困守书斋的所谓"国学家"颇为不屑。1922年11月，他在《晨报副镌》上撰文嘲讽道："当假的国学家正在打牌喝酒，真的国学家正在稳坐高斋读古书的时候，莎士比亚的同乡斯坦因博士却已经在甘肃、新疆这些地方的沙碛里，将汉晋简牍掘去了；不但掘去了，而且做出书来了。"[1] 字里行间皆是悲怆的冷嘲，哀其不幸，更怒其不争。

鲁迅的评判，其实不算苛责。自19世纪后半叶李希霍芬（Ferdinand von Richthofen）以其七次远征为海外汉学家、探险家踏勘中国揭开序幕，这片远东的土地就因为极其丰富的自然、历史与文化资源，吸引着沙畹（Édouard Émmannuel Chavannes）、奥勃鲁契夫（В. А. Обручев）、斯文·赫定（Sven Anders Hedin）、桑志华（Emile Licent）、谢阁兰（Victor Segalen）、斯坦因（Marc Stein）、伯希和（Paul Eugène Pelliot）、柏石曼（Ernst Boerschmann）、伊东忠太、鸟居龙藏、大谷光瑞、关野贞、大村西崖、常盘大定等海外学人纷至沓来，探索地理、矿藏、生物、建筑、文物，他们的足迹纵横南北。

当伯希和在北京六国饭店展示他在中国搜罗的古籍，尤其

1　鲁迅：《不懂的音译》，载《鲁迅全集》（第一卷），人民文学出版社，2005年，第419页。

是敦煌遗书时，官员和学人无不扼腕叹息。罗振玉百感交集，感叹这是"极可喜可恨可悲之事"；两江总督端方更是早早地认定这是"中国考据学上一生死问题也"。他们深感事态严重。即便如此，也很少有人愿意像海外学人那样，亲自动身寻访一番。于是，19 世纪末 20 世纪初的中国出现了一种奇特而尴尬的局面：来自海外的地质学家、考古学家和探险家在中国各地奔波，探访藏匿在深山荒野间的矿藏、古迹、墓葬、洞窟……不断地调查、摄影、发掘、整理、分析，而中国学者却有意无意地对这些珍贵的遗迹视若无睹，或忙于欺世盗名，或甘愿囿于书斋。一面是海外学人迫切地想做更多田野调查，却又因中国之大，夙愿难成，只能感叹"大业的完成，恐不是吾辈人能够等到的"[1]，凡事尽力而为；一面却是中国学人始终无动于衷，沉溺于"'安乐椅上研究'的博古家时代"[2]。

不过，当鲁迅宣泄着满腹牢骚时，一个充满转折意义的时代其实已经来临，那时，年轻一代中国学人正跃跃欲试。他们大多在海外接受过现代学术训练，崇尚科学精神，试图重新发现古老中国的真相，重估文明的价值。他们不惮走向荒野，甚至乐在其中。在这波浪潮中，地质学家先行一步，古生物学家、人类学家、考古学家、建筑学家前赴后继，终于在二三十年间造就风气，蔚为大观。

他们是各自领域的拓荒者，也是走出书斋、走向旷野的第

---

1 参见伊东忠太《中国建筑史》，廖伊庄译，中国画报出版社，2017 年。
2 李济：《安阳》，河北教育出版社，2000 年，第 62 页。

一代中国人。这本书希望重述的，正是他们的探索以及他们开创的新纪元。

前所未有的一代人

1913 年，北洋政府工商部创立地质研究所和地质调查所，由丁文江主持，[1] 自此，以丁文江、翁文灏、章鸿钊为代表的中国地质界先驱，就与葛利普（Amadeus William Grabau）、安特生（Johan Gunnar Andersson）、步达生（Davidson Black）、德日进（Pierre Teilhard de Chardin）等海外学者鼎力合作，一面努力培养专业人才，一面坚持不懈地进行田野考察，调查矿藏，勘探石油和煤矿，挖掘恐龙骨架和各种古脊椎动物化石，[2] 发掘史前文明遗址……无论是在地质学、地震学、土壤学，还是古生物学、人类学等领域，都堪称成就卓著。

1936 年 10 月，中央研究院历史语言研究所（以下简称"史语所"）十五次发掘殷墟，主持者从李济、董作宾、梁思永，变成了更年轻的石璋如、刘耀、王湘等考古学人。大批甲骨和各种文物陆续出土，殷商时代得到证实，中华文明信史被向前

1　1913 年 9 月 8 日的《政府公报》。转引自宋广波《丁文江与中国地质事业初创》，载中国社会科学院近代史研究所编《中国社会科学院近代史研究所青年学术论坛（2005 年卷）》，社会科学文献出版社，2006 年。

2　这些恐龙化石大多是由西北科学考察团中方代理团长袁复礼主持发掘的，而鲁迅很关注考察团的动向，曾出面向中方团长徐炳昶约稿，徐炳昶后来这样写道："东归以后，东方杂志的编辑曾由我的朋友鲁迅先生转请我将本团二十个月的经过及工作大略写出来……"

推进了数百年。根据考古发掘，史语所的学人们陆续提出了一系列新的理论架构，诸如董作宾的"贞人说"、梁思永的"三叠层"、傅斯年的"夷夏东西说"等，皆极富开创意义，影响深远。到 1937 年，法国汉学家伯希和在哈佛大学成立三百周年演讲中盛赞史语所的考古发掘：

> 这是近年来全亚洲最重大的考古发掘。中国学者一下子获得了耶稣降生以前一千年中国历史的大量可靠材料。[1]

其实，不独考古组，史语所语言组的成就也不遑多让。赵元任等人历时十年，走访江苏、浙江、广东、广西、皖南、江西、湖南、湖北等地，系统地进行方言实地调查，初步勾勒了中国语言变迁的轨迹，而这些寻访与研究的意义，正如傅斯年所总结的那样："一个民族的语言即是这一个民族精神上的富有。"[2]

加入史语所之前，李济和赵元任皆任教于清华国学研究院，并在各自领域发起过具有首创意义的田野考察——西阴村的考古发掘和吴语方言调查。清华国学研究院存世虽然只有四年[3]，却网罗了梁启超、王国维、陈寅恪、赵元任、李济两代名师，

1 王汎森、杜正胜编：《傅斯年文物资料选辑》，"中央研究院"历史语言研究所，1995 年，第 77 页。

2 "史语所"筹备处：《历史语言研究所工作之旨趣》，载国立中央研究院历史语言研究所集刊编辑委员会编《国立中央研究院历史语言研究所集刊》（第一本第一分），商务印书馆（广州），1928 年，第 3 页。

3 1925 年，清华大学成立清华研究院国学门，当时亦通称"清华国学研究院"，后出于各种原因，在 1929 年停办。

不仅为未来中国学界树立了典范，亦可被视作史语所的"前传"：陈寅恪、赵元任、李济都是史语所的主事人，而梁启超、王国维和陈寅恪虽然没有参与田野考察，但以各自的远见卓识和影响力，为学人走向荒野扫清了障碍，更奠定下思想根基，其中，王国维提出的"二重证据法"，影响尤为深远。

地质调查所和史语所考古组探查的主要是地下的文物，中国营造学社追索的则是地上的古迹。鲁迅生前，北京的家中常年摆着一幅从山本照相馆购买的佛像照片，[1] 据说，他把这尊河北正定隆兴寺的佛像誉为"东方美神"，尽管他毕生都没见过它的真身。近代中国学人中，最早见到这尊佛像的，或许是中国营造学社法式部主任梁思成。1932 年，梁思成一行就冒着战火，对隆兴寺做了详细的调查、测绘和研究。他认为，这尊塑像虽然遭到后世篡改，但"显然是宋代原塑"。当然，他关注的不只是造像，更是建筑风貌，并盛赞隆兴寺的牟尼殿为"艺臻极品"。[2]

鲁迅去世时（1936 年），中国营造学社创建只有五年，却已经考察了上百个县市的两千余处古建筑，其中的佼佼者，如独乐寺的观音阁和山门、西大寺的三大士殿、佛宫寺的释迦塔、华严寺的薄伽教藏，以及善化寺、广胜寺等辽金以降的古建筑

1　参见 1923 年 7 月 3 日的鲁迅日记。"三日，昙。休假。寄三弟信。与二弟至东安市场，又至东交民巷书店，又至山本照相馆买云冈石窟佛像写真十四枚，又正定木佛像写真三枚，共泉六元八角。"
2　梁思成：《正定古建筑调查纪略》，载《梁思成全集》（第二卷），中国建筑工业出版社，2001 年，第 9、12 页。

经典，都是通过梁思成、刘敦桢、林徽因等人的考察报告昭示于国人的。这些大地上的遗构，为破解北宋"天书"《营造法式》提供了大量直观的证据。与此同时，一部中国建筑史也在梁思成心中氤氲成形。

　　地质调查所、清华国学研究院、中央研究院历史语言研究所、中国营造学社，是中国近代文化史上的四座高峰，也是学人走出书斋、走向田野的先行者。从北洋政府到国民政府，从"北伐"到"中原大战"，从"九一八事变"到"七七事变"，国家不断裂变，时代疾速转捩，总统和内阁总理走马灯般更替，登场谢幕，儿戏一般。但在这乱局的夹缝里，以上述机构为代表的学人共同体，被爱国热情激励，默默耕耘，不懈奔走，勠力与共，开创了中国历史上无数个第一：

　　中国人独立进行的第一次科学的考古发掘——西阴村遗址发掘（李济、袁复礼主持）；

　　第一份矿产资源调查和田野考察报告——《调查正太铁路附近地质矿物报告书》（丁文江）；

　　第一本地质学讲义——《地质学讲义》（翁文灏）；

　　第一张着色全国地质图——《中国地质约测图》（翁文灏）；

　　第一幅地震区域分布图——《中国地震分布图》（翁文灏）；

　　第一部石油调查报告——《甘肃玉门石油报告》（谢家荣）；

　　第一部石油研究专著——《石油》（谢家荣）；

　　第一部古脊椎动物学专著——《中国北方之啮齿类化石》（杨钟健）；

第一部恐龙研究专著——《许氏禄丰龙》（杨钟健）；

第一篇古建筑调查报告——《蓟县独乐寺观音阁山门考》（梁思成）；

第一部正式颁布的文物法规——《古物保存法》；

……

他们发现了"北京人"头骨、"山顶洞人"头骨、龙山文化黑陶，还有海量有字甲骨、大批殷墟文物、殷商故都，以及唐、宋、辽、金、元、明、清建筑，提出了"燕山运动""三门系""三叠层""贞人说""夷夏东西说"等理论。中国第一座地震台（鹫峰地震台）、第一个油田（玉门油田）、第一条独立发掘并装架的恐龙化石（许氏禄丰龙），同样由他们全力促成。

他们大多诵读"四书五经"长大，随后到海外接受现代学术训练，崇尚科学精神。他们中有中国第一位地质学博士（翁文灏）、人类学博士（李济）、第一位考古学硕士（梁思永）、最早的商业管理硕士（曹云祥），还有"中国考古学之父"（李济）、"中国科学考古第一人"（梁思永）、"汉语语言学之父"（赵元任）、"非汉语语言学之父"（李方桂）、"中国恐龙之父"（杨钟健）……

他们是荒野上的大师，新学术的奠基者，是前所未有的一代人。当然，他们也是第一代世界主义者，改变了世界对中国的认知。

即便横眉冷对如鲁迅，虽不时会在日记、书信或文章中对他们揶揄一二，比如他认为史语所出版的《安阳发掘报告》"精

义少而废话多"；[1] 说梁启超工资太高，而且"西学不大贯"，
要配上李四光才能"凑成一个中外兼通的完人"；[2] 嘲讽丁文江
陪着胡适去"觐见"蒋介石——"中国向来的老例，做皇帝
做牢靠和做倒霉的时候，总要和文人学士扳一下子相好"[3]……
不过，毋庸置疑，鲁迅未竟的梦，的确已在他们脚下逐渐变
成现实。[4]

需要特别说明的是，民国时期注重田野考察的当然不止这
四家机构。事实上，静生生物调查所、中央研究院地质研究所、
国立北平研究院史学研究会、"魁阁"等机构同样云集了一批
不惮走出书斋的学人，他们致力于动植物、矿产、考古发掘、
民族学等领域的调查与研究，并取得了不菲的成就。但是，本
书决定聚焦于地质调查所、清华国学研究院、史语所和中国营
造学社，因为它们既代表了多元的面向，彼此间又有千丝万缕
的关联，形成了相对稳固的学术共同体；它们的发展历程也足
以折射出从 1910 年代到 1940 年代的不同阶段，中国学界走向
田野的渴望与困惑、构想与曲折、困境与探求。正因他们的努
力，一个大发现的时代终于在近代中国的土地上显露峥嵘。

---

1 鲁迅：《致台静农》（1932 年 6 月 18 日），载《鲁迅全集》（第十二卷），
   人民文学出版社，2005 年，第 311—312 页。
2 鲁迅：《杂论管闲事·做学问·灰色等》，载《鲁迅全集》（第三卷），第
   201 页。
3 鲁迅：《知难行难》，载《鲁迅全集》（第四卷），人民文学出版社，
   2005 年，第 347 页。
4 相形之下，鲁迅只对王国维比较客气，他认为："要谈国学，他（王国维）
   才可以算一个研究国学的人物。"参见鲁迅《不懂的音译》。

走出书斋，走向旷野

中国历史上，并非没有读书人走出书斋的先例。徐霞客和宋应星是其中的佼佼者，但在正史记载中，他们注定只能沦为边缘角色。

1912 年，当云南高等学堂监督叶浩吾向丁文江提起《徐霞客游记》时，从欧洲学习地质学归来的丁文江惊讶地发现，自己竟然对这个明代的同乡一无所知。穿越了半个中国到了上海，他才终于买到一本《徐霞客游记》，而他真正对徐霞客产生精神认同，还要再等两年。两年后，他到云南考察地质，在极度疲倦中阅读了这本两个多世纪前的游记，他发现，自己在考察路上的见闻，与徐霞客两百多年前的记录竟能逐一吻合，不胜感慨："始惊叹先生精力之富，观察之精，记载之详且实。"[1]

至此，他才真正对徐霞客心生敬意，更满怀好奇。然而，这样一个传奇人物的人生历程居然模糊不清，著作也早已支离破碎，大量散佚。于是，丁文江决定为徐霞客正名，整理徐霞客的游记和年谱，绘制其周游天下的路线图。这项工作，几乎集结了三代人的力量，他的前辈梁启超、张元济、罗振玉等人慷慨地为他提供了典籍资料，而他的后辈朱庭祜、叶良辅、谭锡畴、谢家荣、王竹泉等人则把在各地绘制的地图交给他，点点滴滴拼合出徐霞客走过的路。

1　丁文江：《重印徐霞客游记及新著年谱序》，载徐弘祖撰，褚绍唐、吴应寿整理《徐霞客游记》，上海古籍出版社，1995 年，第 1280 页。

宋应星是另一个引发丁文江强烈共鸣的人。1914年，他在昆明图书馆收藏的《云南通志》中，读到一段关于炼铜的描述，深为折服。这段引文摘自《天工开物》——又一个陌生的名字。更让他震惊的是，这部明代的奇书在偌大的中国竟然一本都找不到。经过章鸿钊提示，他才知道，大洋彼岸的日本帝国图书馆，反倒收藏着这部古代中国的百科全书。于是，丁文江又历时十三年，寻找传世的版本，并努力还原宋应星兄弟的故事。

徐霞客和宋应星终于不再是深埋于历史深处的无名氏，反而成为许多年轻学人的精神偶像。身处国家危亡的年代，和许多中国知识分子一样，丁文江也习惯拿中国的先贤与西方的比较，进而论证中华文明曾有过的伟大创举。他热诚地宣称徐霞客的旅程是"文艺复兴精神的体现"，称颂宋应星的《天工开物》"其精神与近世科学方法相暗合"。他认为徐霞客的"'求知'之精神，乃近百年来欧美人之特色，而不谓先生已得之于二百八十年前"。他评价《天工开物》的创造性价值举世无双："三百年前言农工业书如此其详且备者，举世界无之，盖亦绝作也。"他试图论证，科学的精神与探索在中国由来已久，远超西方，只是暂时失传湮没罢了。

丁文江以现代徐霞客自期，而他的"万里遐征"，更要"看徐霞客所不曾看见"，记"徐霞客所不曾记载"。[1] 丁文江信奉

1　胡适：《丁文江的传记》，载欧阳哲生编《胡适文集》（7），北京大学出版社，1998年，第429页。

"登山必到峰顶，调查不要代步"，一生身体力行。无独有偶，这几家学术机构的核心人物都做过类似的表态。丁文江的同事与继任者翁文灏呼吁学人"担斧入山，劈荆棘斩榛莽"，[1] 甚至还提出，"如果一年没有上山，便不配称地质学者"[2]；史语所创始人傅斯年要求书生"上穷碧落下黄泉，动手动脚找东西"[3]；从清华国学研究院加入史语所的李济要"打倒以长城自封的中国文化观，用我们的眼睛，用我们的腿，到长城以北去找中国古代史的资料"[4]；赵元任兴致勃勃地表示，"用表格用录音器作系统化的调查工作是一回事，到各处学说各种话当然又是一回事"[5]；中国营造学社的梁思成则强调，"研究古建筑，非作遗物之实地调查测绘不可"……各种动词，掷地有声，而归根结底，都是呼吁学人走出书斋，走向旷野。

许多年后，胡适给亡故多年的老友丁文江作传（《丁文江的传记》，1956 年），依然忍不住感叹："这样最不怕吃苦，又最有方法的现代徐霞客，才配做中国地质学的开山大师。"

这不只是对丁文江个人致以敬意，其实也是丁文江这代学

1　章鸿钊、翁文灏：《地质研究所师弟修业记》，京华印书局，1916 年。

2　翁文灏：《回头看与向前看》，载李学通编选《科学与工业化》，中华书局，2009 年，第 18 页。

3　"史语所"筹备处：《历史语言研究所工作之旨趣》，载国立中央研究院历史语言研究所集刊编辑委员会编《国立中央研究院历史语言研究所集刊》（第一本第一分）。

4　李济：《中国上古史之重建工作及其问题》，载清华大学国学研究院主编，杨朗选编《李济文存》，江苏人民出版社，2018 年，第 177 页。

5　赵元任：《我的语言自传》，载赵元任著，吴宗济、赵新那编《赵元任语言学论文集》，商务印书馆，2002 年，第 655 页。

人的精神写照。但这代人注定饱尝艰辛，甚至前途莫测。如果地质调查所没能勘探出矿藏，没有发掘出"北京人"头骨或恐龙化石，如果史语所没能在殷墟发掘出海量的有字甲骨和各种文物，没有找到殷商故都的基址，如果中国营造学社没有发现大量古建筑经典……很难说这一代学人不会继续"沦为"又一个徐霞客或者宋应星，最后从历史中悄然退场。

所幸，他们与一个大发现的时代相互成就。身处乱世，他们遭遇离乱动荡，可是，他们无疑又生逢其时。

绝境里求生，陈见中突围

丁文江迫切地希望为徐霞客和宋应星正名，其实也未尝不是为了给他这一代中国学人正名。他们面对着更加复杂的社会环境，置身于动荡的大时代，万事不由己，只有竭力而为。

中国的读书人从来都对体力劳动心存鄙夷，而无论地质调查、考古发掘还是古建筑考察，都需要频繁外出，风餐露宿。尽管从洋务运动以来，实业救国已成共识，地质调查因此有了发展空间，许多人也开始认可考古发掘和古建筑调查，相信它们有助于了解中华文明的来龙去脉，甚至赋予其爱国意义，然而，社会观念如故，田野考察依然面对巨大阻力。

思想鸿蒙未开，民众对考古发掘更是误解重重。人们天然地相信，考古发掘就是搜罗宝物。李济、袁复礼离开西阴村后，车站检查人员如临大敌，怀疑他们盗取了珍贵的文物。不料，一箱一箱查验，居然全都是些碎陶片，这让检查员无比困惑，为什么要千里迢迢地把几十箱碎陶片运回北京？[1] 抗战期间，史语所迁到李庄，当地的乡绅与百姓一度以为，这些学者是以吃人为生的——抗战千里流亡，随身携带的一定是最贵重的东西，可他们的行李中却塞满了人类的遗骸。石璋如到邠县（今陕西彬县）考察，一边使用指南针，一边绘图，以致当地陪同的人坚信他是风水先生，再三央求他到家中帮忙看看风水，无论石璋如怎样解释都无济于事。[2] 地质调查所历时多年终于出版了《中国分省新图》，丁文江却在序言中继续苦口婆心地呼吁："我们只希望以后同行的诸君，少讲些龙脉，少画些笔架，使得中国青年渐渐地了解地形是怎样一回事。"[3] 杨钟健在云南发掘出恐龙骨架，到重庆北碚举办展览，竟然有人毕恭毕敬地拜倒在恐龙骨架前，虔诚地进香。他们不知道此龙非彼龙，只是敬香祈福的习惯由来已久，条件反射般深入骨髓。这样的传统太过漫长，以致梁思成寻访云冈石窟时忍不住感叹，十几个世纪以来，民众忙着焚香膜拜，却对精美绝伦的造像熟视无睹，"在这讲究金石考古学术的中国里，（云冈石窟真正的价值）却并未有人注意及之"。[4] 千年以降，中国大地上的无数瑰宝正是

1　李济：《〈殷墟陶器研究报告〉序》，载清华大学国学研究院主编，杨朗选编《李济文存》，第188页。

2　陈存恭、陈仲玉、任育德访问，任育德纪录：《石璋如先生口述历史》，九州出版社，2013年。

3　丁文江、翁文灏、曾世英：《中国分省新图》，申报馆，1933年。

4　梁思成、林徽因、刘敦桢：《云冈石窟中所表现的北魏建筑》，载《梁思成全集》（第二卷），第177页。

这样被有意无意地遗忘殆尽。

他们发现，在中国进行田野考察，最大的对手，其实是金石学传统，它是如此根深蒂固。中国营造学社外出考察古建筑，当地向导听说梁思成等人对古物感兴趣，常常会自作主张带他们去看碑刻，他们觉得，碑刻才是艺术，而建筑不过是工匠的手艺，难登大雅之堂。起初，考古学被许多人认为只是金石学的一个别名而已，[1] 而当中国学人开始独立进行考古发掘，即便是马衡、董作宾这些从传统金石学框架中努力转型的一流学人，也曾对考古发掘存在误会。马衡相信，通过考古发掘，可以挖出"地下二十四史"。这个天真的设想显然不可能实现。董作宾主持殷墟第一次发掘，因过度关注甲骨，挖到人类遗骸，顿感冒犯了先人，匆忙把它们重新掩埋起来，直到后来与李济相遇，才知道人类遗骸同样蕴含着丰富的考古价值。到 1930 年代，考古发掘虽已硕果累累，然而，当夏鼐参加公费留学考试被考古专业录取时，他顿感前途渺茫，哀叹自己"简直是爬到古塔顶上去弄古董"。[2] 夏鼐毕业于清华大学历史系，后又师从傅斯年和李济，连他都对考古心存偏见，旁人更可想而知。

政府对地质发掘和考古发掘的态度更为复杂。当地质学家致力于勘探煤矿、金属、石油，为实业助力时，政府自然大力倡导、支持，而一旦科学家被地下的出土物吸引，开始发掘文

1　李济：《现代考古学与殷墟发掘》，载张光直主编《李济文集》(5)，上海人民出版社，2006 年，第 3 页。

2　夏鼐：《夏鼐日记》(卷一)，华东师范大学出版社，2011 年，第 265 页。

物、古生物化石乃至古人类遗骸，政客的态度就开始发生微妙的变化。考试院院长戴季陶就想当然地以为，所有考古发掘都是盗墓，为此，他义正词严地致电行政院、教育部和中央研究院等，要求立即停止考古发掘，还威胁说，倘若在古代，做这样大逆不道的事情是要被凌迟处死的。李济当时就预感到，"从此考古工作恐将永无太平之日"，这种"新旧史学观点的冲突"很容易就会被政治化。不出他所料，纵然蔡元培率领学者严词反驳，行政院还是下令严禁发掘古墓，以致有的地区的考古发掘被迫延期。

地方与中央的博弈，同样影响着田野考察。李济到西阴村发掘，还带着两任前内阁总理和梁启超写给时任山西省省长阎锡山的介绍信，"山西王"却一直避而不见，倘若不是山西省内务署的负责人被李济的诚意打动，这次考古发掘很可能就此搁浅。发掘殷墟更是遇到了巨大的阻力。河南当地政府怀疑史语所盗取宝物，多次以各种形式粗暴干涉，而无论蒋介石的命令，还是《古物保存法》的颁布，都无力影响河南省高层与基层的决策。只有权力和武力才能主宰一切，等到蒋介石赢得"中原大战"，将河南纳入势力范围，一切自然迎刃而解。为了赢得地方人士的信任，梁思成不得不学着用"老派的上层社会方式与军官和地方官员打交道"。到各地考察时，他一面保持着"低调、礼貌而恭敬"的态度，一面又掏出印满各种头衔的名片，在言谈间若无其事地透露自己和某些政要名流交好，一步步周旋，当地人才终于对他刮目相看，愿意提供支持和帮助。[1]

困扰田野考察的，不止社会观念和政治压力，资金问题同样棘手、严峻。

傅斯年努力凑齐了一千元，殷墟发掘才终于正式启动，然而，第三次发掘结束后又陷入困境，弗利尔艺术馆决定与史语所中止合作，所幸，中华教育文化基金会及时施以援手。[2]殷墟第十一次发掘成果卓著，但预算远超过拨款，值得庆幸的是，中央研究院第二任总干事是丁文江，他深知田野考察的意义，于是另辟蹊径，邀请国立中央博物院参与投资，约定先由史语所研究出土文物，此后再把它们送到博物院珍藏，这才妥善解决了资金问题。[3]中国营造学社的前身营造学会，几乎让创始人朱启钤耗尽家财，也是由于中华教育文化基金会的支持，又有中英庚款董事会襄助，中国营造学社才得以建立并运转十多年。周口店的发掘则依赖美国洛克菲勒基金会提供的资金，可是，当出土成果越来越少，资金也就日渐匮乏。1936 年，地质调查所新生代研究室岌岌可危，随时可能会关闭，是贾兰坡发现的三个"北京人"头骨拯救了这家学术机构。

全面抗战爆发后，情况恶化。在昆明，董作宾和胡厚宣准

1　参见费正清《费正清中国回忆录》，熊文霞译，中信出版社，2013 年。此外，林洙还提及："每次外出调研，社长朱启钤均事先通过社员中有关的党政头面人物，向当地政府打招呼，每到一处，各县县长、教育局局长均亲自接待，并派员向导，必要时还派保安人员护送。"参见林洙《叩开鲁班的大门——中国营造学社史略》，中国建筑工业出版社，1995 年，第 21 页。

2　李济：《安阳》，第 78 页。

3　李济：《安阳》，第 89—90 页。

备拓印殷墟 YH127 坑出土的有字甲骨,却找不到足够的宣纸。[1]
陈寅恪写完《元白诗笺证稿》,也没有合适的稿纸誊抄,只好
给史语所的同事写信求助。为了维系中国营造学社的运转,梁
思成一次次前往重庆,向各个政府部门求援——他的前半生衣
食无忧,亦无心仕途,后半生却不得不放下自尊,与官僚们周
旋,四处化缘。谢家荣等人进行地质调查时,则下定了决心,"必
要时一切事可由我们自己来做,剩下的钱,我们要留作野外调
查之用,万一公家一时不给我们款子,那我们只有吃饭不拿薪,
我们学地质的应有这种苦干精神"。

　　这二三十年间,中国学人无疑是在绝境里求生,于陈见中
突围,终于在旷野之上踏出新路。

内忧外患的"黄金时代"

　　这群现代徐霞客和宋应星,大多有着体面的身份和不菲的
收入,但他们宁愿往荒野中辗转,在泥泞、崎岖间奔波。手无
缚鸡之力的书生必须学着应对各种挑战,有时坐着骡车颠簸,[2]
有时赤脚在冰河中穿行,[3]有时带着帐篷风餐露宿,能住进牛棚
都值得庆幸[4]。沿路可能找不到食物,饮水也是大问题,漂浮在

1　李济:《安阳》,第 131 页。
2　骡车是梁思成、林徽因等人在山西考察时常用的交通工具。
3　梁思永在昂昂溪进行考古发掘,每天都要徒步几公里,再穿越冰冷的河
　　水才能抵达发掘地点。
4　贾兰坡、黄慰文:《周口店发掘记》,天津科学技术出版社,1984 年,第 99 页。

水面上的微生物往往让他们望而却步。[1] 他们潜入过几十米深的地下，举着油灯，点着蜡烛，忍受无尽的孤独，往泥土堆积中寻找蛛丝马迹。他们遭遇过塌方，与炸药朝夕相处。[2] 他们时常攀爬数十米高的建筑，测绘，摄影，稍有不慎就可能从高空跌落。[3] 他们在深谷中迷过路，[4] 也曾险些闯入山中的瘟疫区。[5]

当然，生命脆弱，世事无常，还有更残酷的挑战等着他们。袁复礼在新疆的冰雪中发掘恐龙化石，冻伤了脚，挨到发掘结束回到乌鲁木齐才得以动手术，休养了三个月才痊愈；梁思永抱病发掘殷墟，罹患重病，卧床长达两年之久；翁文灏到浙江考察石油，遭遇车祸，九死一生；二十八岁的吴希曾在湘西勘探煤矿，也遇车祸，却未能醒来；丁文江在湖南勘察煤矿，煤气中毒，不幸罹难；年轻的赵亚曾在云南，许德佑、陈康、马以思在贵州均被土匪枪杀；傅徽第则在赣南被日军杀害……

这是个大发现的时代，却又是极为动荡的时代。天灾频发，战乱不断，既困扰着贫弱的国家，也吞噬着他们的生活。几场大雨就足以让周口店的发掘被迫暂停几个星期，[6] 让中国营造学

1　梁思成：《正定古建筑调查纪略》，载《梁思成全集》（第二卷），第 4 页。

2　裴文中：《周口店中国猿人成年头盖骨发现之经过》，载《裴文中科学论文集》，科学出版社，1990 年，第 1 页。

3　梁思成在应县木塔测绘时，就曾因为一个惊雷，险些从高空中坠落。

4　参见谢家荣记《旅甘日记》（1921 年 10 月 17 日）。

5　袁复礼：《三十年代中瑞合作的西北科学考察团》，《中国科技史杂志》1984 年第 2 期，第 54—58 页。

6　例如，1929 年，"北京人"头盖骨被发现之前的几个月，周口店的发掘工作就因为连绵的夏雨被迫暂停了七个星期。

社的考察之旅不断延期。[1]

战争是更大的威胁。1927年，李济前往陕西考察，由于北伐战争，他不得不绕道半个中国，先北上大连，再坐船南下上海，然后转汉口，再从汉口取道北上。[2]同样在这一年，地质调查所开始大规模发掘周口店，附近时常炮声隆隆。有时会有士兵突然出现，占用他们发掘出来的洞穴，试验手榴弹。[3]甘肃军阀误把西北科学考察团携带的氢气管当作炮筒，误以为他们是张作霖的军队，随即扣押了科考团的学者。当时的新疆省主席杨增新遇刺身亡后，继任者金树仁则对考察团百般阻挠，令科考一度陷入僵局。1933年，梁思成前往正定调查古建筑，却发现火车上全都是军人。滦东战事困扰着整个行程，他担心北平遭到轰炸，不得不压缩原定计划，随时准备返程。

军阀混战之后，是更加残酷的抗日战争和长达八年的流亡岁月。他们匆匆踏上南迁之路，不幸的是，多年来各自收集的珍稀书籍、资料、记录的笔记乃至书稿，却大多在离乱中散佚。由于部署周密，许多珍贵的文物得以保全，但并非所有文物都这样幸运："北京人"头骨化石在秘密运往美国途中不知所终；中国营造学社存放在天津麦加利银行地下金库里的底片，基本毁于洪水，只有一批测绘图稿和胶片经过小心的整理、晾晒，

1　例如，梁思成考察宝坻西大寺时，因为大雨，长途汽车停运，考察计划
　　延迟了一个多星期。

2　转引自陈洪波《中国科学考古学的兴起：1928—1949年历史语言研究所
　　考古史》，广西师范大学出版社，2011年，第120页。

3　李济：《"北京人"的发现与研究之经过》，载张光直主编《李济文集》(2)，
　　上海人民出版社，2006年，第29页。

勉强得以保全，[1]袁复礼在西北考察时收集的十七箱标本全部遗失，他的《蒙新考查五年记》的新疆部分也被弄丢了；史语所在安上村曹王墓发掘的出土物在济南被毁，考察报告在九龙被烧尽。许多年后董作宾仍耿耿于怀，"新材料完全损失了，而且永远损失了"。[2]

国难当头，他们也时常陷入自我怀疑，不知道自己的工作究竟是否有意义。翁文灏向傅斯年哀叹，地质考察对抗战没有任何帮助。傅斯年也常常自问："书生何以报国？"李济一度想过放下铲子，扛起枪去前线打仗，[3]而李济与董作宾、梁思永一手培养起来的"考古十兄弟"[4]，最终也因为战争分道扬镳，终生未能重聚。

风雨、天险、疾病、匪患、战争……任何一点变故，随时都可能将他们吞噬。近代中国的学人们，却在深谷中劈出一线光明。内忧外患，国土沦丧之际，他们取得的学术成就甚至被视为民族最后一丝尊严所在，正如孙楷第在写给陈垣的信中所讲，中国"生产落后，百业凋零，科学建设，方之异国，殆无

1　林洙：《叩开鲁班的大门》，第16—17页。费慰梅对此也有简单描述。参见费慰梅《梁思成与林徽因》，曲莹璞等译，中国文联出版公司，1997年，第181页。

2　董作宾：《国立中央研究院历史语言研究所傅所长纪念专刊编后记》，载《董作宾先生全集》（甲编），艺文印书馆，1977年，第1124页。

3　李济：《安阳最近发掘报告及六次工作之总估计》，载傅斯年等编《安阳发掘报告》（第四期），南天书局有限公司，1933年，第564页。

4　李景聃（1900—1940），石璋如（1902—2004）、李光宇（1905—1991）、刘耀（后改名为尹达，1906—1983）、尹焕章（1909—1969）、祁延霈（1910—1939）、胡厚宣（1911—1995）、王湘（1912—2010）、高去寻（1910—1991）、潘悫（1907—1969）。

足言；若乃一线未斩唯在学术"。[1] 这也正是这一代学人的自我期许。陈寅恪相信，"国可亡，而史不可灭"；翁文灏则正告同仁，"即便中国暂时亡了，我们也要留下一点工作的成绩，叫世界上知道我们尚非绝对的下等民族"。

他们并未将罪责完全归咎于时代，没有因外力干扰而忘记本分，他们在荒野之中，于书斋内外，上下求索，努力恪守精神的尊严。其实，哪有什么"黄金时代"，从来都是勇毅者以自己的名字开创新的纪元。

1　转引自陈洪波《中国科学考古学的兴起：1928—1949 年历史语言研究所考古史》，第 109 页。

地质调查所

书生担斧入山

第一章　李希霍芬的"偏见"

红皮肤的人

咳嗽声此起彼伏，海浪一般，从深夜直到清晨从未止歇。

丁文江和几十名矿工躺在一间用土墙围起来的草棚里，整夜都没合眼。清晨起来，他发现，满地都是浓痰。

1914 年，大半个春天，他深入云南，探访中国的锡都——个旧。白天待在矿洞里，几十步开外都能听见矿工们沉重的喘息声。他们早被生活的重负压弯了脊梁，皮肤也被矿石染成红色，短暂的人生看不到丝毫希望。

这还并非彻底的绝望。几个月后，丁文江从他们眼中读出了更加迷惘无助的神情。红皮肤的人衣衫褴褛，成群结队在山路上踟蹰而行，不知该以何为生。他们失业了。第一次世界大战爆发后，欧洲陷入战火，云南的锡矿顿时没了销路，许多矿场随之倒闭。20 世纪初的世界，诸多隐秘的角落，就这样相隔万里却彼此关联。

对于山外世界的变化，丁文江几乎一无所知。他辗转于云南、四川和贵州，这场孤独的旅途长达十个月，如同渔翁误入桃花源，早不知今夕何夕。

他随身带着帐篷、罗盘、经纬仪、气压高度计和照相机，沿着蜿蜒的金沙江，在荒山中穿行，踏勘地貌，考察矿藏。一路上要忍受酷暑、严寒与饥饿，昼夜温差动辄高达三十摄氏度，有时雨太大，帐篷都被淋透，能在乡间找块草垛睡一觉都值得庆幸。但他极为兴奋，不知疲倦地奔走。在个旧，他着迷于当地人摸索出来的采矿方法——开凿水渠用流水冲出矿砂，这让在英国接受过现代地质学教育的丁文江大开眼界；然而，站在厂房里，他发现好几台从欧洲进口的采矿设备落满灰尘，竟然没有人会操作，他又惋惜不已。

民间智慧与现代技术，就这样在深山中无声对峙，而中学与西潮的悄然角力，正是此刻中国社会的缩影。

轿子与帐篷

一路风尘仆仆，除了鼻梁上的眼镜，已经很难从丁文江身上发现读书人的影子。当地人尤其难以置信，一个从京城来的官员居然不坐轿子，却背着帐篷四处奔波。

轿子，却是丁文江最痛恨的东西。

"丝绸之路"的命名者、德国地理学家李希霍芬，曾把中国学者称为"斯文秀才"——他们留着长指甲，出门离不开轿子，还一定要带着书童随时伺候。[1] 他认为，中国很难开展地质调查，因为"中国的文人性情懒惰，历来不愿意很快行动。在大多数情况下，他既为自己的贪心而烦恼，又不能把自己从关于礼节和体面的固有成见中解脱出来。按照他的观点，步行就是降低身份，从事地质行当在人们心中就是斯文扫地"。[2] 他的评价或许存在偏见，却无疑又揭示出某些真相：千年以降，中国的读书人始终对体力劳动心存芥蒂，他们寒窗苦读，就是为了逃离田野，登上庙堂。于是，像徐霞客那样不辞辛劳地探勘山水、孜孜记录的人物，在中国历史上只是凤毛麟角，并且从未被主流接纳。即便进入民国以后，"赛先生"的名字即将在年轻人中间风靡，依然很少有人愿意学习地质学这样的专业。毕竟，地质考察需要风餐露宿，日晒雨淋，看起来不像个体面的职业；何况，那些冗长的术语、近乎离奇的发现与解释，听起来都匪夷所思，与人们熟知的"四书五经"格格不入。

不过，李希霍芬的刻板印象并不适用于丁文江。

丁文江似乎是个天生的探险家。十六岁时，这个极少出远门的泰州少年不顾家族反对，举债到日本留学。[3] 两年后，尽管他几乎不通英语，旅费也捉襟见肘，却还是说服了两个朋友，

1　李济：《石璋如〈考古年表〉序》，载张光直主编《李济文集》（5），第 131 页。
2　转引自费侠莉《丁文江：科学与中国新文化》，丁子霖、蒋毅坚、杨昭译，杨照明校，新星出版社，2006 年，第 34 页。
3　丁文江于 1902 年前往日本留学，胡适在《丁文江的传记》中说丁文江当时十六岁，为虚岁。根据丁文江的哥哥丁文涛的回忆，丁文江这次留学，"戚友多疑阻，先严不免为所动"，后来，经过丁文江的老师龙璋劝导，丁文江的父亲才决定"举债以成其行"。

结伴前往欧洲。途经槟榔屿，他们礼节性地拜访了康有为，依靠康有为赠送的十个金镑，才终于完成了这场横跨半个地球的航程。[1]到英国后，丁文江依然走投无路，险些去船坞打工，所幸，一位好心的医生帮助他留了下来，他才得以在剑桥大学和格拉斯哥大学获得动物学和地质学双学士学位。经过专业的科学训练，冒险精神终于有了新的用武之地，回国后，他满怀憧憬准备探索崇山与疾流。他戴着眼镜，捏着雪茄，却以徐霞客自期。

1913 年，在加入矿政司地质科第一天，他就问了一个古怪的问题——北京西郊的斋堂在哪里？听说那里出产煤矿。

没有人知道，更无人关心。地质科只是庞大的官僚机构下的一个小小科室，几个同僚对地质知识几乎一无所知，他们所想的，不过是按部就班地处理公文，上班下班，每月按时领取薪水。

踌躇满志的年轻人瞬间被抛进现实的旋涡，但他并没有被官僚系统吞噬，天真地试图依托地质科做些非比寻常的事。他深知，如果中国不进行地质勘探和科学研究，就只能依赖国外的学者和技术，无从发展，更无力自主；而想要改变现状，扭转李希霍芬式的"偏见"，必须从教育入手。

学不孤而闻不寡

丁文江的目标，是用三年造就一批地质人才，他们不仅要

---

1 李祖鸿：《留学时代的丁在君》，《独立》1936 年 7 月 5 日第 208 号。

"学业优异"，更要"体力强健"。[1]

　　推进地质教育，其实并非丁文江首创。地质科第一任科长章鸿钊也曾做过详细的规划。章鸿钊比丁文江大十岁，毕业于东京帝国大学地质学系，他之所以选择地质学专业，是因为中国地质人才匮乏，而矿业、工业、农业乃至商业，都与地质学息息相关，因此，他希望通过地质调查与研究，改变国家贫弱的状况。进入地质科之后，章鸿钊就草拟了《中华地质调查私议》，希望设立地质讲习所，培养专门人才，推进地质调查，但他未能如愿，随即转投了农林部。

　　所幸，继任者丁文江行动力出众，迅速与矿政司司长张轶欧达成一致。张轶欧同样从海外留学归来，先入读日本早稻田大学，后前往比利时，在海南工科大学获得路矿业硕士学位。他一直珍藏着章鸿钊留下的《中华地质调查私议》，希望能付诸实践。张轶欧和丁文江一拍即合，商定创办地质研究所，由二十六岁的丁文江担任所长。[2]

　　地质科资金有限，丁文江决定另辟蹊径。当时北京大学设有地质学门，但已经濒临终结，学生稀少，而且体格很弱，根本不适合田野工作；但是，北大地质学门拥有专业书籍、仪器和宿舍，这些宝贵的闲置资源正可以帮助地质研究所解燃眉之急。于是，丁文江与北京大学校长何燏时、理科学长夏元瑮商

1　丁文江：《工商部试办地质调查说明书》，载欧阳哲生主编《丁文江文集》
　　（第 3 卷），湖南教育出版社，2008 年，第 163 页。
2　丁文江：《〈地质汇报〉序》，载国立北平研究院地质学研究所农商部地质
　　调查所《地质汇报》（第 1 号），1919 年。

定，各取所长，合作培养学生。1913 年夏，他主持了地质研究所的入学考试，选拔了三十名学生。9 月 4 日，工商部成立地质调查所和地质研究所，丁文江兼任两所所长。[1]

"出走"的章鸿钊很钦佩年轻的丁文江，在丁文江的劝说下，欣然应允到地质研究所赴任，与丁文江一起指点这些年轻人。科学专业进入中国之初，面临重重阻力，前瞻精神与行动力都弥足珍贵，更难得的是，丁文江兼具了这两种特质。章鸿钊后来这样感叹："丁先生是偏于实行的。往往鸿钊想到的还没有做到，丁先生便把这件事轻轻地做起了。这不单是鸿钊要感激他，在初办地质事业的时候，这样勇于任事的人，实在是少不得的。"[2]

丁文江竭力想为学生们寻找更多优秀的老师，他还打算邀请任教于北京大学地质学门的德国教授梭尔格（Friedrich Solgar），尽管有些人认为这实在不是个明智的选择。他们觉得梭尔格非常傲慢，脾气很坏。不过，丁文江与梭尔格交谈了几次，又结伴外出考察，通过这些接触，他确信梭尔格很专业，而且可以合作。

他并不一味迷信外国专家。北大还有一个德国教授，带着一份井陉煤矿的地质图到地质研究所应聘，宣称是自己画的。

1 1913 年 9 月 8 日的《政府公报》。转引自宋广波《丁文江与中国地质事业初创》，载中国社会科学院近代史研究所编《中国社会科学院近代史研究所青年学术论坛（2005 年卷）》，社会科学文献出版社，2006 年。
2 参见章鸿钊《中国研究地质学之历史》，载中国地质学会《中国地质学会志》（第 1 卷），1922 年。

不过，丁文江一眼就看出，他大概是把李希霍芬早年绘制的一张旧图放大了来冒充，于是断然拒绝了这个德国人。

又过了一年，丁文江终于等来第三个精通地质学的中国人，从比利时鲁汶大学留学归来的翁文灏，中国第一位地质学博士，主要研究地质、岩石和古生物。经章鸿钊引荐，丁文江与翁文灏一见如故，后者放弃了煤矿公司的聘书，加入地质研究所。“一战”爆发后，梭尔格应征入伍（后在青岛被俘），所幸，翁文灏的到来帮地质研究所缓解了教学压力，因此，章鸿钊把他誉为“本所最有功之教员”。

自此，丁文江、章鸿钊与翁文灏三驾马车并驾齐驱，为中国地质学界奠定了基础。

在北洋政府臃肿的官僚系统中，丁文江发现了一个奇特的现象，许多政府部门花费重金招募外国专家，可是，由于行政官员不学无术，根本不知道该怎样让这些外国专家发挥作用。农商部高薪聘请的瑞典地质学家安特生，就是其中之一。

安特生是瑞典乌普萨拉大学（University of Uppsala）地质学教授兼瑞典地质调查所所长，还曾担任世界地质大会秘书长。他能被北洋政府任命为矿政顾问，不仅因为他的学术成就，更因为他的祖国属于“少数几个对中国没有野心的西方国家”之一。[1] 他也不负众望，接受聘书不久，就在河北宣化的龙关山和烟筒山等地发现了储量惊人的铁矿，因此受到时任大总统袁世凯接见，后来又被黎元洪授予“三等嘉禾章”。然而，

1　李济：《安阳》，第 45 页。

勘察铁矿的过程中，他却对埋藏在大地深处的各种古生物化石产生了浓厚的兴趣，于是，当丁文江发出邀约，安特生毫不犹豫地就答应了。两人皆拥有广博的视野，对田野考察满怀热忱，彼此惺惺相惜。

几年过去，丁文江终于不再孤独，终于可以欣慰地感叹："一所之中，有可为吾师者，有可为吾友者，有可为吾弟子者，学不孤而闻不寡矣。"[1]

"十八罗汉"

学术领袖的视野，往往决定着一家研究机构乃至一个领域的格局与命运。

丁文江等人为地质研究所设置的课程，并未局限于地质学、地理学、岩石学和矿物学，还涉及动物学、古生物学、冶金学、机械学、测量学，甚至照相术，他们试图全面提升学生的综合素养，并着重培养实践能力。

强化田野考察是他们的共识。地质研究所规定，教师必须半年从事教学，半年外出考察，这样才能教学相长。[2]丁文江坚持，"登山必到峰顶，调查不要代步"。翁文灏则强调，中国地质学界如果想要迎头赶上，"惟有担斧入山，劈荆棘斩榛莽"。[3]

1　丁文江：《〈地质汇报〉序》。
2　丁文江：《试办地质调查简章》，载欧阳哲生主编《丁文江文集》（第3卷），第166页。
3　章鸿钊、翁文灏：《地质研究所师弟修业记》。

丁文江、章鸿钊和翁文灏分头带领学生外出进行地质考察或测量实践，指导他们撰写考察报告，短则三四天，长则十余天，足迹从京郊蔓延到河北、山东一带。他们的背囊里一直携带着铁锥、指南针、倾斜仪、放大镜和小刀。气压计和望远镜也是必备的仪器，前者用来测定高度，后者用来观察环境。丁文江对学生还有更严格的要求，不仅要善于观察，认真采集标本，更要勤于记录，通过步速或步数来估算距离，每晚必须整理笔记，绘制地质图。如果学生爬山时赶不上他的脚步，他就会大声唱歌或者朗诵诗词来鼓舞他们。[1] 他希望大家在考察过程中学到的不只是技能，更是相互协调合作的精神。在他们的引导下，尽管这些学生只学了三年地质学，却都积累了丰富的田野经验。

这些年轻人依然用毛笔书写调查报告，誊抄在笺纸上，但在竖排的工整小楷中间不时会跳出英文术语和人名。他们还在调查报告里绘制了图片，小到标本，大到地貌，都如实地予以还原和分析。谢家荣和赵志新把各自采集的矿产标本放到显微镜下，再把观察到的形态描绘在纸上，并涂上颜色；[2] 赵志新甚至标注了石英、长石、绿泥石、磁铁矿和皓石在绿泥片麻岩中所处的位置；[3] 周赞衡手绘了杭州附近的地质剖面图；[4] 而李学清

1　朱庭祜：《我所知道的丁文江》，载欧阳哲生编《丁文江先生学行录》，中华书局，2008年，第274页。
2　谢家荣：《直隶龙门县附近地质报告》。
3　赵志新：《临城地质报告》。
4　周赞衡：《浙江杭州西湖地质报告》。

则用三维立体的形态绘制了山脉褶皱的方向图[1]……尽管老师的评语和批注颇为严格，但他们对这些年轻人的成长显然很满意。

1916 年，地质研究所有十八人成绩合格，获得毕业证书[2]——他们被戏称为中国地质学界的"十八罗汉"。地质研究所因此被视为"中国科学上第一次光彩"，[3]却也就此完成了使命。此后，丁文江、章鸿钊、翁文灏的工作重心都转向了地质调查与研究，而以谢家荣、王竹泉、叶良辅、李学清等人为代表的"十八罗汉"也被悉数网罗进地质调查所，[4]多年后，他们将成为中国地质界的中坚力量，主持着中国最重要的地质学机构，包括中央研究院地质研究所，以及北京大学、中央大学、中山大学的地质系。

丁文江兴奋地宣布："我已经有了一班人能登山涉水，不怕吃苦。"[5]作为中国地质界剧变的见证者，安特生也间接澄清了李希霍芬四十年前的刻板印象：

> 一般的中国上流社会人士都不喜欢劳动，著者以曾

1　李学清：《浙江杭州西湖地质报告》。

2　其中，十五人被授予卒业证书，三人被授予修业证书。

3　转引自李学通《幻灭的梦——翁文灏与中国早期工业化》，天津古籍出版社，2005 年，第 20 页。

4　1916 年年初，地质调查所曾改为地质调查局，张轶欧兼任局长，但实际由丁文江会办，并主事。10 月，地质调查局又改回地质调查所，丁文江任所长。

5　胡适：《丁文江的传记》，载欧阳哲生编《胡适文集》（7），北京大学出版社，1998 年，第 435 页。

和许多受过教育的中国人士一同旅行的资格，敢在这证明，地质研究所的毕业生出门已完全不用轿子，而且十分明了野外地质学家的唯一行动工具只是两条结实的腿。

地质研究所停办后，北京大学地质学系却重新开张。1917年，蔡元培主持北大，成为中国教育史上一个里程碑式的事件。陈独秀被任命为文科学长，一大批明星学者、作家迭现，新旧思想激烈交锋，后人遂感慨于蔡元培"思想自由，兼容并包"的主张，称赞他对"新文化运动"的推动，但事实上，获益的当然不只是人文学科，不只是环绕着《新青年》与《新潮》杂志的那一批文学闯将。

几年后，丁文江突然给蔡元培带来一张满是零分的成绩单。他原本期待着能从北京大学地质学系发现新的人才，于是给这批毕业生举行了一次考试，却失望地发现，许多学生甚至无法准确地鉴别出岩石的种类。他正告蔡元培，地质教育亟待改革。蔡元培立刻虚心地向丁文江请教，丁文江则向他举荐了两位人才。

一年前，丁文江曾陪同梁启超访问欧洲，顺路拜访了多位地质学家，一面向欧洲和美国的学术界介绍中国地质调查所的工作，一面为中国地质学界招揽了两位杰出的学者。在英国伯明翰大学研究采矿和地质学、获得自然科学硕士学位的李四光，以及美国著名古生物学家、哥伦比亚大学教授葛利普，都将接受北大地质学系的聘书。[1]

丁文江对李四光尤为关心。他担心李四光回国后生活清寒，先安排他到农商部矿政司第四科工作了一段时间，以便在北大开学前能领取薪水养家糊口，后来又帮他谋求了北京图书馆副馆长的兼职。[2]这是丁文江的待人之道，一直无比热诚，无微不至。

随着葛利普和李四光的到来，北大地质学终于夯实了基础，从此脱胎换骨。四年后，丁文江已经敢于宣称，北大的地质学教育和西方大学相比有过之而无不及，尤其在田野考察方面，甚至超越了绝大多数西方研究机构。[3]毕十年之功，他终于可以自信地回应李希霍芬的"偏见"。

1　胡适：《丁文江的传记》，载欧阳哲生编《胡适文集》(7)，第419—420 页。

2　参见樊洪业《李四光与丁文江的恩恩怨怨》，《南方周末》2014 年 1 月 30 日。此外，1942 年 3 月，李四光获得第二届丁文江先生纪念奖金，翁文灏在致辞中也提及这段往事，李四光"返国后即至北京大学任教授，生活寒苦，教学不懈。其时丁文江先生感李先生学校收入为数实少，乃劝先生就北平图书馆副馆长之职，强而后允"。

3　转引自费侠莉《丁文江：科学与中国新文化》，第 44 页。

第二章　先行者

"奇装异服"的"歹徒"

第一次在北方过冬天，丁文江发现，自己完全低估了山中的风雪与严寒。

1913年冬，教学之余，他终于找到机会踏上梦想许久的地质考察之旅。他和梭尔格、王锡宾结伴前往山西，沿着正太铁路走了一个半月，考察太行山，并调查了井陉煤矿和阳泉铁矿厂，绘制出二十万分之一地质图。

每天清晨出门，气温常常低至零下八摄氏度，甚至零下十八摄氏度。他在浮山遭遇了大雪，在蒙山遇到大风，而他连御寒的衣服都没带够。但是，能有机会外出考察，勘测地质，他依然无比兴奋，觉得"苦少乐多"。

兵荒马乱的年代，人与人之间的关系也变得微妙而复杂。在太行山中，由于他携带着测量工具，穿着"奇装异服"，山村客店的主人甚至怀疑他是歹徒，拒绝让他投宿。直到他取出现金，反复解释，店主才终于放松警惕。[1]

李希霍芬曾经深信，山西的煤铁储量足够供全世界使用几千年。然而，丁文江和梭尔格发现，山西地表最厚的矿藏都没有超过两尺（约为 66.67 厘米），铁矿尤其有限，李希霍芬显然言过其实。根据这次考察，丁文江撰写了《调查正太铁路附近地质矿物报告书》，这是中国人完成的第一份矿产资源调查和田野考察报告。

回到北京只待了一天，他便独自动身前往云南、四川和贵州。十个月间，他走访了东川和会理的铜矿、个旧的锡矿和宣威的煤矿，绘制出地质图，不厌其烦地采集各种化石和标本，对寒武纪、志留纪、泥盆纪、石炭纪和二叠纪地层尤为关注。[2]他甚至还做了一些人类学的工作，给栗苏（傈傈）、青苗、罗婺、罗倮这四个少数民族或部落的数十位民众拍摄照片，测量他们的身体特征。他大量记录、采集素材，却不急于撰写学术报告和论文，直到 1932 年才在《独立评论》上陆续发表了《个旧的地形与锡矿分布》《个旧的土法采矿冶金业》《个旧锡务公司》和《新旧矿冶业的比较》。他不轻易著述，坚信要做足够充分的调查和深入的研究，落笔才有价值。

他很欣慰他的学生都能"登山涉水，不怕吃苦"，而他自己更是如此。后来，尽管被教学和行政牵绊，他也从未放弃田

---

[1] 丁文江：《漫游散记》，云南人民出版社，2008 年。

[2] 黄汲清：《丁在君先生在地质学上的工作》，《独立》1936 年 2 月 16 日第 188 号。

野考察，一直身体力行，为同僚和学生做出表率。他时常随身带着罗盘和放大镜外出考察，不断挥动铁锤，敲击岩石与化石，测量地层的倾斜度。无论环境怎样艰苦，他都尽可能拒绝骑马，坚持步行。[1]1916 年，他前往江苏、浙江、安徽，考察扬子江下游地质，探讨江南山岭地质与秦岭、南岭的关联与成因。两年后，他又前往中原，在三门峡地区和山西河津发现了独特的地层分布，并进行剖面分析，与安特生合作确立了"三门系"的地层名称与特点。1919 年的一天，他才突然发现，回国虽已七年，待在北京却还不到四年，其余时间都在各地漫游，南至云南、贵州，西至山西、陕西，东达安徽、浙江……不知不觉间，他已走过半个中国。

扉页上的中国人

在纽约自然历史博物馆的一本馆刊扉页上，李济意外地发现了一张中国人的肖像，"锐利的目光"和"两钩胡尖"给他留下了深刻的印象。此时，二十多岁的李济还不是"中国考古学之父"，他仍在哈佛大学攻读人类学博士学位。他完全不认识这个名叫"V. K. Ting"的人，但还是极为兴奋。留学海外多年，很少能在科学刊物上看到中国人的名字，"V. K. Ting"的面孔让他无比激动，仿佛科举时代自家出了状元一样。

1　曾世英：《追忆川广铁路考察和〈申报地图〉编绘》，载欧阳哲生编《丁文江先生学行录》，中华书局，2008 年，第 333 页。

扉页上的 "V. K. Ting"，正是丁文江。他不仅是中国地质调查所所长，还创办并主持着几份学术刊物：《地质汇报》(*The Bulletin of the Geological Survey of China*) 以中英文双语出版；《中国古生物志》(*Palaeontologica Sinica*) 则完全以英文出版，分为甲种（植物）、乙种（无脊椎动物）、丙种（脊椎动物）、丁种（人类）。它们都在世界学界享有盛誉，为地质学家和古生物学家提供了平等对话的平台。

1916 年，地质调查所迁入北京兵马司胡同九号，从此成为中国科学界的朝圣之地，而丁文江和同仁们历时多年勤奋推进的地质调查也结出硕果。1919 年，《中国矿产志略》出版，对金、银、铅、锌、铁、锰、锡、锑、汞、钨等金属，以及硫化铁、陶土、明矾、萤石、滑石、白云石及苦土石、石棉、石墨、石油、石盐、石膏、自然碱等非金属矿产在全国各地的分布情况与特点，进行了详细的记录。新任矿政司司长邢端为这部著作撰写了序言，并指出地质学的独特意义：地质学并非仅仅是稽古的学问，地质学者更要有能力"觇其生成，穷其变化，则于矿之良否，量之多寡，脉之浅深，可按图而索也"。[1]

1921 年，丁文江突然前往北票煤矿担任总经理，把自己一手创办的地质调查所交给翁文灏主持。

这个选择让外人无比震惊，但是朋友们知道，他另有苦衷。父亲去世后，丁文江就决定主动养育几个年少的弟弟，因此，他不得不寻求薪资更高的工作，来肩负家族的责任。

---

[1] 邢端：《序》，载翁文灏《中国矿产志略》，农商部地质调查所印行，1919 年。

　　尽管投身实业，他依然密切关注学术界的动向，不遗余力地提携有能力的年轻人。

　　1923年，在北票煤矿公司办公处，李济终于见到了纽约自然历史博物馆馆刊扉页上的"V. K. Ting"。

　　此时，李济已经获得哈佛大学人类学博士学位，回国任教于南开大学。一见面，丁文江就热情地鼓励李济一定要多做研究，同时无奈地感慨，自己又做生意又做行政，研究时间被大量挤占，左右为难。他开始若无其事地与李济聊天，实则暗中考察李济的学术功底和见地。两人谈了两个小时，丁文江显然很满意，临别前，他重述了初见时的那番话，再次敦告李济务必要潜心学术。

　　初出茅庐的李济，对这位比自己大九岁的"前辈"却并不客气。他指出，丁文江在云南做的人体测量，有些数据不够准确。经过核对，丁文江发现了问题所在，原来，他当年制作的卡尺不够精准。他不以为忤，而是欣然接受了李济的批评，还热情地把李济介绍给地质学和古生物学界的朋友们。

　　这正是丁文江为人处世的风度。许多年轻人称他为"丁大哥"，[1] 而无论在生活中还是在学术界，他其实都当之无愧。

　　几年后，丁文江突然又做出一个让人们困惑不解的决定。他离开实业界，决定从政，接过了军阀孙传芳抛来的橄榄枝，出任淞沪商埠督署总办。其实，他一直以北宋名臣范仲淹自况，给自己起的笔名就叫"宗淹"。尽管他自嘲为"治世之能臣，

乱世之饭桶"，[1] 但他信奉"好人政治"，天真地试图通过从政来改造社会。他对军阀们抱以同情之期望，愿意相信他们有道德底线，他曾告诉蒋廷黻："你不懂军人……如果他们中任何一个有你那样教育程度，他们一定可以，而且绝对可以比你对国家有贡献。"[2] 担任淞沪商埠督署总办的八个月间，他重整上海市政建设，收回了公共租界的会审公堂。但他的这段政治生涯处于极不恰当的时刻，不久，孙传芳就不敌北伐军，转而向张作霖乞援，丁文江为此愤然辞职。后来，正是这段短暂的从政经历，让他饱受诟病。

他早年曾劝说梁启超"放弃政治活动，而从事学术研究"，多年后他依然坚持这一判断，始终认为梁启超"是优秀的作家，但不是政治家"。[3] 然而，和民国的许多书生一样，当丁文江用复杂的口吻臧否前辈梁启超的一生时，他和他的朋友们却也在踏入同一条命运之河，一次次重蹈覆辙。[4]

他终究还是回到了学界。作为中国地质学界的先行者和组织者，他当然还有许多梦没有做完。在各地游走时，他惊讶地发现，自己随身携带的中国地图，竟然还是康熙时代的传教士留下的版本，各种错漏不仅巨大，甚至荒谬。他决心为中国重新绘制一份可信的地图。因此，他要求同事和学生外出时尽可

1　胡适：《丁文江的传记》，载欧阳哲生编《胡适文集》（7），第 501 页。
2　蒋廷黻：《蒋廷黻回忆录》，中华书局，2014 年，第 132—133 页。
3　丁文江在与颜惠庆谈话时这样评判。
4　多年后，丁文江也获得了相似的评价。他的小兄弟傅斯年说，丁文江是一个好官僚，而不是政治家。

能地进行勘测，绘制地图，并标注出经纬度，期望着有朝一日能积少成多。1924 年，地质调查所开始按照国际地质联合会的标准，正式启动绘制地图的长期计划。九年后，丁文江、翁文灏、曾世英联合出版了《中国分省新图》。[1]

凤愿终于达成，本是件高兴的事，丁文江的序言却写得有些五味杂陈：

> 我们只希望以后同行的诸君，少讲些龙脉，少画些笔架，使得中国青年渐渐地了解地形是怎样一回事。[2]

此时已是 1930 年代，他仍然需要苦口婆心地敦告世人，真正的田野调查、真正的地质学乃至真正的科学，究竟是怎样的。

地震和石油

1920 年 12 月 16 日晚上 8 点多，上海徐家汇观象台的神父们目睹了不可思议的一幕。

维谢尔特地震仪上的笔尖剧烈波动，一场大地震正排山倒海而来。到 8 点 16 分，地震波竟然大到连地震仪都无法承受，

1　1950 年代中印边界谈判时，中国政府以此图为谈判的依据。参见费侠莉《丁文江：科学与中国新文化》，第 31 页，译者注。
2　丁文江、翁文灏、曾世英：《中国分省新图》。

笔尖被径直甩落下来。[1]

不止上海，全世界九十六个地震台都察觉到了地震波。然而，直到甘肃固原电报局的三名工作人员冒着生命危险用门板临时搭起工作间，对外发出电报，人们才知道究竟发生了什么。

甘肃发生了一场里氏八点五级的地震，震中在海原，距离固原八十多公里。这是中国有文字记载以来唯一的一次震中烈度高达 XII 度的大地震，二十三万人在这场劫难中丧生。[2]后来，固原县志记录下这个可怕的瞬间，"状如车惊马奔，轰声震耳，房倒墙塌，土雾弥天"。

然而，北洋政府根本无暇西顾，半年后，农商部、内务部和教育部才联合派出六名代表，前往甘肃考察。翁文灏是农商部代表，与他同行的，还有他一手培养起来的"十八罗汉"成员之一谢家荣。谢家荣刚刚从美国斯坦福大学和威斯康星大学学成回国，重返地质调查所。四个月间，伴随着持续的余震，他们在山中奔走，在野外露营，对地震的成因、强度、赈灾事宜等进行了深入的调查研究，并绘制出等震线图。

翁文灏发现，这次地震之所以伤亡惨重，一个重要原因是当地的房子大多用土建造，而且位于山中，缺乏植被，地震发生后，民宅转瞬就变成坟墓。因此，在《调查甘肃地震大略报告》和《为条陈调查甘肃地震意见呈请》中，他建议

1　徐家汇观象台：《1920 年 12 月 16 日大地震的概述和评注》。
2　一说遇难者高达二十七万人。

当地改建住宅，广种林木。

通过这次考察，他对地震产生了浓厚的兴趣。研究地震及其余震，寻找其间的规律，事关国计与民生。古籍文献中对地震的记录，也让他深感好奇。他开始不厌其烦地查阅典籍，收集了从夏朝以来的三千五百多条地震记录，分析总结其间的规律。他认为，地震的分布与地质构造息息相关，发生过大地震的断裂大多形成于第三纪或第四纪之初。进而，他在全国版图上总结出十六条地震带，并绘制出中国第一幅地震区域分布图。他还特别整理、分析了甘肃历史上的四百次地震，于1922年完成了《甘肃地震考》，两年后又出版专著《地震》，解析地震的原理，呼吁政府和民众重视地震的危害。

1928年，翁文灏游说律师林行规捐出京郊的庄园，用于建造地震台。他从中华教育文化基金会申请了资金，地质调查所也努力拨出部分款项，到国外购买先进的地震监测仪器。两年后，鹫峰地震研究室在北平西山落成。鹫峰地震台是中国自主建造管理的第一座地震台，从1930年9月20日下午1点2分2秒第一次接收地震记录开始，直到全面抗战爆发之前的七年时间里，鹫峰地震台记录的世界各地地震多达两千四百七十二次。

1921年的甘肃之行，不只是为了调查研究地震，陪同翁文灏西行的谢家荣，还身负另一重使命。初秋时节，他告别了翁文灏，取道西宁，越过祁连山，沿着河西走廊，出嘉峪关，前往玉门。

几年前，美孚石油公司曾斥资二百五十万在中国勘探石油，无功而返，美国学者遂断言，中国缺乏石油资源。翁文灏对此不以为然，他深知石油之于现代国家的重要意义，便派得意门生谢家荣前往玉门调查地质。玉门自古以来就有关于石油的记载，他希望谢家荣可以就当地是否有丰富的石油储备、是否值得开采等做出判断。

抵达玉门后，谢家荣在悬崖和峡谷间辗转，只遇到三个满身污秽的挖油人和一群淘金者。后来，他在深谷中迷了路。山路边不时会出现小小的石堆，显然是当地人留下来指路用的，但它们究竟暗示着什么，他完全不清楚。所幸，一个放羊的人发现了他，带着他走了十几里路，终于走出深谷。[1] 经过一番艰苦的调查，谢家荣完成了中国第一篇石油调查报告《甘肃玉门石油报告》。根据当地的地层和地质特点，他认为，这里应当蕴藏着丰富的石油，呼吁政府勘探开采。他还强调，提前进行科学勘察与规划，可以让开采计划事半功倍。"从前探油，盲人瞎马，无标识之可寻，往往虚费金钱，毫无所得，今则凡辟一新油田，须经无数地质家之考察，然后从事施工。"

可惜，此时的中国四分五裂，军阀混战，无力将翁文灏与谢家荣的构想付诸实践。尽管如此，地质调查所一直也没有放弃努力。1930 年，谢家荣出版了中国第一部石油研究专著《石油》，同年，地质调查所建成沁园燃料室，由谢家荣主持，专攻煤炭、石油和天然气。十余年间，谢家荣、王竹泉、孙越崎、孙健初、潘钟祥、黄汲清等人前赴后继，不辞辛劳地在

1　参见谢家荣《旅甘日记》（1921 年 10 月 17 日）。

西北和西南勘测石油。1934 年，陕北延长油田 101 井率先出油。三年后，地质调查所派孙健初与美国地质学家韦勒（J. M. Weller）和工程师萨顿（F. A. Suton）前往西北考察，他们相信，玉门老君庙附近有希望找到油田。翁文灏极为兴奋，派孙健初再度勘探，制订出开采计划。1939 年 3 月，玉门油田正式出油。至此，翁文灏十八年前的期望才终于得以实现。

汽车与实习生

　　研究地震只是翁文灏学术生涯的一段插曲，他涉足的领域还包括煤炭分类与标号命名法、金属矿床分布规律、地壳运动、岩浆运动与造山运动、石油地质等方面。他依然奔波于中国各地，通过广泛的地质考察推动学术研究，进而提出新的理念。

　　根据在北京西山地区考察发现的侏罗纪髻髻山组火山岩的特点，他开创性地用"燕山运动"（Yenshan Movement）来定义发生在中国东部的造山运动——地壳受到挤压，褶皱断裂变动，造就了中国东部地貌的轮廓。这个判断一直沿用至今。

　　作为地质调查所新的掌门人，他同样展现了杰出的管理才能。调查所规模日渐壮大，古生物研究室、新生代研究室、矿物岩石研究室、沁园燃料研究室、土壤研究室、地震研究室陆续创立，地质学、古生物学、人类学、地震学、土壤学……在这里开枝散叶。

　　地质调查所设立之初，张轶欧曾预言，如果中国有一个能与世界学界较量，在千百年后名垂学术史的机构，恐怕只有地质调查所。[1] 那时，有人或许还以为这是妄言。1934 年，美国科学史家 C. H. 皮克（C. H. Peake）撰文称赞地质调查所"在国际科学界有着应有的地位"，"它的研究为增值地球的博物史知识做出了真正的贡献"。[2] 经由丁文江和翁文灏的经营，云集于地质调查所的两代学人勠力同心，张轶欧当初的"狂言"终于成为现实。

后人若以"后见之明"回顾，或许会以为，地质调查所的发展不过是顺理成章之事。其实，实情绝非如此。地质调查所建立之初的几年，政府拨款只有三分之二到账，此后的数额更是骤减。翁文灏接任不久，地质调查所险些被政府关闭。经过他奔走游说，蔡元培、梁启超、张謇、冯熙运、张伯苓、张国淦等人出面，联名致函农商部，认为地质调查所"办理有年，成绩昭著，似不应在裁减之列"，地质调查所才得以死里逃生。"北伐"临近结束时，地质调查所再度陷入资金困境，翁文灏到南京寻求援助，为了节省开支，只能在鼓楼上露宿。[3]1930年代，地质调查所有一百一十名职员，每月却只能收到六千元拨款；与之形成鲜明对比的是中央研究院地质研究所，虽只有二十多名职员，每月经费却有七千元。所幸，地质调查所从建立伊始就与实业界关系密切，如果实业家需要帮助，无论是测

---

1 1919 年，张轶欧在《地质汇报》的序言中写道："方地质调查所之始设也，余有狂言，以为民国凡百设施，求一当时可与世界学子较长短，千百载后，可垂名于学术史者，惟此所而已。"

2 转引自姜玉平《中国近代最早获得世界声誉的科学期刊及其启迪》，《自然辩证法通讯》2006 年第 1 期。

3 翁心钧：《翁文灏地质生涯撷拾》，《人物》2008 年第 5 期。

量矿区图、制作地质图、化验矿质，还是确定打钻地点，地质
调查所都会鼎力支持，并且不收取任何报酬。[1]他们的无声付出，
在多年后获得了回报。每逢地质调查所遇到资金困难，或者需
要开拓新的研究空间，总有实业家愿意解囊相助：图书馆和陈
列馆是由各界名流捐款建成的；古生物研究室由北票、中兴、
开滦、福中等煤矿公司捐建；"沁园"燃料研究室由实业家金
绍基捐建，鹫峰地震台的土地则是律师林行规捐出的……此外，
来自中华教育文化基金会的资金支持，更是长年维系着地质调
查所的运作。

　　地质调查所虽然可以借此摆脱不时来自政治的侵蚀，但经
费依旧捉襟见肘。想要不断开创新的研究室，发展新的学科，
都需要苦心经营。虽然身为地质调查所所长，翁文灏却一直不
肯买一辆车自用。他认为，一辆汽车的费用足以给地质调查
所聘请两名实习生，他不愿为了自己贪图舒适而错过两个年轻
的人才。[2]他不懈地在各界奔走，为地质调查所争取资金支持。
为了给地质调查所减轻负担，他一度只肯领取一半的薪资。但
他必须设法补贴家用，于是，他业余时间便到北大和北师大兼
职教课，还勤奋地写文章赚取稿费。[3]当年，在地质研究所的
毕业典礼上，丁文江曾告诫学生，不可染习留学生习气，不可
过于计较个人薪水、办事经费，不可染官僚之习气，应勤俭自

1　丁文江：《我国的科学研究事业》，《申报》1935 年 12 月 6 日。

2　丁文江：《我所知道的翁咏霓——一个朋友病榻前的感想》，《独立》1934
　　年 4 月 22 日第 97 号。

3　翁心钧：《翁文灏地质生涯摭拾》。

励，尽出所学，实心做事。

丁文江和翁文灏们，更是身体力行，毕生如此。

奇石

与热衷于四处奔走的丁文江和翁文灏不同，年长的章鸿钊对各种奇石怀着更深的热忱，在传统金石学和现代地质学之间，他试图寻找一条新的出路。

他自幼就对金石学很感兴趣，但他认为，传统金石学的分类和定名方法都存在缺陷。从日本留学回国后，他就遍查古籍，尝试用现代科学的方法，为金石学定名，并探究其渊源流变。

1921年，他历时六七年完成《石雅》，详细考证了《尚书·禹贡》《山海经》《尔雅》《穆天子传》等古籍记载的各种名物，玛瑙、绿松石、和氏璧、解玉砂、蓝田玉、石英……这些在中国经典中流传千年或神秘或模糊的物质，他都给出了详尽的解释，探究它们的成因，并确定它们在现代矿物学中对应的名称。在丁文江看来，章鸿钊是"按照科学的矿物学对中国古代的和现代的宝石详加鉴定"，其研究视野与方法都与传统金石学截然不同。对于金石学应当如何转型，章鸿钊显然提供了一种可能——基于现代地质科学，重新探索并定义中国古籍中记录的矿物和古生物。因此，丁文江愿意把《石雅》称为一部"开创性的研究著作"。

1922年除夕，二十六位中外地质学家云集兵马司胡同九

号，商讨成立中国地质学会。[1] 几天后，章鸿钊当选会长，翁
文灏和李四光担任副会长，丁文江则被选为评议员，同时主编
《中国地质学会志》。

六年后，因为伤病困扰，章鸿钊被迫放弃田野考察，并
辞去地质调查所的职务，专心著述。随着《三灵解》《古矿录》
等一系列专著的出版，更多充满诗意的神秘古物，经由他的考
证，显出真容。

对国际学界而言，章鸿钊的研究或许还拥有别样的意义。
多年后，当英国科学史家李约瑟（Joseph Needham）书写《中
国科学技术史》"矿物学"这一章，他无比庆幸地发现，自己
不必为了考证一些模糊的概念而消耗精力，章鸿钊的著述已经
为他提供了明确的答案。

豆芽菜胡同五号&兵马司胡同九号

每个周末，豆芽菜胡同五号暂时取代兵马司胡同九号，成
为地质学家、古生物学家、人类学家和地理学家聚集的中心。
这里是葛利普的寓所，在他的客厅里，来自世界各地的学者济
济一堂，"没有阶级，没有主属，甚至没有老幼"。[2]

座上的宾客，除了丁文江、翁文灏、章鸿钊等人之外，也

1　袁复礼后来回忆，是他和谢家荣一起，向丁文江、翁文灏提议成立中国
　　地质学会，他们还用英文起草了《中国地质学会章程》。
2　杨钟健：《科学家是怎样长成的？纪念葛利普先生逝世二周年纪念作》，《科
　　学》1948 年第 3 期，第 68 页。

不乏地质调查所的年轻人。来自海外的学者更是络绎不绝，其间的主角，除了葛利普和安特生，还有加拿大古人类学家步达生和法国古生物学家德日进等人，他们都在各自的领域享有世界声誉。步达生在协和医学院担任解剖学教授，不过，自从与安特生合作研究古人类化石后，他和医学院院长胡恒德（Henry Houghton）的关系就日益紧张，后者希望他专注于医学教育，不要再执迷于研究那些"神秘的山洞"。步达生只好在业余时间研究古人类学，即便如此，他还是取得了巨大的成就。德日进则是一个"离经叛道"的耶稣会士，曾在巴黎天主教学院教地质学。他于 1923 年来到中国，与桑志华（Emile Licent）合作做田野考察和古生物研究。他对进化论和原罪的态度，触怒了教会，被迫放弃了巴黎的教职。但是命运弄人，阴差阳错，在中国，他找到更大的空间，后来更应邀担任地质调查所新生代研究室名誉顾问。

事实上，中国地质学会从诞生伊始就是一个国际化的学术共同体。1922 年 1 月 27 日，中国地质学会成立时，六十二名会员中有二十二人来自国外。此后不久，翁文灏作为第一位中国代表，前往比利时布鲁塞尔参加第十三届国际地质学大会（International Geological Congress），提交了四篇论文，作者分别是他和丁文江，以及葛利普、安特生。8 月 10 日，翁文灏被评议会推选为副会长和分组会议主席，刚刚成立的中国地质学会也被吸纳进国际地质学会。[1]

1　参见李学通《中国参加第 13 届国际地质大会史事考》。

中国与海外的科学家坦诚相待，合作考察，分工研究，尽管针对具体问题常有分歧，却愿意在理性的讨论中相互启发。正是这种信任与合作、自由与开放的风气，促成了近代中国地质学和古生物学的许多重大发现，埋藏于大地深处的诸多谜团得以渐次解开，中国地质学也在短短十几年间异军突起。

自然，中国地质学家也会为了把出土文物留在中国而寸步不让，但他们并非偏激、狭隘的民族主义者。在一次演讲中，丁文江阐明了一个不容回避的真相，"欧美人研究科学，至少已经有一百五十年的历史。我们饶不过二十年。人家当然比我们高明，我们当然要与外国人合作，受外国人指导"，而这一切的最终目标是"方始有赶上人家的希望"。[1]这是丁文江多年的心得，他深知，如果没有葛利普帮忙研究化石，如果没有绘图员帮忙绘图，仅凭自己单打独斗，无论考察还是研究，都不可能真正取得进展。

然而，1920年代初，局势逐渐发生变化。"五卅运动"的余波让人们对来自海外的考古学家也满怀敌意，而兰登·华尔纳（Landon Warner）在中国西北的盗掘与破坏，更激怒了中国学界与民众。每个人都能感受到气氛正日渐紧张，在一封信中，德日进感叹，尽管中外学者之间的关系"已经超越了国家、种族和信仰的界限"，但他又隐隐担忧，一切终将成为"分道扬镳的序幕"。[2]

1　丁文江：《我国的科学研究事业》，《申报》1935年12月6日。

2　这封信写于1927年2月20日。转引自费侠莉《丁文江：科学与中国新文化》，第47页。

作为地质调查所的主持者,翁文灏的态度也变得愈发微妙。他一直希望国人能知耻而后勇,奋发图强。1916年,他告诫年轻一代,"必要之知识,相当之经验,又不可不求学于他国之校与他国之师",[1]九年后,他更加急迫地表态:"我们自己的材料,自己的问题,不快快地自己研究,以贡献于世界,却要'劳动'他们外国人来代我们研究,我们应该感觉十分的惭愧,应该自加十二分的策励。"[2]他当然清醒地知道,中西之间仍存在巨大的差距,1934年为《周口店洞穴层采掘记》作序时,他承认,"我们所取得的成绩大半还靠合作诸人的辅助教导",因此,一定要"与外国先进学者虚心合作,用力追随",但他也对地质调查所的中方学者提出了新的要求——凡是能够由中国人独立完成的研究,就不要再依赖西方学者。不过,身处一线的中国学者与西方学者合作多年,更从他们那里受益良多,于情于理都很难生硬地拒绝继续合作。[3]

在这个民族主义浪潮席卷中国的时代,地质学界难以置身事外,同样被激流推搡着,奔向新的临界点。[4]

1　章鸿钊、翁文灏:《地质研究所师弟修业记》。

2　李学通:《书生从政:翁文灏传》,兰州大学出版社,1996年,第47页。

3　例如,杨钟健回国后,长年与德日进结伴外出考察,第一次考察时,他就提出,"德君已受地质调查所聘任,而为我国服务了"。后来他也没有完全听从翁文灏的主张,依然分配了周口店出土的一些标本,供德日进继续研究。

4　如同瑞典探险家斯文·赫定所总结的那样,这是"标志新时代开始的、从南方起席卷整个中国的民族主义潮流的结果"。参见贾建飞《文明之劫——近代中国西北文物的外流》,人民美术出版社,2004年,第100页。

第三章 "难稽"的洪荒

仰韶村与周口店

在北京的中药铺里，时常能见到一些碎骨片。中国人相信，它们都是龙的遗骸，研磨成粉，可以治病，拥有奇效。

1918 年 2 月，安特生从燕京大学教授、美国化学家格吉布（John McGregor Gibb）那里得知，北京西南周口店附近的鸡骨山，能找到许多类似的碎骨片。当然，它们不是龙骨，而是啮齿类动物的化石。循着这条线索，安特生到鸡骨山发掘，收获颇丰。三年后，他带着奥地利古生物学家师丹斯基（Otto Zdansky）又回到这里，一个热心的当地人告诉他们，两公里之外的龙骨山，有一片废弃的石灰矿，能找到更大更好的龙骨。他把他们带到一座十米高的矿墙边，指着随时可能倒塌的矿墙说，龙骨就藏在裂缝里。这个素昧平生的中年人仿若神灵从天而降，安特生在这片新的发掘点发现了肿骨鹿、

犀牛、鬣狗等动物的化石，以及一些带刃的白色脉石英碎片，看起来很像石器时代原始人制作的工具

1923 年，在安特生的强烈要求下，师丹斯基又到龙骨山进行了一次发掘。但是，当时他们都以为，埋藏在这里的只有远古动物的遗骸。

在安特生漫长而传奇的发掘生涯中，周口店似乎一直都只是一段插曲。每隔几年，他就会想起周口店，但他的注意力始终被中原牵绊。

1918 年在鸡骨山短暂发掘后，他就赶赴河南，在渑池县仰韶村发现了一批震撼人心的古生物化石。两年后，他的助手刘长山从仰韶村的村民手中购买到一些石斧和石刀，这让安特生隐约觉得，仰韶村下面或许还掩埋着一片新石器时代的遗址。

1921 年，安特生获准前往仰韶村进行考古发掘，一位年轻的中国地质学家加入了发掘队。二十八岁的袁复礼刚刚从美国留学归来，他在布朗大学和哥伦比亚大学学习生物学、植物学、考古学和地质学，获得硕士学位，因为母亲病重决定提前回国，被地质调查所聘为技师。

从 1921 年 10 月 27 日到 12 月 1 日，安特生、师丹斯基和袁复礼等人一起，在仰韶村的十七个发掘点挖掘出大批彩陶、石器以及一些骨器和蚌器，装满了十一个木箱。袁复礼还绘制了《仰韶遗址地形图》。仰韶村出土的彩陶上绘制着精美的几何图案和动物图形，这让安特生尤为兴奋。两年后，在《中国远古之文化》(*An Early Chinese Culture*) 中，他提出"仰韶文化"的概念，确认它属于新石器时代晚期文化。这是一个历史性的

突破，因为许多西方学者一直认为，中国不存在石器时代的遗迹。依靠最新的考古发现，安特生帮助中国冲破了偏见；不过，他却又造就了另一种偏见——他敏锐地注意到，在中亚的安诺文化（Anau Culture）和特里波列文化（Tripolye Culture）中也出土过许多彩陶，经过比较分析，他认为，彩陶很可能是从中亚经由中国西北传入中原的。为了验证这个假说，他逆着设想中的彩陶传播路线，又动身前往西北，希望找到更多证据。

在陕西、甘肃、内蒙古、西藏等地，历时十八个月，他发掘了五十多处文化遗迹和大批文物。根据宁定县齐家坪遗址、西宁县朱家寨遗址、碾伯县马厂塬遗址、洮沙县辛店遗址、狄道县寺洼遗址和镇番县沙井遗址出土的文物，他梳理出彩陶文化的发展顺序——齐家、仰韶、马厂、辛店、寺洼、沙井。他相信，彩陶文化是从中亚传入这些地方，再逐渐流入中原，成就了仰韶文化。这些发现，让他对"中国文化西来说"更加笃定。

许多中国学者不认同这个观点，但是很少有人能否认他对中国考古学做出的开创性贡献。他对地层学的重视，对科学考古方法的运用和演示，对田野调查的亲身示范，都让他的同僚、助手、学生乃至随行的工人们获益良多。

1934 年，六十岁的安特生在瑞典出版了《黄土的儿女》（*Children of The Yellow Earth*），谦逊却又张扬地回顾起自己在东方的诸多惊人发现——"一系列幸运的环境使我几次成为开拓者"。1914 年，他发现了叠层石矿石有机物的起源，四年后发现了聚环藻团块和第一个三趾马区，之后一年在蒙古发现了海理群，1921 年发现了仰韶遗址、黄河边的始新世哺乳动物、奉天沙锅屯洞穴堆积，以及周口店。[1]

同样在这一年，李济回溯并展望中国考古学的发展，盛赞安特生让中国历史上那些"'难稽'的洪荒"终于变成"一件有物可证的具体案件"。[2]尽管李济并不认同安特生的一些观点，尤其是"中国文化西来说"，但安特生作为开拓者的角色与地位，却无法撼动，并且毋庸置疑。

"北京男士"还是"北京女士"

周口店真正的意义，在安特生离开中国以后才得以揭晓。

1925 年，安特生回到瑞典，担任远东博物馆（Museum of Far Eastern Antiquities）馆长。次年 10 月，他陪同瑞典王储古斯塔夫六世·阿道夫（Gustaf VI Adolf）访问中国。瑞典王储是一名考古爱好者，担任万国考古会会长。在 10 月 22 日的欢迎会上，中外学人济济一堂，不过，主角却是重返中国的安特生，他带回来一个震惊世界的消息。

安特生展示了一些幻灯片以及来自乌普萨拉大学最新的研究报告。他宣布，此前在周口店发掘出的化石中，有两颗远古人类的牙齿，可能分别是右上的第三臼齿和靠前面的下前臼齿，并且，他断言："在第三纪末或第四纪初，亚洲东部确实存在人类或与人类关系十分密切的类人猿……周口店的发现，给人

---

1 安特生：《黄土的儿女》。转引自李济《安阳》，第 45 页。
2 李济：《中国考古学之过去与将来》，载《安阳》，第 302 页。

类起源于中亚的假说提供了强有力的证据,在一连串链条中又增加了重要一环。"

举座震惊。

德日进并不认同这个推测。他给安特生写了一封信,提出幻灯片中展示的牙齿标本可能是某种食肉类动物下排最靠后的白齿,"它们的人类属性始终无法令人信服"。[1]

在年末的另外一次会议上,安特生的老朋友葛利普更是当众发问,"北京人"(Peking Man)究竟是人还是食肉动物。因为研究尚未有定论,安特生半开玩笑地回应——"北京人"既不是男士(man),也不是食肉动物,而是两者之间的一种;而且,"北京人"是一位女士(lady)。[2]

争论仍在继续,不过,"北京人"的名字从此不胫而走,后来,尽管"北京人"有了学名"中国猿人北京种"(Sinanthropus

---

1 这封英文信收藏在瑞典远东博物馆,参见韩琦《从矿务顾问、化石采集者到考古学家——安特生在中国的科学活动》,载《法国汉学》丛书编辑委员会编《旧学新知:中欧知识与技术之演变》(《法国汉学》第十八辑),中华书局,2019年,第40—41页。对于这件事,李济有过不尽相同的回忆,他写道:"1926年10月22日当安特生宣读关于周口店的荷谟形牙齿研究的论文时,德日进是听众中唯一提出质疑并认为幻灯片显示的化石标本可能是某种'食肉类动物'的牙齿的人,他给安特生写了个条子,说明他对韦曼鉴别的怀疑。"参见李济《安阳》,第54页。

2 安特生在《黄土的儿女》中写道:"Well, Dr.Andersson, how are things just now with the Peking man? Is it a man or a carnivore?" "My dear Dr. Grabau, the latest news from the Chou K'ou Tien field is that our old friend is neither a man nor a carnivore but rather something half-way between the two. It is a lady." 转引自戴丽娟《中国地质学及史前学发展初期之国际性格——从德日进寄至法国的一张餐卡看起》,《古今论衡》2013年第25期。

pekinensis），人们依然乐于称它为"北京人"。继"尼安德特人"
和"爪哇人"相继被发现后，横空出世的"北京人"为人类起
源提供了新的例证。

科学家们决定迅速采取行动，推动周口店的发掘。

北京协和医学院的古人类学家步达生与安特生是老相识，
已经提前得知周口店出土古人类牙齿的消息。他和翁文灏商
量后，决定向美国洛克菲勒基金会申请资金。[1] 地质调查所与
协和医学院合作创办了地质调查所新生代研究室（Cenozoic
Research Laboratory），[2] 专门负责周口店遗址的调查、发掘和研
究。双方约定，古生物标本出土后，由协和医学院保存，并进
行研究，但是，所有文物归中国地质调查所所有，必须永远留
在中国。

1927 年 4 月 16 日，北伐战火正炽，周口店的发掘在烽火
边缘艰难地进展。瑞典古脊椎动物学家步林（Bjirger Bohlin）
应邀来到中国，与地质调查所的李捷合作，率领六十名工人开
始发掘。半年后，五百多箱远古动物化石被运往北京。在最激
动人心的 10 月 16 日，他们发现了一颗保存完好的远古人类牙
齿。经过研究分析，步达生确定它是成年人左侧的第一颗下白
齿，他把这个物种正式命名为"中国猿人北京种"。

1　此事最终由协和医学院院长胡恒德与洛克菲勒基金会接洽。

2　胡承志在《我所在的新生代研究室》中回忆，1926 年 10 月，步达生与
　　翁文灏决定创办新生代研究室，这个研究室的名称在 1927 年的一些文件
　　中不断出现，但它真正成立，则是在 1929 年。参见高星等主编《探幽考
　　古的岁月：中科院古脊椎所 80 周年所庆纪念文集》，海洋出版社，2009 年，
　　第 53 页。

卧虎藏龙

在周口店这片卧虎藏龙之地，你永远不知道，埋头做事的工人身怀怎样的绝技。他们可以随手捡起一块牙齿，立刻判断出它是鹿牙，或者拾起一小块化石，认出它是鸟骨。从北京大学地质学系毕业的裴文中第一次到发掘现场，就被这些工人震惊得目瞪口呆。

1928年，二十四岁的裴文中和三十一岁的杨钟健一起来到周口店。杨钟健刚刚从德国留学归来，在慕尼黑大学主攻古脊椎动物学，获得博士学位。他的博士论文《中国北方之啮齿类化石》是中国学者写的第一部古脊椎动物学专著，翁文灏对他寄予厚望。刚从北大毕业的裴文中则完全不同，由于成绩不好，他只能做"练习生"，主要负责管理账目，协助发掘，薪资也只有杨钟健的三分之一。[1] 更致命的问题在于，裴文中从未学过有关脊椎动物的课程，只好临时抱佛脚，德国古生物学家齐特（K. A. von. Zittel）的《古生物学教程》，被他当作圣经一样每晚苦读。

这一年的发掘非常重视土层的分布及其特点。穿越一层又一层色彩、质地都不尽相同的土块和砂石，地下的遗存逐渐显

1　根据翁文灏与步达生拟定的协议，杨钟健第一年月薪二百元，第二年二百二十元，第三年二百五十元，裴文中第一年前六个月月薪六十元，后六个月八十元，第二年九十元，第三年一百元。参见胡承志《我所在的新生代研究室》，载高星等主编《探幽考古的岁月：中科院古脊椎所80周年所庆纪念文集》，第57页。

露端倪。首先要穿过 1.2 米厚的鲜黄色硬土层，进入 1.75 米厚的浅灰色沙土层，进而是 7.25 米厚、由大块灰岩组成的不规则层，继续深挖则进入厚达 6.7 米、由颗粒极细的各色土组成的对基层，随即就会发现由角砾岩和黑土组成的化石层。在 0.4 米的化石层之下，还有 6 米厚的坚硬灰岩角砾层、1.5 米厚的砂层、5 米厚含砂量略少和 2 米厚含砂量更大的坚硬角砾岩和红色砂质土，最后便是 2 米厚、含有大量结核的砂质红土层。[1]

考古挖掘远比想象中枯燥得多。每天待在现场，和工人们打交道，各种繁杂的琐事层出不穷，让人疲于应付，杨钟健觉得自己简直成了工头。

发掘因为战火被迫暂停了几个月，而他们一直坚持到大雪封山，发掘出了五百七十五箱化石，找到了两个远古人类的右下颌骨化石，其中一个还有三颗完整的白齿。

不过，经过两年的发掘，铲子已经触及坚硬的石层，动物化石越来越少。他们猜测，龙骨山的宝藏已经所剩无几。步林、德日进和杨钟健都在考虑新的考察计划，而一些震撼人心的消息正从中国西北传来，持续诱惑着他们。

七只活的恐龙

1928 年 10 月，法国的一家报纸刊发了这样一篇耸人听闻

1　参见德日进、杨钟健《周口店洞穴层》。转引自林圣龙《北京猿人第一个
　　头盖骨出土于第 11 层而非第 10 层——纪念裴文中教授诞辰 100 周年》，
　　《人类学学报》2004 年第 3 期，第 175 页。

的报道——"中国新疆发现了七只活的恐龙。"

发现"七只活的恐龙"的人，就是曾和安特生一起发掘仰韶遗址的袁复礼。

一年多以前，德国汉莎航空准备开通一条中德航线，邀请瑞典考古学家、楼兰古城的发现者斯文·赫定考察沿途的地貌与气象条件。斯文·赫定踌躇满志，准备在中国进行第四次考察。通过安特生的介绍，他征得了北洋政府要员和奉系军阀张作霖的同意，不过，这次行程却引起轩然大波。考察团只允许中国派两名代表参加，并且限期一年必须离团东返，而且出土文物要先送到瑞典研究，等到中国成立相应机构以后再返还。这两条激怒了中国学界，进而民怨沸腾。北京十余家机构组成中国学术团体协会，与斯文·赫定谈判了两个月，签订了中国近代科学史上第一个平等条约。双方约定合作组成考察团，严禁考察与中国国防相关的事物，严禁破坏文物和古迹，严禁文物出境。

西北科学考察团最终由十七位欧洲学者和十位中国学者组成。北京大学教务长、哲学系教授徐炳昶担任中方团长，十位中方成员在地质学、古生物学、考古学、史学、地图绘制、摄影和气象观测等方面各有所长，其中，袁复礼主要负责调查地质。这场考察长达五年，其中有三年是由袁复礼代理中方团长职务。他们启程时，北京还是首都；千里迢迢归来时，北京已然变作北平，南京成为新的国都，蒋介石取代了张作霖，成为这个国家新的主宰者。

一行人在西北暴烈的阳光下观测气象，绘制地形图，拍摄照片，进行考古发掘。二十八岁的地质学家丁道衡很快就有了重大发现，7 月，他在白云鄂博发现了大铁矿。三个月后，另一名中方团员黄文弼在居延博罗松治发现了几枚汉简。不过，决定性时刻是由袁复礼缔造的。1928 年秋，袁复礼在新疆吉木萨尔县三台大龙口发掘出四十二个爬行动物化石，其中有七个完整的三叠纪爬行动物化石，包括水龙兽、二齿兽，以及以他的姓氏命名的袁氏阔口龙和袁氏三台龙。斯文·赫定与徐炳昶欣喜若狂，迅速向海内外通报了这个喜讯，于是便出现了那家法国报纸上耸人听闻的演绎——中国新疆发现了七只活的恐龙；瑞典一家报纸则刊登了另一个版本——沙漠里发现的恐龙蛋像驴一样大。[1]

这只是西北科考的开端。沿途极度艰苦，甚至危险重重。他们曾被风雪所困，接连四十八天看不到人烟，只能努力节食，甚至不得不杀死骆驼充饥。[2] 如果不是偶遇了旧土尔扈特部的两个王子，他们很可能会在不知情的情况下闯进山中的瘟疫区。[3] 在沙漠里，遇到苦的水也要强迫自己下咽，他们甚至喝过骆驼尿。帐篷不时会被风沙掩埋，野狼有时会在帐篷外徘徊。然而，无论环境怎样艰苦，袁复礼都严格为出土物排序、编号、记录、包装。

沧海桑田的传说也在面前发生着。西行时，袁复礼路过两

1　袁复礼：《三十年代中瑞合作的西北科学考察团》，《中国科技史料》1983 年第 1 期。

2　徐炳昶：《徐旭生西游日记》，宁夏人民出版社，2000 年。

3　袁复礼：《三十年代中瑞合作的西北科学考察团》，《中国科技史料》1983 年第 2 期。

个干涸了两百多年的湖——依克诺尔湖和巴克诺尔湖，据说当年康熙皇帝来过以后，这里就变成了一片石滩。不料，几个月后，当结束了在新疆的考察，再次路过，他却发现这里已然湖水盈盈。一年前的秋雨让干枯了两个多世纪的湖重生了，而岸边的羊群也从十余头暴增到两千多头。[1]

几年之间，陈宗器与斯文·赫定等人一起考察了罗布泊，认为罗布泊是交替湖。黄文弼考察了古高昌国遗址和土垠遗址，不过，大规模发掘"居延汉简"的机会则留给了瑞典考古学家贝格曼（Warlock Bergman），他在额济纳河附近找到了上万枚"居延汉简"。袁复礼则率队发掘出七十二具各类爬行动物化石，他还两上天山考察，测量了博格达峰和天池一带的地形。

1930 年年末，袁复礼在白骨甸发现了奇台天山龙化石，然而，考察团已经分头行动，人手不够，他只好先在地上画出无数个小正方形，详细编号，再指导三名驮夫帮他一起发掘。天寒地冻，几个人不断地把雪水烧开，浇在地上，融化冻土，再小心地一点点挖掘。他们在积雪中工作了三十二天，袁复礼冻伤了脚，却一直挨到次年 2 月回到乌鲁木齐才终于动了手术，又过了三个月才痊愈。[2] 然而，半年后，当大队人马乘坐火车返程，袁复礼却决定冒着风雪，选择一条新的路线东返。沿路积雪皑皑，没过脚踝，他只能用推轮计算距离，每次转弯都要

---

1 袁复礼：《三十年代中瑞合作的西北科学考察团》，《中国科技史料》1984 年第 3 期。

2 袁复礼：《三十年代中瑞合作的西北科学考察团》，《中国科技史料》1983 年第 4 期。

用罗盘确定方向，这样一直走了五个月，途经四千多公里，才抵达呼和浩特。不过，这一路跋涉是值得的，他又发掘出一批大型爬行动物化石，包括宁夏结节绘龙，为五年的考察画上了完美的句点。

他曾在科学考察笔记本上这样写道："既不献给地球上的人类，也不献给天堂中的诸神，仅献给那些在西蒙古及神奇的中亚徒步旅行的迷途者。"其实，在考察之路上的许多时刻，他自己都可能成为迷途者，甚至葬身于那片瀚海与风雪之中，但他终究带着诸多惊人的发现回到了北平。他被瑞典皇家科学院授予"北极星骑士勋章"，当斯文·赫定试图在《亚洲腹地探险八年》中介绍这位中国学人时，他突然发现，必须用四种身份才能准确地描述袁复礼的贡献——"一个非常博学的、优秀的地质学家、古生物学家、考古学家和地形测量学家"。

袁复礼回归北平时，周口店已经有了同样震惊世界的大发现，不过，杨钟健深入研究了袁复礼带回来的爬行动物化石，[1]坚定地认为："此其重要，殆不在中国猿人之发现以下。"

鸡肋

1929 年，新生代研究室正式成立，丁文江和步达生分别

1　杨钟健后来这样回忆："由于这些化石（指在孚远、奇台等地保存甚好的骨化石）保存完好，且意义重大，所以我对它的研究兴趣日增。袁君亦陆续交来其他材料，使我先后有若干关于下三叠纪中国之唯一水龙群专文发表，此实为我对脊椎动物方面最满意之贡献。"

担任名誉主持人和名誉主任，杨钟健被任命为副主任，德日进做名誉顾问。不过，这一年春天，步林、杨钟健、德日进都离开了龙骨山。步林加入了西北考察团。杨钟健和德日进则前往山西、陕西、内蒙古等地，他们没有汽车或驼队，只有六匹骡子驮着行李，在三个月里奔走了二十八个县市，考察地质，重点研究黄土和红色土，并发掘出一批古生物化石。在神木，德日进展现出惊人的判断力，他发现了一个一尺多（约35厘米）的足印，立刻根据经验断定这是禽龙的脚印，这令杨钟健敬佩不已。[1] 经过这趟旅程，杨钟健积累了田野考察经验，也在考古学、人类学、地文和岩石方面向德日进取经不少，他感叹，"我之获益，比在学校时多得多"。[2]

留在周口店的，只有二十五岁的裴文中和一些技工，喧闹的工地瞬间安静下来。后来，在《周口店洞穴层采掘记》中，裴文中写道："步达生、德日进和杨钟健指示完毕走后，山中顿觉岑寂，而过起孤独的生活。"[3]

荒山其实并非彻底岑寂，爆炸声不时会惊扰山里的生灵。粉尘崩散，群鸟乱飞，可惜，没有太多惊喜出现。

裴文中不知道自己是否入错了行。读大学时，他是一个蹩脚的地质系学生，却热衷于写作。他的小说《戎马声中》得到过鲁迅的称赞，说他"拉杂地记下了游学的青年为了炮火下的

---

1 杨钟健：《西北的剖面》，生活·读书·新知三联书店，2014 年，第 12、37 页。

2 杨钟健：《杨钟健回忆录》，地质出版社，1983 年，第 61 页。

3 裴文中：《周口店洞穴层采掘记：地质专报乙种第七号》，国立北平研究院地质学研究所实业部地质调查所，1934 年。

故乡和父母而惊魂不定的实感"，并把这篇文章收入《中国新文学大系：小说二集》中。然而，裴文中终究没能成为作家，毕业后无处教书，也找不到合适的工作，能在周口店待下来，已经算是幸运了。1929 年上半年，他曾被派到安阳，跟随史语所参与殷墟的第二次发掘，协助做测量工作，并学习考古；但他似乎做什么都没有兴趣，无论是测量还是田野采集，始终无精打采。[1] 在周口店的时光比在殷墟时更加乏味。第五层洞穴层无比坚硬，炸药几乎不起作用。他不知道留守的意义究竟是什么，每天夜里，绝望无边无际，侵蚀着他，吞噬着他。他却别无选择。这工作如同鸡肋，食之无味，弃之可惜。[2]

被子里的人头

行色匆匆的年轻人，其貌不扬，很容易就会被人海淹没。他背着厚厚的被子、褥子和毯子，与房山车站上那些四处奔波讨生活的乘客别无二致。狂喜与忐忑，都藏在看似平静的面孔下。他必须加倍小心，不能让人发现——被子里包裹着一个"人头"——人的头骨。

几天前，裴文中迎来了命运的转机。1929 年 11 月底，隆

1　参见石璋如著，李永迪、冯忠美、丁瑞茂编校《殷墟发掘员工传》，"中央研究院"历史语言研究所，2017 年，第 178 页。

2　"鸡肋"是裴文中自己的感受，他在《周口店洞穴层采掘记》中写道："山中工作，遇到第五层，非常坚硬，我们怎样崩炸，都不见效，因之觉得山中工作颇有'鸡肋'之感。"

冬来临，周口店的发掘已近尾声，挖掘深度已达到基准点以下22.6米，洞穴仍在延伸，但是越来越狭窄，只能依靠汽灯甚至蜡烛照明。不过，惊喜却接踵而至，他们陆续发现了完整的犀牛头骨、完整的鹿的前肢和水牛足以及一些鬣狗的脊椎骨。[1]不过，决定性的瞬间发生在1929年12月2日下午4点，在松砂和坚硬的填质中，裴文中看到一个圆形的东西，他相信，那是人的头骨。

这里就是安特生几年前发掘出大批古生物化石的地方，被称为"第一地点"。红色砂质黏土（red sandy clay）中，"北京人"头骨出现了。在发回北京的电报中，裴文中强压着内心的狂喜，写道："顷得一头骨，极完整，颇似人。"

同事王存义显然更加兴奋，他给抱着头骨的裴文中拍了张全身照，视线都聚焦在"北京人"的头骨上，却没注意，只拍了裴文中的半个脑袋。

为了避免化石在运送过程中被损坏，裴文中抱着头骨化石，在火盆上小心地烤了三天，烘干水分，让它变结实，然后才用几层绵纸和厚麻布袋把它包裹起来，灌上石膏，在外面又团团裹上被褥。12月6日，他把这个头骨化石带回北京，交给了步达生。

起初，步达生不太相信裴文中的判断。一天前，他曾写信给安特生，提及裴文中的电报，还有些将信将疑。不过，面前

1　裴文中：《周口店中国猿人成年头盖骨发现之经过》，载《裴文中科学论文集》，科学出版社，1990年，第1—2页。

的头骨化石彻底打消了他的疑虑。

12 月 28 日，中国地质学会在地质调查所举行特别会议，宣布了这个重大消息："北京人"头骨化石重现人间。

1930 年，实验室里也有了重大收获，经过对前一年出土标本的整理和修复，又一个"北京人"头骨化石被拼接出来。为了庆祝中国地质学会第七届年会，地质调查所特地举办展览，展示了从周口店发掘出来的一批化石标本，其中就有"北京人"头骨化石。从 3 月 30 日到 4 月 3 日，短短五天，在签名簿上留下名字的参观者就有两千多人。[1]

古老的祖先和神秘的考古发掘，开始以微妙的方式进入公众视野。

跨越与新生

诞生于内忧外患之时，考古发掘不仅是科学领域的探索，甚至关乎民族尊严。这一代学人始终被强烈的民族情感激励着，鼓动着，急切地试图向世界证明，中国不仅有黄帝和尧、舜、禹的传说，不仅有夏、商、周以降的代际传承，在远古时代，中国大地上同样孕育过远古人类的一支。

大量化石的出土，为学术研究奠定了基础，也将研究推向新的方向。此后十年，《中国古生物志》丙种（脊椎动物）和

1　胡承志：《我所在的新生代研究室》，载高星等主编《探幽考古的岁月：中科院古脊椎所 80 周年所庆纪念文集》，第 59 页。

丁种(人类)收录的论文激增。1936年,谢家荣曾这样感叹:"地质研究之空气,为之一变,地质界同仁相率以高谈海陆变迁生物进化为荣,而以煤田及矿床之研究为肤浅不足道。"[1] 但他和同仁依然致力于地质调查,孜孜不倦地勘测土壤、煤矿、石油和各种金属矿藏,足迹遍及中国各地。但是,古生物学研究后来居上,成为一时显学。

随着田野考察的深入,这一代学人的视野也愈发广阔。短短十几年间,周口店的发掘与研究就经历了跨领域的持续扩展,裴文中后来总结道:

> 在 1927 年以前,龙骨山的挖掘工作,是古生物学的,即目的在于挖掘动物骨骼的化石。1927 至 1930 年的工作是人类学的,即目的在于挖掘人类的化石。1930 年的工作,除了发现了人类的化石外,最重要的是发现了石器,发现了"北京人"用火的痕迹。从此而后,龙骨山上的工作,就成了考古学的范畴,即是要注意化石的位置和彼此的关系,土石中发现的石块以及土石等的性质和位置等。因此,从 1930 年以后,在龙骨山挖龙骨,就成了一种广泛的、多方面的学术工作,包括地质、古生物、人类学和考古学等专门的科学。[2]

1　谢家荣:《近年来中国经济地质学之进步》,《地质论评》1936 年第 1 期。
2　裴文中:《龙骨山的变迁》,《中国科技史料》1982 年第 2 期。

在北大地质学系读书时，裴文中并不是优秀的学生，但是，周口店的考古发掘仿佛重新塑造了他。在现场积累的丰富经验、经手的第一手资料，激活了他敏锐的直觉。比如，他认为，周口店出土的一些脉石英似乎是人工制作的。尽管步达生和杨钟健都不认同，裴文中还是在实验室里自己制作石器，试图验证这个假设。后来，法国考古学家步日耶（Henri Breuil）应邀来到中国，他断定，这些脉石英标本确实是人工制作的石器。[1] 裴文中的大胆假设与实验精神，给步日耶留下了深刻的印象，他还向翁文灏明确提出，希望能招收裴文中做学生。

裴文中还收集了一些燃烧过的动物骨骼、鹿角、石块等标本，它们很可能可以证明，"北京人"已经会使用火了。德日进把部分标本带回法国，巴黎博物馆矿物研究室的戈贝尔（Gaubert）博士经过实验分析后确认，周口店确实存在用火的遗迹。这个重大发现促成了考古工作的转型，从此，对周口店的发掘和研究，从单纯寻找"北京人"，转向了对遗址和遗物的综合观照。

此外，他们也不只关注史前人类，对食肉目、食虫目、翼手目、啮齿目和其他灵长目化石也进行了深入研究，并用中英文发表了多篇论文。

1932 年，裴文中开始在周口店尝试使用"探沟法"进行挖掘——先发掘出一条 5 米深、1.5 米宽的探沟，以 3 米为一段，

1　但双方其实并未达成共识，直到 1950 年代，学者们依然在争论这些石器究竟是不是人工制作的。

分成四五段，然后根据地层的特质以及地层间的关系，再有针对性地挖掘。他承认，新的尝试源于史语所。尽管当初追随史语所发掘殷墟时，他似乎总是心不在焉，但是，跨学科的实践无疑还是带给他诸多启迪。[1] 史语所考古组主任李济还特地借给他考古学的书，教了他一些考古学知识。

从 1920 年代到 1930 年代，正是这些跨领域探索与跨国合作促成了学术的新生，而不同学术机构之间相互支持，共同造就了一个群星闪耀的年代，也让地理与历史的大发现成为可能。

不寻常的"韭菜"

日益严峻的政局，把考古发掘搅动得五味杂陈。日军蚕食着东北三省，华北危急，周口店距离战火越来越近，考古发掘由此变成了对文化遗存的抢救——中国的学人们急于赶在国难临头之前，发现更多的珍宝，解开无尽的谜团。

五年过去了，周口店重又岑寂起来，发掘队将目光投向"北京人"时期的遗物和遗迹考察，又在山顶洞找到了距今一万八千年到一万一千年前旧石器时代晚期的遗址，但他们没能再挖出一个"北京人"头骨，只发现了三个"山顶洞人"的头骨化石和一些别致的装饰物。

1934 年，步达生突发心脏病，在研究室里去世。芝加哥大学教授、德国人类学家、解剖学家魏敦瑞（Franz

---

1 裴文中：《周口店洞穴层采掘记：地质专报乙种第七号》。

Weidenreich）接替了他的职务。杨钟健长年与德日进合作，一直在各地考察，足迹遍及东北、华北、西北、长江流域和广东等地，研究则横跨地层学、地质学和爬行动物等领域，在山东临朐，他还发掘出大批植物、鱼类和哺乳动物的化石。裴文中也离开了周口店，在步日耶支持下，他于 1935 年前往法国留学，就读于巴黎人类古生物研究所和巴黎大学动力地质研究室，像当初在周口店发掘现场苦读一样，初到巴黎，他近乎疯狂地学习语言，只用了一个月就掌握了法语，并希望能用两年时间获得博士学位。

周口店的挖掘现场，留给了二十五岁的贾兰坡。

贾兰坡只有高中学历，三年前考入新生代实验室，同样从练习生做起，此时已经升任技佐。他也是个勤奋的年轻人。一本 1885 年在伦敦出版的《哺乳动物骨骼入门》，他半页半页地苦读，生吞硬记那些冗长复杂的英文术语。他和工人们打过一条野狗，旁人争着吃肉，他却惦记着骨头。他把狗的骨架重新拼起来，对照《哺乳动物骨骼入门》分辨每块骨头的名称和特点。后来，他又花了月工资的三分之一，买了一本英文版的《旧石器时代的人类》，努力自学。经过两年苦读，他竟能轻松地用拉丁文标注各种哺乳动物的牙齿。

新的年轻人来了又去，北京大学地质学系毕业生李悦言和燕京大学生物学系毕业生孙树森都来过周口店，但又陆续离开。几个月间，发掘队只发现了几颗牙齿和三块很小的头骨碎片，很少有人能忍受这种既枯燥又近乎无望的发掘。

1936 年雨季过后，只有贾兰坡带着技工们回到周口店。

与当初的裴文中相比,贾兰坡的压力更大。日军步步紧逼,地质调查所已经在一年前迁往南京,兵马司胡同九号改为北平分所,由杨钟健担任分所所长。由于周口店的发掘连续几年都没有重大进展,1936年,洛克菲勒基金会只提供了六个月的经费,而且可能从此永远停止资助,新生代研究室或许也将不复存在。杨钟健打算在周口店设立一座陈列馆,请贾兰坡负责管理。这是他能为这个兢兢业业的年轻同事想到的最佳出路。

10月22日上午10点,贾兰坡与一场小小的惊喜相遇,在第8层和第9层之间,两块石头中间突然露出一块下颌骨化石。他小心地把它挖出来,可惜,化石被土和石头包裹着,已经碎成几块。这里距离六年前裴文中发现第一个"北京人"头盖骨的地点,只有十米左右。

随即又是漫长而无望的等待。转眼间立冬了,雪纷纷扬扬洒在这片荒寂的山中。

11月14日夜里,又下了一场小雪,次日上午9点,发掘队才开始工作。半个小时后,一名技工挖出一块核桃大小的碎骨片,随手放进小荆条筐里。这块碎骨片吸引了贾兰坡的目光,他问技工这是什么,技工回答说,是"韭菜"——发掘队把碎骨片称为"韭菜"。

贾兰坡却把这块"韭菜"捡了起来,仔细端详。他忍不住大声惊呼,他相信,这是人的头骨。

他立刻派人把现场围起来,自己带着几名有经验的技工开始发掘,耳骨、眉骨逐渐从半米多的堆积里显露出来。他们惊讶地发现,这个头骨是被砸碎的。到了中午,所有的碎片都出土了。这群不久前还无比绝望的年轻人兴奋地意识到："新生代研究室要时来运转了。"

当天下午 4 点 15 分，又一个头盖骨出土了。消息传到北平，新生代研究室名誉主任魏敦瑞从床上兴奋地跳起来，裤子都穿反了。

十天后，又是一场小雪。雪后，发掘队在一片硬角砾岩中发现了第三个头盖骨，它的完整程度前所未见，甚至完好地保留着神经大孔的后缘部分、鼻骨上部以及眼孔外部。[1]

短短十一天里，贾兰坡率领发掘队发现了三个"北京人"头骨化石，时隔六年，周口店再度成为世界瞩目的焦点。不久，洛克菲勒基金会发出一份越洋电报，决定将资助延长三年。[2]就这样，濒临终结的新生代研究室奇迹般复苏。

1　参见贾兰坡《悠长的岁月》，江苏人民出版社，2008 年。
2　胡承志：《我所在的新生代研究室》，载高星等主编《探幽考古的岁月：中科院古脊椎所 80 周年所庆纪念文集》，第 70 页。

第四章　生死之际

命运的追袭

田野考察，各种风险总是不期而至。

1929 年，丁文江发起西南地质调查，年轻的赵亚曾和黄汲清先行出发，考察了陕西、甘肃、四川以后，又进入云南。在云南昭通，三十岁的赵亚曾为了保护化石，被土匪枪杀。丁文江和翁文灏都对他寄予厚望，葛利普也把他视为中国地质界"未来之领导者"，可他却倒在了田野考察的路上。这件事让丁文江和翁文灏感到极大的震动与自责，他们努力为赵亚曾争取抚恤金，后来，丁文江还一直设法照顾赵亚曾的孩子。[1]

五年后，翁文灏听说浙江长兴可能蕴含石油，异常兴奋。

1　胡适：《丁文江的传记》，载欧阳哲生编《胡适文集》（7），第 436 页；胡适：《丁在君这个人》，《独立》1936 年 2 月 16 日第 188 号。

毕竟,他一直对石油念念不忘。他当即决定从南京去浙江考察,不料却在武康遭遇了严重的车祸,生命垂危。

当时丁文江正在协和医院养病,闻讯后痛哭着与医生争执,执意前往杭州。他反复念叨着:"咏霓这样一个人才,是死不得的。"[1]

翁文灏的伤势震动了中国学术界,甚至惊动了蒋介石。两年前,翁文灏曾应邀到庐山为蒋介石讲学,建议国家发展工业,蒋介石深以为然,极力邀请他兼任军事委员会国防计划委员会秘书长。听说翁文灏出事了,蒋介石下令,不惜一切代价全力抢救。七十多天后,翁文灏终于死里逃生。

然而,地质调查所仍在持续遭受冲击。1934年3月15日傍晚,步达生按照惯例来到实验室,准备通宵工作。他兴致勃勃地和杨钟健讨论了一些田野考察计划。没想到,杨钟健离开半小时后,步达生突发心脏病,在"北京人"头骨和"山顶洞人"头骨旁停止了呼吸。[2]他踌躇满志地想把新生代研究室建成大规模的学术机构,涵盖古人类学、伴生动物群、地层、人文、冰川等多领域,甚至初步选好了地址,打算为新生代研究室新造一座大楼。[3]他还和印度、缅甸、越南等国家的专家联络,试图将考察与研究扩展到南亚,对新生代地质进行

1　参见傅斯年《我所认识的丁文江先生》,《独立》1936年2月16日第188号。
2　杨钟健:《杨钟健回忆录》,第72页。
3　胡承志:《我所在的新生代研究室》,载高星等主编《探幽考古的岁月:中科院古脊椎所80周年所庆纪念文集》,第55—56页。

综合的比较分析。[1] 只是，他的这些构想就此戛然而止。

噩耗并未就此停止。谁也没有想到，死神随即转身，俯视丁文江。1935 年年末，丁文江到湖南谭家山勘察煤矿，仍然像年轻时在个旧那样，不辞辛苦地下矿洞。这次旅途劳顿不堪，他感染了风寒，在旅馆休养时又不幸煤气中毒。医生抢救他时，竟然连续做人工呼吸，压断了他的一根肋骨，刺破了胸膜，过了很多天才发现。

翁文灏赶赴长沙，想要营救丁文江。可惜为时已晚，1936 年 1 月 5 日，四十九岁的丁文江在湖南去世。

往事如同一根根绳索捆缚着朋友们。

老友胡适想起刚刚相识时，丁文江担心他酗酒，又不便直接劝告，就从胡适自己的《尝试集》中摘选了几句诗，请梁启超题在一把扇子上，送给他。胡适又想起，当初自己生病，丁文江跑来劝他搬家，还悄悄地承担了一部分房租。丁文江对朋友一直这样古道热肠。

翁文灏更难忘记，自己出车祸时，丁文江强撑病体，着手为他筹备后事，并打算收养他的幼子。正如丁文江的小兄弟、史语所所长傅斯年所描述的那样："凡朋友的事，他（丁文江）都操心着并且操心到极紧张极细微的地步，有时比他那一位朋友自己操心还要多。"[2]

在朋友的记忆中，丁文江一直是"丁大哥"——一个可以

1　杨钟健：《新生代研究室二十年》，《科学》1948 年第 11 期。

2　傅斯年：《我所认识的丁文江先生》。

托付一生的朋友。然而，"丁大哥"这样的"江湖声名"，无形中也成了一种精神负担。1933 年，中央研究院总干事杨铨遇刺身亡，蔡元培希望请丁文江接任，傅斯年、李济、李四光等人立刻拿"丁大哥"的声名作为劝驾的理由，给丁文江写信说："见义不赴，非所谓'丁大哥'也。"[1] 丁文江因此更加难以拒绝。当然，他也从来不负众望，仅用了一年半时间，就把中央研究院"这个全国最大的科学研究机关重新建立在一个合理而持久的基础上"。[2]

丁文江在世时，曾经这样评价翁文灏："若不是大部分的光阴消磨在为他人做嫁衣上面，他的科学的成就一定要十倍于此的。"[3] 他自己又何尝不是如此。他是一个"百科全书"式的学者，又是一个"彻头彻尾的实干家"。[4] 他对地质调查的定义，不仅仅着眼于矿物和岩石，更关注其形成与演变的过程，进而探究地球的形状、构造和历史。他还涉足自古以来陆地之上与海水之内的各种生命及其演变过程，乃至诸如地理、气候等影响其发展分布的因素，就连葛利普这样的地质学大家，都对他极为钦佩。[5] 他原本可以取得更大的学术成就，

---

1 1933 年 7 月，丁燮林、李四光、周仁、唐钺、李济、傅斯年致丁文江。参见王汎森、潘光哲、吴政上主编《傅斯年遗札》（第一卷），社会科学文献出版社，2015 年，第 411 页。

2 胡适：《丁在君这个人》。

3 丁文江：《我所知道的翁咏霓——一个朋友病榻前的感想》，《独立》1934 年 4 月 22 日第 97 号。

4 这两句话都是温源宁对丁文江的评价。

5 胡适在《丁文江的传记》中引述了葛利普对丁文江的评价，参见欧阳哲生编《胡适文集》（7），第 434 页。

但他终究还是决定充当学术界的推手，为他人作嫁衣裳。

　　罗素曾这样评价丁文江："（他）是我所见中国人中最有才最有能力的人。"在蔡元培眼中，丁文江"是一位有办事才干的科学家，普通科学家未必长于办事，普通能办事的，又未必精于科学，精于科学而又长于办事，如在君先生，实为我国现代之罕见人物"。"长于办事"又"精于科学"，于学术界是幸运，于丁文江个人却是无尽的消耗。和傅斯年相仿，丁文江也是中国学术界一位杰出的组织者和管理者，社会学家陶孟和甚至称他为"学术界的政治家"。[1] 他为中国培养出一代地质学人才，为中国地质学奠定了根基，树立了规范，甚至指明了方向，却不得不为了机构与学科的发展而做出个人的牺牲。政务消耗了大量精力，也直接影响着他的学术研究。他出版的学术专著很少，在专业领域没能做出更大的突破。此外，他一向不肯擅自动笔，务必要做周详的考察和研究之后，才愿意诉诸文字。或许他深信，自己仍在壮年，来日方长，有的是时间能把诸多考察成果与心得逐一写出来。可惜，命运覆手将他舍弃。

出山要比在山清

　　丁文江去世后不久，翁文灏和几个朋友就收到了胡适的来信，信中誊抄了丁文江的遗诗《麻姑桥晚眺》：

1　胡适：《丁文江的传记》，载欧阳哲生编《胡适文集》(7)，第434页。

红黄树草争秋艳，碧绿琉璃照晚晴。

为语麻姑桥下水，出山要比在山清。

胡适在信中写道："我对于你们几个朋友（包括寄梅先生与季高兄等），绝对相信你们'出山要比在山清'。但私意总觉得此时更需要的是一班'面折廷争'的诤友诤臣，故私意总期望诸兄要努力做 educate the chief(教育领袖)的事业，锲而不舍，终有效果。"[1]

此时，翁文灏已经辞去地质调查所所长的职务，应蒋介石之邀出任行政院秘书长。好几位研究政治学、社会学、教育学的朋友，也先后进入南京政府，学者从政蔚然成风。

翁文灏主持地质调查所十七年，令地质调查所享誉世界。葛利普对他突然选择从政的做法很不赞同，见到人就抱怨，说很多人都可以充当行政院秘书长，但是，丁文江去世后，除了翁文灏之外，没有人能更有效地领导地质调查所了。[2]

对于翁文灏的选择，老友胡适同样心情复杂。一方面，他认为翁文灏是可以做总统的人。1932 年，他曾应《东方》杂志之邀书写新年梦想，其中一个梦想作出了这样的虚构："话说中华民国五十七年（西元一九六八）的'双十节'，是这位八十岁大总统翁文灏先生就职二十年的纪念大典。"然而，他

1　胡适：《致翁文灏、蒋廷黻、吴景超》（1936 年 1 月 26 日），载耿云志、欧阳哲生编《胡适书信集》（下册），北京大学出版社，1996 年，第 683—684 页。

2　李济：《安阳》，第 43 页，注释 1。

又担心老友从此沦为政客的附庸，因此，短短五天之间，他接连写信提醒翁文灏和身处南京政府的学者朋友，务必要保持独立精神，不要做"伴食"的官员，[1]一次又一次提起"诤友"和"诤臣"。

其实，翁文灏自己同样深感矛盾。他早就在日记中自陈过心曲："余居北平垂二十年，殚心学术，不问政事。自度生平，向以学术工作为职志。"然而，日军步步紧逼，国家危殆，他已经别无选择。在给傅斯年的一封信里，他甚至哀叹，地质研究几乎无法为国家做出任何贡献。[2]何况，他还想报答蒋介石的救命之恩和知遇之情。时局跌宕，他不能袖手旁观，便只好在日记里悄悄提醒自己，"警拼生命拯邦国，莫随流波坠俗尘"。

"牺牲我所一切所有"

1937年春天，周口店的新一轮发掘如期进行，大家满怀期待，希望能找到更多的"北京人"头骨和遗存，然而，几个月后，卢沟桥的炮火击碎了所有的期望。7月9日，周口店发掘宣告中止。二十天后，北平沦陷。

1　胡适1936年1月21日的日记写道："写长信给翁咏霓、蒋廷黻、吴景超、顾季高四人，谈国家的危机，分外交与财政两方面……我希望他们四人莫作'伴食'之官员。"（胡适著，曹伯言整理：《胡适日记全编》(6)，安徽教育出版社，2001年，第592页）此信中的内容，与《胡适书信集》所收的1月26日的书信内容不同，应为两封信。

2　王汎森：《傅斯年：中国近代历史与政治中的个体生命》，生活·读书·新知三联书店，2012年，第185页。

　　这一代地质学家、古生物学家和考古学家，迎来了更加叵测的命运。

　　谢家荣和杨钟健都拒绝了日伪邀请，不得不逃离北平。

　　抗战爆发两个月后，谢家荣的论文《中国之石油储量》刊登在《地质汇报》第 30 号上，他划分出陕北、四川赤盆地、准噶尔和塔里木四个产油区，第一次估算了中国的石油储量。然而国难降临，作为北京大学地质学系系主任，他不得不化装成日本人的模样，逃离北平南下，此后奔走于湖南、广西、云南等地勘测矿产，为中国抗战积蓄力量。

　　杨钟健在长沙短暂停留，发表了《非常时期之地质界》，呼吁学界不要忘记本分："一个非常时期，正是一个不多的机会，也许有许多新的材料发现与研究，会遭逢时会，特别发达起来。所以我们只有埋头干，不必短期灰心，相信地质界人人若能如此，其他各界人人若能如此，于抗战的局势，和国家的未来，都是有益无损的。"[1]他这样勉励同仁，也一直这样要求自己。

　　作为清华大学地质学系系主任，四十四岁的袁复礼与闻一多等十一名教授一起，带领二百六十七名学生，徒步三千多里，从长沙一路走到昆明。作为步行团中最年长的教授，他沿途仍不忘教学生考察地质，不时用锤子敲打岩石，采集标本，频频取出本子记录数据，每天画地质图。两个多月艰苦而传奇的旅程，成为西南联大传奇的开端之一。

　　北方的战局越来越残酷，留守周口店的赵万华、郑统宇

1　杨钟健：《非常时期之地质界》,《地质论评》1937 年第 6 期。

等三名技工被日军杀害，地质调查所北平分所与新生代研究室也都变得岌岌可危。葛利普闻讯，立刻出面斡旋，新生代研究室和地质调查所北平分所也得到协和医学院的保护，以拥有美国投资的名义，暂时成为沦陷区的"飞地"。日伪曾试图染指，但未能如愿。

贾兰坡到协和医学院进修解剖学，衣兜里总是揣着两根人类的腕骨，不时摸一下，马上判断自己触碰的是哪块骨头。这几乎成为一种条件反射。渐渐地，他信手就能分辨出人骨的部位，甚至连左右手都能轻松识别出来。

裴文中在巴黎大学获得博士学位，并成为法国地质学会会员。步日耶盛赞他仅凭一己之力就写出了需要多人合作才可能完成的论文，认为他"所做的工作是一个真正的科学家应该去做的"。他没有留在欧洲，反而冒着战火，走海路，转火车，辗转回到北平，承担起新生代研究室的各项事务。他还到燕京大学教史前考古学。起初，教室里挤满了慕名而来的学生和教师，他们都对"北京人"的发现者满怀好奇，不过，没过多久，台下就只剩下两名学生，其中之一是来旁听的贾兰坡。

章鸿钊则在困苦中开始了漫长的蛰伏。他留在北平，屡次拒绝与日伪合作。花甲之年，他所能做的，就是继续考证中国从两汉以来各种古籍对矿产的记录，"以行省为经，以历朝为纬"，搜寻资料，考证研究，并辅以图注。他在烽烟中完成《古矿录》，并附了一首《水调歌头》，他深信，抗战终将胜利，华夏仍会复兴，"不信江山改，依旧好江山"。

翁文灏出任经济部长，兼任资源委员会主任委员，主管战时工业生产与经济建设。终其一生，他再也无法像年轻时那样心无旁骛地漫游中国，进行地质勘探与研究。在写给地质调查所同仁的两封公开信中，他呼吁大家抓紧勘探国家急需的矿藏，但也不要放弃正在进行的研究："科学人士当以研究为生命……凡此奋斗不倦之精神，即是民族自存之德行"，[1] "我们很愿牺牲我所一切所有，争回我们的人格，保全我们的国体"。[2]

1936 年末，年过六旬的安特生再度来到中国，按照约定，他归还了当年带到瑞典做研究的文物。他参观了地质调查所在南京的新址，并与翁文灏等人重逢，但他已经无法再与丁文江握手言谈。此后，他前往西康考察，又辗转于香港和越南。他在南方徘徊良久，却找不到机会再度前往周口店。战火日炽，老人只好黯然离开。

抗战颠沛流离的日子里，更多地质调查所的学人由南京，经长沙，流亡到重庆，因得实业家卢作孚鼎力相助，并以中国西部科学院为依托，得以继续调查研究西南地区的矿藏、土壤和古生物。他们遂在攀枝花、东川、会理、昆明等地陆续勘探铁矿、铜矿、铜镍矿和铝土矿。

包括地质调查所的学者在内，两三百名中国地质学家如蒲公英般散落在四川、贵州、云南、西康、广西、甘肃、宁夏、新疆、青海、陕西、湖南、江西、福建、广东、湖北等地。西藏之外，只要是尚未被日军占领的省份，几乎都留存着他们勘探矿藏的

1　翁文灏：《告地质调查所同人》，《地质论评》1937 年第 6 期。

2　翁文灏：《再致地质调查所同人书》，《地质论评》1938 年第 1 期。

足迹。黄懿、丁泽洲在云南易门调查铜矿和铁矿，徐克勤、丁毅在江西南部调查钨矿，谢家荣等人在广西田阳、田东调查锑矿，程裕淇、王曰伦、卞美年等人则在云南昆阳发现了中国第一个大磷矿……[1]

1938年，卞美年和王存义前往云南禄丰地区调查地质，却意外地发掘出近四吨古脊椎生物化石。次年，杨钟健率队进行了一次规模更大的发掘。埋藏在地下的恐龙动物群种类繁多，卢沟龙、中国龙、兀龙、云南龙、卞氏兽等纷纷显露真容，其中一具保存非常完整的原蜥脚类恐龙化石，引起了杨钟健浓厚的兴趣。经过研究分析，他在1941年完成了《许氏禄丰龙》，这是中国人研究恐龙的第一部专著。他把这只恐龙命名为"许氏禄丰龙"，以纪念自己的德国导师许耐（Friedrich von Huene）。许氏禄丰龙的骨架还被组装起来，供研究和展览。它是中国人独立发掘、装架、研究的第一只恐龙，被称为"中国第一龙"。为了纪念丁文江去世五周年，这个恐龙骨架后来被运到陪都重庆，在北碚展出，观者如潮，有人甚至带着香火，前去祭拜。

中国人自称龙的传人。此龙自非彼龙，然而，国土沦丧之际，龙的现身，还是带给流寓西南的学人以慰藉和激励。山河破碎，生死难卜，他们仍未放弃田野考察和学术研究。

在这些大发现背后，实则有重重危机，甚至动辄生死殊途。

1　参见段晓微《他们也是战士：从〈地质论评〉看抗战烽火中我国地质学科的发展及对抗战的贡献》，《地质论评》2010年第4期。

1938 年，吴希曾到湘西勘探辰溪煤田时遭遇车祸去世。[1]1944
年，傅徽第在赣南被日军杀害。[2]同年，许德佑、陈康、马
以思在贵州调查地质时被土匪枪杀。他们的人生永远停留在
二三十岁的年纪。安特生早年曾对中国的年轻一代寄予厚望，
他觉得，欧洲的年轻人执迷于爵士乐和各种考试，很少思考国
家的前途，与之相比，中国的年轻人"精神更加丰富，因为他
们生活在风暴和寻找家园的时代，当秕糠为风吹散，根浅的树
木为风吹倒，只有坚强的鸟儿才敢于磨炼自己的翅膀"。[3]然而，
身处乱世，许多"坚强的鸟儿"最终还是被时代的风暴摧折了
翅膀。

失落的木箱

　　装进白色木箱之前，头骨化石都被包得严严实实，从内到
外，分别用擦镜头的细棉纸、白棉纸、医用吸水棉花、医用纱布、
粉莲纸、厚的白纸与医用布，细致而周密地层层包裹好。木箱
里还特地垫了几层黄色瓦楞纸，又用吸水棉花和木丝填满。

1　抗战时期因车祸罹难的还有宝天铁路工程局专员林文英，1942 年，他在
　　地质调查的路上途经徽县遭遇车祸去世。1930 年代他曾参与地质调查所
　　组织的四川地质考察团。

2　傅徽第于 1940 年由地质调查所转入江西省地质调查所。

3　安特生：《龙与洋鬼子》(The Dragon and the Foreign Devils)。转引自李
　　雪涛《作为中国通的瑞典考古学家：安特生与〈龙与洋鬼子〉》，载阎纯
　　德主编《汉学研究·总第二十一集：2016 年秋冬卷》，学苑出版社，2016 年，
　　第 341 页。

两个木箱看起来没什么特别，只标注了"Case 1"和"Case 2"。然而，箱子里藏着的，却是地质调查所一代人的心血。除了五个"北京人"的头骨，还有"山顶洞人"的头骨和各种骨片化石，以及"北京人"的牙齿、股骨、上臂骨、上颌骨、锁骨、腕骨、鼻骨、腭骨、脊椎骨，等等。

1941 年 11 月下旬，在北京协和医学院，新生代研究室模型技师胡承志用手推车推着这两个箱子，去了 C 楼，把它们交给医学院总务长，后者又把它们锁进 F 楼下 4 号保险库。

胡承志知道，它们将被送往美国自然历史博物馆。

进入地质调查所之初，胡承志从杂工做起，后来专攻石膏模型制作，作品几能乱真。几个月前，魏敦瑞离开中国时，给他出具了一份工作证明："此信的持有者胡承志先生自 1933 年 11 月就业于新生代研究室，从实习技师到技师。后几年，胡先生是我个人的技术助理。他制作了周口店北京人的所有模型，从中不仅可以看出他优秀的技术，也反映了他聪明的理解力和对所处理问题的重视。"临别前，魏敦瑞还特地叮嘱胡承志，随时做好把化石装箱的准备，以便送往美国。

"北京人"的头骨能够出境，经历了漫长的外交斡旋。

抗战局势日渐胶着，美国和日本的关系也愈发微妙，"北京人"头骨保存在协和医学院，已经不够安全。地质调查所打算把化石送到美国自然历史博物馆暂时保管，战后再归还中国，但是美方不同意。根据当初的约定，所有出土标本都不能离开中国。

为此，翁文灏出面与美国驻华大使反复交涉，美方才最终同意接收。[1]

胡承志不知道的是,这两箱化石很快就被送往美国公使馆,又以一名美国军医私人行李的名义,装上火车,由美国海军陆战队护送,秘密运往秦皇岛,安置在美军军营里,准备转乘"哈里逊总统号"前往美国。

整个行程极其隐秘,知情者寥寥无几。然而,这次缜密的部署,却因战局突变而功亏一篑。12月8日,日本偷袭珍珠港,太平洋战争爆发。"哈里逊总统号"未能抵达,就被日军俘获。日军迅速对美军宣战,美军在秦皇岛的兵营也被占领,这两个箱子从此下落不明。后来,新生代研究室的几名相关人员都遭到日军审讯,裴文中更是被关押了三十六天,出狱时头发都白了。[2]当然,没有人知道究竟发生了什么。

多年后,不断有日本和美国的老兵信誓旦旦地宣称,他们曾亲眼见过这些头骨化石。一个日本老兵临终前宣布它被埋在日坛的一棵松树下,一名美国海军陆战队的老兵则回忆,与日军作战时,他们曾用装着头骨化石的箱子垫过机关枪。在其他版本的回忆与推测中,这些头骨化石则长眠于海底,在某一艘日本或美国的沉船上。

时隔几十万年,祖先的头骨从地层深处现身,短短几年又悄然消失,只剩下一批当年按照等比例仿制的石膏模型,留存

---

1 杨钟健回忆的版本是,当时胡适担任驻美大使,翁文灏希望由美国大使馆把"北京人"头盖骨化石带到美国,交由胡适保管,战后再运回中国。
2 晏学:《我记忆中的裴文中先生》,载高星、裴申主编《不朽的人格与业绩:纪念裴文中先生诞辰100周年》,科学出版社,2004年,第65—70页。

下它们的轮廓。[1]它们带给后人无尽的狂喜，又留下无穷的怅惘。但无论如何，它们曾激励着学人走出书斋，寻找大地的隐秘，于是，重返人间的这一趟短暂行旅，也算是功德圆满了。

1　目前有很多中外学者认为，中国人的祖先或许并不是"北京人"。

第五章　最后的眷顾

消失的五个"北京人"头骨，再也没有重现人间。

几十年过去了，六十二岁的裴文中仍然辗转在周口店，主持考古发掘。此时，日月已换新天。由于常年与蒋介石合作，并曾出任行政院院长，翁文灏被定为"第12号战犯"，回归大陆后几经波折，终于做了政协委员。他想继续从事地质调查或者到大学任教，却始终未能如愿。余生的二十年里，除了杨钟健之外，从前的下属几乎没有一个人登门拜访他。[1] 去世多年的安特生则被指控为"殖民主义和帝国主义的帮凶"，葛利普的名字也引起过轩然大波。《科学大众》杂志曾撰文赞扬他像白求恩大夫一样"拥护真理，反对侵略"，这一评价遭到媒体批判，认为他根本不配与白求恩相提并论，因为他没有参与伟

1　翁心钧：《翁文灏地质生涯摭拾》。

大的人民革命事业。[1] 为此，《科学大众》不得不公开检讨。至
于旧日地质调查所的其他学者，则大多都曾被错误地定义为"科
学侵略者"或者"买办式的技术知识分子"。丁文江也未能幸
免，甚至首当其冲。[2] 谢家荣被打成右派，却仍在勤奋地写作《中
国矿床学》，而这注定是一部难以完成的书稿。后来，他和妻
子相继自杀。

　　周口店依然岑寂，年过花甲的裴文中仍在等待。1966 年 5
月 4 日和 5 月 5 日，一块枕骨和一块额骨相继出土。裴文中惊
讶地发现，这两块人骨碎片，与 1930 年代出土的两块颞骨的
模型，居然能拼合在一起。显然，它们曾属于同一个主人。或
许冥冥之中，远去的祖先于心不忍，又给了裴文中最后的眷顾。

1　吴风：《科学家们应注意对历史人物的评价》，《光明日报》1951 年 11 月
　　14 日。

2　李四光写道："欺负我最厉害的人，就是这个人。然而他死了以后，我还
　　要瞒着我的良心恭维他：说什么他一生苦心为了中国地质事业工作，来
　　表示我的宽宏大度，我这种虚伪的态度，岂不是自欺欺人？"参见李四
　　光《地质工作者在科学战线上做了一些什么？》，《地质论评》1951 年第
　　C1 期。李四光唯一尊崇的是 1951 年去世的章鸿钊，他在中国地质学会
　　为章鸿钊举行的追悼会上这样定义章鸿钊——中国地质事业创始人不是
　　别人，而是章先生。

清华国学研究院

告别乌托邦

第一章 际会

刨坟掘墓，寻绎始源

一位戴眼镜、穿长袍的老人坐在茶话会前排，看起来有些萎靡不振。这一天是 1925 年 9 月 28 日，虽距离清帝退位已经过去十三年，他的瓜皮帽后面却依然倔强地拖着一根辫子。

清华国学研究院的新生姚明达忍不住问身边的同学："这大概就是李济先生了吗？"[1]

李济是研究院的特约讲师，主讲考古学。这是一门太过陌生的学科，学生们满心好奇，又满怀偏见。他们认为，考古就是挖古董或者收藏古董，[2] 研究考古的人也都垂垂老矣。

然李济当时只有二十九岁，毕业于哈佛大学，是中国第

---

1 转引自李光谟《从清华园到史语所：李济治学生涯琐记（修订本）》，商务印书馆，2016 年，第 127 页。

2 当年就读于清华国学研究院的戴家祥的回忆。

一位人类学博士。他四岁开始学习"四书"及《周礼》，十岁
进入新式学堂，二十二岁前往美国留学，先学心理学，再学社
会学，最后研究人类学。二十多岁时，他在一份自撰简历中宣
布，他的理想是"去新疆、青海、西藏、印度、波斯去刨坟掘
墓、断碑寻古迹，找些人家不要的古董来寻绎中国人的始源出
来"。"刨坟掘墓"这样惊世骇俗的字眼，"寻绎中国人的始源"
这样野心勃勃的志向，勾勒出中国学术界的一头"黑羊"形象，
而这也未尝不是这一代新人的精神写照。军阀混战，列强环伺，
他们更加执着于自己的民族身份，因此要"寻绎始源"，为祖
国正名；不过，在老一辈学者看来，从海外归来的这一代人更
像一群破坏者，他们总是毫不掩饰种种离经叛道的念头，执迷
于一些听来匪夷所思的研究方法。

在国外时，李济之名已经为学界所知。1922 年，英国哲
学家罗素（Bertrand Russell）在其极负盛名的著作《中国问题》
(*The Problem of China*) 中，大段引用过李济的《中国的若干
人类学问题》。罗素说，李济的论文让他"得到了某些颇有启
发的见解"，这个年轻人也因此意外地名声大噪。[1] 回国后，李
济任教于南开大学，担任文科主任，并与美国史密森研究院下
属的弗利尔艺术馆合作，准备联合进行考古发掘。

清华国学研究院聘请了四位导师，不过，留给李济的职务
并非导师，而是特约讲师。对此，《清华周报》特地解释了原因。

1　根据 1977 年费慰梅访问李济时的记录手稿，李济的原话是"一下子出了
　　名"。转引自李光谟《从清华园到史语所：李济治学生涯琐记（修订本）》，
　　第 50—53 页。

据说研究院原本打算聘请李济做导师，但是担心会影响他和弗利尔艺术馆的考古合作，因此，只好暂时请他做讲师。[1] 另外，根据研究院的规则，导师必须"常川驻院，任讲授及指导之事"，而李济为了考古发掘，不得不四处奔波，很难长期驻校，接受特约讲师的聘书也就顺理成章。除了职位不同，他的薪资和四位导师的一样，都是大洋四百元，[2] 都拥有助教和独立的研究室。

国学研究院的一些学生却对考古学颇不以为然。姜亮夫最不喜欢上的课就是李济主讲的考古学，戴家祥也觉得自己受益不多，助教章昭煌更加不配合，甚至拒绝为李济抄写笔记。第二届学生里只有吴金鼎选了考古学，但他找不到合适的地方进行考古发掘，无法写论文，最终没能拿到毕业证书。

不过，跟随李济接受的学术训练，让吴金鼎受益匪浅。几年后，他将在山东城子崖发现龙山文化，成为中国考古界的扛鼎一代。姜亮夫则越来越后悔自己当初没有认真听李济的课，到海外留学后，他才意识到从前多么轻狂短视，以致不得不花费大量精力专门研习考古学。对于这段经历，姜亮夫直到年过九旬依然耿耿于怀。[3]

李济的老友徐志摩虽是诗人，却比许多人更理解他。当年两人一起乘船前往美国留学，入读克拉克大学后一度同住。徐

1　李光谟：《从清华园到史语所：李济治学生涯琐记（修订本）》，第107页。

2　国学研究院几位导师的薪资都是四百元。李济在弗利尔艺术馆的薪资是三百元，为了和其他导师持平，清华只付给他一百元。

3　姜亮夫：《忆清华国学研究院》，载王元化主编《学术集林》（卷一），上海远东出版社，1996年。

志摩对李济的评价可谓一语中的：“刚毅木讷，强力努行，凡学者所需之品德，兄皆有之。”[1] 他们的朋友徐则陵转过专业，徐志摩认为徐则陵“守节不终，中道而异，吾甚惜之”。李济则两次转专业，徐志摩却觉得这是水到渠成的事情，“学由心理而社会，由社会而人种，变虽速而径不拐”。一个“径”字点出了李济学术思想的发展脉络，李济也因此形成了广博的学术视野，在未来的考古实践与研究中也更愿意探索多元的方法。

后来，李济被誉为“中国考古学之父”。作为一门新兴学科在中国的奠基人，他的知识结构与学术取向，决定了这门学科的格局与未来，正如张光直多年后总结的那样：

> 在研究中国上古史的时候，李济先生便以一个“人类学者”的地位，也就是以一个着重比较兼顾各科的地位，而不是一个狭隘的考古学的地位出现了。[2]

只不过，在当时的清华国学研究院里，还没有太多人意识到李济的卓绝之处，就像他们对考古学也满怀偏见一样。

最新锐的保守派

茶话会上那个留着辫子的老人并不是李济，而是王国维。

---

1 李光谟：《从清华园到史语所：李济治学生涯琐记（修订本）》，第34页。
2 转引自李光谟《从清华园到史语所：李济治学生涯琐记（修订本）》，第68页。

虽然他面色苍黄，乍看之下就像是六七十岁的老者，[1]但他不算老，这一年只有四十八岁。他也实在不能算是老派学者，不仅精通英文、德文、日文，翻译过康德、拜伦和叔本华的作品，而且早年还曾用叔本华的学说研究《红楼梦》，这称得上近代中国以西方思想阐释中国经典的开山之举。此后，他的研究领域更是横跨文学、美学、历史、哲学、金石学、甲骨文和考古学。

不过，这位思路新锐的学人，却一直以清朝遗臣自居。几年前，他曾应诏出任"南书房行走"，相当于帝师，逊帝溥仪还给了他一些恩遇，"加恩赏给五品衔"，"着在紫禁城骑马"。这让他感激涕零。他的政治立场让许多人误以为，他的学术研究同样保守乃至腐朽，而这实在是对他莫大的误解。

作为中国最传奇的学人之一，王国维原本并不想接受清华国学研究院的聘书。北京大学几次想聘请他，都被他拒绝。直到北大成立国学门，他才勉强答应担任通讯导师。但他仍然心存忌讳，婉拒了北大给他寄的薪资，直到北大改以"邮资"之名每月支付二百元，他才欣然接受。即便如此，这场交集也不过两年多。1924 年，逊位多年的溥仪贩卖清宫文物，引起轩然大波，北大考古学会也公开谴责"亡清遗孽擅将历代相传之古器物据为己有"，这让王国维非常不满，与北大决裂，愤然辞职。

因此，当清华校长曹云祥发出邀请，王国维更不愿接受这份聘书，甚至担心会卷入新的风波。毕竟，清华学校是所谓的

1　徐中舒：《追忆王静安先生》，《文学周报》1929 年第四辑。

洋学堂，因美国退还部分"庚子赔款"而建，一直充当着留学美国的跳板。

所幸，胡适一直在背后努力推动这件事。

胡适是新文学的倡导者，新文化运动的闯将，留美七年，归国之前就已大名鼎鼎。他加入《新青年》，任教于北大，迅速成为学界和社交界的宠儿。这个新派学人，看起来与保皇派的王国维格格不入，其实他比大部分人更能理解并尊重比他年长十四岁的王国维。

早在 1922 年 8 月 28 日，胡适就在日记里把王国维视为"最有希望"的学界人物："现今的中国学术界真凋敝零落极了。旧式学者只剩王国维、罗振玉、叶德辉、章炳麟四人；其次则半新半旧的过渡学者，也只有梁启超和我们几个人。内中章炳麟是在学术上已半僵化了，罗与叶没有条理系统，只有王国维最有希望。"一年后，他又在《五十年来中国之文学》的日译本序言中对王国维大加赞赏："近人对于元人的曲子和戏曲，明、清人的杂剧、传奇，也都有相当的鉴赏与提倡。最大的成绩自然是王国维的《宋元戏曲史》和《曲录》等书。"那时，他看重的还是王国维的文学研究与考据。等到两人第一次见面，王国维迅速刷新了胡适的认知——王国维刚刚探讨完清朝思想家戴震的哲学后继无人，突然又提到《薛家将》里薛丁山和樊梨花的弑父行为，说在古希腊悲剧中也有类似的故事。身为新派学者，胡适自叹从未想过这个问题。王国维并非只关注故纸堆里的学问，他侃侃而谈美国电影公司的制作成本，又担心西方人太强调欲望，"必至破坏毁灭"。[1]

这个拖着辫子的中年人，显然绝非人们所以为的老学究。在一个多小时的交谈中，呈现在胡适面前的，是一个思路活跃而又敏锐的学人。因此，当胡适得知清华学校要创立国学研究院，就毫不犹豫地向校长曹云祥推荐了王国维。

曹云祥于 1924 年正式出任清华学校校长。[2] 他是一位管理专家，中国最早的商业管理硕士之一，[3] 毕业于哈佛大学，一度活跃于外交界。他希望把清华学校改建成大学，并创立研究院，摆脱留美预备学校的尴尬身份，因此邀请胡适担任大学筹备顾问，[4] 还请他主持国学研究院。在曹云祥看来，中国正进入汉朝佛教东传以来第二次西学东渐的历程，他希望国人能把中西文化融会贯通，用新习得的"研究之法"来研究"中国问题"。[5]这是他对国学研究院朦胧的期望。胡适则提议，国学研究院应该融合中国的传统书院和外国大学研究生院的研究方法，但他自认没有资格主持。"非一流学者，不配作国学研究院导师"，在他心目中，只有梁启超、王国维和章太炎才能胜任。[6]

为了敦促王国维出山，胡适不但陪着曹云祥登门拜访，甚至说服了溥仪以及溥仪的英国老师庄士敦，一起劝说王国维接

1　1923 年 12 月 16 日的胡适日记。

2　从 1922 年到 1924 年，曹云祥担任清华学校代校长。

3　许康、劳汉生、李迎春：《20 世纪 30 年代"中国的泰罗"——曹云祥生平与事业》，《自然辩证法通讯》1999 年第 6 期，第 69 页。

4　顾问共五人，除了胡适之外，还有范源濂、张伯苓、张景文，以及丁文江。

5　曹云祥：《西方文化与中国前途之关系》，《清华周刊》1924 年第 326 期。

6　蓝文徵：《清华大学国学研究院始末》，《清华校友通讯》1970 年新 32 期。

受聘书。[1] 1925 年 2 月 13 日，当他得知，王国维已经打算加入清华，只是担心从此以后不能自由地觐见溥仪，胡适立刻又写信苦口婆心地规劝："先生宜为学术计，不宜拘泥小节，甚盼先生早日决定，以慰一班学子的期望。"[2]

"全中国最博学之人"

1925 年 2 月 13 日那一天，促使王国维下定决心的，还有一个人。

当时王国维坐在厅堂中，发现阶下立着的青年并没有走上前，而是远远地垂首止步，毕恭毕敬向着屋中鞠了三个躬。王国维紧蹙的眉头渐渐舒展开。他原本料想，清华国学研究院的筹备主任吴宓，一定是西装革履，摆足一副美国绅士的派头，上前与自己握手致意，不料，等来的却是如此隆重的礼仪。[3]

吴宓的三次鞠躬，让王国维大为感动，但他还必须请示溥仪。虽然溥仪远在天津，其"实"已亡，"名"亦不存，但王国维也不肯荒废这套礼数，他谨守着本分，需要"面奉谕旨命就清华学校研究院之聘"。"面奉谕旨命"，竟有些九百年前"白

---

1 庄士敦回忆的版本是，曹云祥给他写信，请他帮忙，让溥仪劝说王国维接受聘书。参见庄士敦《紫禁城的黄昏》，高伯雨译注，上海人民出版社，2019 年，第 258 页。

2 1925 年 2 月 13 日的胡适日记。

3 吴宓是这样记录的："宓持清华曹云祥校长聘书，恭谒王国维静安先生，在厅堂向上行三鞠躬礼。王先生事后语人，彼以为来者必系西装革履、握手对坐之少年，至是乃知不同，乃决就聘。"吴宓：《吴宓自编年谱》，三联书店，1995 年，第 260 页。

衣卿相"柳永"奉旨填词"的意味，而这道谕旨，却是王国维这一代遗民的精神枷锁，庄严、沉重、凄凉。

对吴宓来说，1925 年 2 月 13 日也是非比寻常的一天。除了用礼数与诚意打动了王国维，他还终于说服了校长曹云祥，邀请陈寅恪到清华国学研究院执教，而且他还为三十五岁的陈寅恪争取到和王国维一样的职位，是导师，而不是讲师。

在胡适最初推荐的名单中，并没有陈寅恪的名字。不过，由于章太炎拒绝加入清华国学研究院，吴宓便顺势举荐了老友陈寅恪。陈寅恪出身名门，祖父陈宝箴曾任湖南巡抚，是"戊戌变法"时的新政重臣，父亲陈三立则与谭嗣同等人并称"维新四公子"。陈寅恪在日本、德国、瑞士、法国和美国留学十余年，却无意浮名，只是一味读书，没有攻读学位，也没有著述。因此，清华教务长张彭春坚持认为，陈寅恪没有资格做教授，研究院不能为了他而降低标准。吴宓却极力申辩，一般人留学海外不过四五年，而陈寅恪留学长达十八年，学识渊博，与国外的教授相比也毫不逊色。

吴宓最了解陈寅恪，在美国读书时，他和陈寅恪、汤用彤并称"哈佛三杰"，当年他就毫不吝啬地这样称赞老友："合中西新旧各种学问而统论之，吾必以寅恪为全中国最博学之人。"1921 年，吴宓回国任教，陈寅恪则前往德国柏林大学国学研究院，研究梵文和东方古文字学。在吴宓看来，精通中西文化的陈寅恪正是清华国学研究院导师的不二人选。1923 年，陈寅恪在《学衡》上发表《与妹书》，这封寄给妹妹陈新午的信虽只有寥寥七百余字，却足以显示他对学术的热忱以及深厚

的功底。当时他迫切地希望借钱购买商务印书馆重印的日本刻
《大藏经》以及各种蒙古文、满文、回文书。他先是信笔比较
了藏文与中文、梵文与希腊文、拉丁文及英文、俄文、法文的
关系，坚信如果用现代语言学的方法对比分析汉文和藏文，一
定能超越"乾嘉考据学派"。随即他又轻描淡写地表示，这并
非他关注的重点，他真正感兴趣的是唐史、西夏史、西藏与藏
文，以及大乘和小乘佛教。他还点评了从晋唐直到清末名家俞
樾为止各家对《金刚经》的注解，认为其间各种"误解不知其
数"。吴宓认为，仅是这封信就足以展现陈寅恪的水准。

　　当然，属意陈寅恪的不止吴宓一人。王国维就曾写信给法
国汉学家伯希和，向他引荐过陈寅恪。伯希和在敦煌等地搜罗
的古籍，都收藏在巴黎图书馆，王国维还特地请伯希和帮忙，
介绍陈寅恪去查阅这批资料。国学研究院另一位导师梁启超与
陈氏家族更是故交，一向了解陈寅恪的家学渊源。[1] 各方合力，

1　参见汪荣祖《陈寅恪评传》，百花洲文艺出版社，1997 年，第 54 页。此
　外，蓝文徵在《清华大学国学研究院始末》中提及："是年冬，梁先生以
　陈寅恪先生于欧洲诸国语文及梵文、巴利文、蒙、藏、满文等修养极深，
　提请校方聘为导师。"蓝文徵的学生陈哲三则在《陈寅恪先生轶事及其著
　作》中记录了蓝文徵记忆里的一则逸事："十五年春，梁（任公）先生推
　荐陈寅恪先生，曹（云祥）说：'他是哪一国博士？'梁答：'他不是学士，
　也不是博士。'曹又问：'他有没有著作？'梁答：'也没有著作。'曹说：
　'既不是博士，又没有著作，这就难了！'梁先生生气了，说：'我梁某也
　没有博士学位，著作算是等身了，但总共还不如陈先生寥寥数百字有价
　值，好吧！你不请，就让他在国外吧！'接着梁先生提出了柏林大学、
　巴黎大学几位名教授对陈先生的推誉。曹一听，既然外国人都推崇，就请。
　民国十五年秋天陈先生到校。"不过，这段回忆的可信度很低；而且，招
　募陈寅恪显然是吴宓提请在前。

曹云祥和张彭春终于答应了吴宓之请。1925年2月中旬的这个星期五，吴宓既欣慰又得意，自信已经为清华国学研究院定下半壁江山。

不过，事情的进展并不像预期中那样顺利。次日，张彭春突然又反悔了，认为陈寅恪的薪资太高，难以谈妥。吴宓被迫耍了一个小花招。第二天，吴宓和张彭春一起宴请徐志摩等人，吴宓中途借故离开，径直去见曹云祥，宣称如果不聘请陈寅恪，自己就辞职。当发现曹云祥被说动了，他就马上草拟了聘书的电文，请曹云祥签字，立刻发往柏林。张彭春知道这件事后，愤怒地想要阻止，已经来不及了。这件事似乎终于尘埃落定，吴宓料想，陈寅恪一定不会拒绝清华的聘书。

"第四窟"

津门的春天，比北京还要肃杀些，风从海上携着雾气凛凛而来，利如刀刃，时常冻彻筋骨。"饮冰室"里的麻将声依然如故。过去的十余年里，梁启超习惯了在周而复始、堆牌砌墙的声浪中构思文稿，规划讲演。

他的文字排山倒海，似乎在温热的纸上偾张疾走，稍不留神便会从手中挣脱。登门取文稿的人每每不得不紧紧攥住它们，像攥着刚淬过火的上古神剑。

只有回到麻将、阅读和写作的世界里，梁启超才能真正纵横自如，不问成败。他十七岁拜康有为为师，二十岁出头就以一支笔名动京师。"戊戌变法"失败后，他东渡日本，创办《清议报》和《新民丛报》，继续以言论主导时代。[1] 流亡东瀛，眼见国内乱局丛生，无从措手，但他宣称"中国前途非我归而执政，莫能振救"，深信自己终有一天可以力挽狂澜。不料，回国后的十几年间，他非但没能扭转中国的前途，反倒险些赔上了自己半生清誉。尽管他先任司法总长，再任财政总长，却无力挽救疲敝的国家——她像灯影里的繁花，在他面前迅速枯萎、凋谢，最终，连他自己也变成被攻击的对象。他胸中虽有千军万马，手中却不过一支笔；他试图唤醒民众，民众却与他为敌；他尝试与政客妥协，和军阀合作，却一次次被利用、被愚弄、被抛弃。他无法撼动混乱的政局，反而被拖进泥淖。

决定退出"从前迷梦的政治活动"后，他创办"共学社"和"讲学社"，译书，出版，建立图书馆，邀请海外学者到中国讲学，开启民智。英国思想家罗素、德国哲学家杜里舒（Hans Driesch）和印度诗人泰戈尔先后应邀来到中国，美国教育家杜威更因"讲学社"力邀，决定在中国多留一年。[2] 他们联手掀起的思想飓风，终于让梁启超感到自己并非孤军奋战。

但他依然存着组党之心。学校，也被他视为建党的重镇。

1　多年后，胡适写道："三个杂志可代表三个时代，可以说是创造了三个时代。一是《时务报》，一是《新民丛报》，一是《新青年》。"参见耿云志、欧阳哲生编《胡适书信集》（上册），北京大学出版社，1998 年，第 322—323 页。前两次开风气者，都是梁启超。

2　在《讲学社的眼界与胸怀——从一件新发现的梁启超手稿谈起》一文中，刘东认为："实则在此之前的杜威访华，只是由于为时足够长久（15 个月），才在后来被归并到讲学社名下的。甚至，我们由此也可以想象，就连'讲学社'这样一个对口的机构，都是由于当时像杜威和罗素这样的西方大哲纷纷来华讲学，才相应地激发出来的。"

他先和蒋方震、张东荪一起接手了上海公学，要把它打造成"文化运动、社会事业、政治运动之重要基本"；当南开大学校长张伯苓抛来橄榄枝，他再次毫不犹豫地答应，并提议由张君劢做文科主任，自己和蒋方震、张东荪、林志钧、梁漱溟一起任教："吾六人者任此，必可以使此科光焰万丈。"他要把南开改造成将来建党的"关中、河内"。此后，颇受他青睐的东南大学也发出邀请，而厦门大学、武昌高师则纷纷请他推荐教师。退出政坛后，他反而更加忙碌。他在各地奔波，"被各学校学生包围，几乎日日免不了演讲"。他天真地试图控制全国文科，将下一代人牢牢抓在手中，与他们一道完成建党大业。然而，他又分明感到人才匮乏，单凭一己之力终究于事无补。冷静下来后，他最终锁定了三座学校——上海的中国公学、天津的南开大学、南京的东南大学——他以狡兔自喻，将它们看作建党事业的"三窟"。

然而，1925 年 2 月 22 日，春暖乍寒之时，当吴宓揣着清华国学研究院的聘书候在"饮冰室"门外，梁启超再次感到难以拒绝。他与清华渊源颇久，从 1922 年就开始在清华兼课，就连清华的校训"自强不息，厚德载物"也源于他的一次演讲。何况，创办国学研究院也是他的夙愿，他曾告诫清华的学生们："除研究西学外，当研究国学，盖国学为立国之本，建功立业，尤非国学不为功。"他拥抱西学，但更希望年轻一代以国学"建功立业"。

于是，梁启超决定加入清华国学研究院。他兴奋地意识到，"三窟之外再得一窟"，清华于他，正是"第四窟"。当然，也只是"第四窟"。

"第四窟"的设想，大约只是他的一厢情愿。几年前在清华开讲"最近三百年学术史"与"群书概要"时，他在年轻人心目中的形象就已经发生变化。当初在台下听讲的梁实秋后来回忆："那时候的青年学子，对梁任公先生怀着无限的景仰，倒不是因为他是戊戌政变的主角，也不是因为他是云南起义的策划者，实是因为他的学术文章对于青年确有启迪领导的作用。"

经历了一场又一场武力风波与政治闹剧，学生运动一再被利用，而流血牺牲也终究无助于危局，一部分年轻人在幻灭感中沉静下来，试图专心读书。他们也在无形中影响着梁启超，让他在教学的过程中似乎淡忘了建党大业。他的政论文越来越少，系统的学术著作却越来越多，《清代学术概论》《中国历史研究法》和《中国近三百年学术史》相继问世，比起那些快意恩仇的政论文章，这些更让他心安。自然，他也无可避免地终将遭遇一群激进的学生，他们公开质疑他的政治观念，抨击他早年在政坛的经历与选择。

无论台下的学生对他持什么态度，他的演讲仍然拥有惊人的感染力。听了他讲的《中国韵文里头所表现的情感》，梁实秋第一次对中国文学产生了兴趣，[1]并引之为一生的志业。听到梁启超率真的演讲方式，人们大约就能理解他何以在政坛上难以自处——他每每"手之舞之足之蹈之，有时掩面，有时顿足，

1　梁实秋后来回忆说："我个人对中国文学的兴趣就是被这一篇演讲所鼓动起来的。"

有时狂笑，有时太息。听他讲到他最喜欢的《桃花扇》，讲到‘高皇帝，在九天，不管……’那一段，他悲从中来，竟痛哭流涕而不能自已。他掏出手帕拭泪，听讲的人不知有几多也泪下沾巾了！又听他讲杜氏讲到‘剑外忽传收蓟北，初闻涕泪满衣裳……’，先生又真是于涕泗交流之中张口大笑了"。[1] 有时，他会突然忘记正吟诵着的古人诗词，但他并不设法掩饰或者转移话题，而是"愣在台上良久，然后用手指敲头三两击，猛然记起，便笑容可掬地朗诵下去……"[2] 他像老师康有为一样激情澎湃，不过，他显然做不到乃师的恣纵与狡黠，更缺乏政客们谙熟的种种手段。他仍是一介天真的书生，大学显然比政坛更适合他。

"文艺复兴式的智者"

国学研究院的一次茶话会上，赵元任收走了十几个学生的杯子。短暂地敲打试音之后，他开始演奏。仅仅用这些杯子，他竟然敲出一首乐曲。[3]

赵元任是国学研究院四位导师中最年轻的一位，也是个多才多艺的妙人。吴宓对陈寅恪青睐有加，胡适则对赵元任无比

1　梁实秋：《记梁任公先生的一次演讲》，载《梁实秋散文》（一），中国广播电视出版社，1989年，第316页。

2　梁实秋：《讲演》，载《梁实秋散文》（三），中国广播电视出版社，1989年，第40页。

3　姜亮夫：《忆清华国学研究院》，载王元化主编《学术集林》（卷一），第232页。

敬佩，两人都用"最"或"第一"称赞过各自的老友。吴宓评价陈寅恪是"合中西新旧各种学问而统论之……全中国最博学之人"，[1]胡适留学美国时则感叹："每与人评论留美人物，辄推常州赵君元任为第一……治哲学、物理、算学皆精，以其余力旁及语言学、音乐，皆有所成就。"[2]

赵元任比陈寅恪还要年轻两岁，不过，聘请赵元任到清华国学研究院做导师，人们并没有什么异议。

他在1910年以第二名考取第二批"庚款"留学生，前往美国，广泛涉猎物理学、数学、哲学、语言学和音乐，八年后在哈佛大学获得哲学博士学位。这个学位曾经引发过误解。与未来的太太杨步伟第一次见面时，赵元任就遭到无情的嘲笑："一个人好好的为什么学哲学？"杨步伟是中国最早的妇产科医生之一，在她看来，"科学是实事求是和证明真理的，我遇见过的几位所谓哲学家，讨论起来都是说空空洞洞的理论，或者一个实无可说了就说那是哲学的原理，这样打'求真'的旗子来藏拙。"[3]当然，和许多人一样，杨步伟逐渐发现自己误解了赵元任，他其实是一个兼及数学、音乐、哲学、心理学、物理学、语言学的"文艺复兴式的智者"。

1920年，赵元任曾回清华教过一年书，并加入"国语统一筹备会"。重返美国后，三十岁出头的他就升任哈佛大学教授，

1　不过，等到1937年2月22日，胡适也将在日记中盛赞陈寅恪："寅恪治史学，当然是今日最渊博、最有识见、最能用材料的人。"

2　1916年1月26日的胡适日记。

3　赵元任：《赵元任生活自传》，中国华侨出版公司，1989年，第159页。

出版了《国语留声片课本》和《国语罗马字的研究》等一系列
重要作品。

　　当年英国哲学家罗素访华，轰动一时，给罗素充当翻译
的就是赵元任。那时他就展现出惊人的语言才华——每次到了
不同的地方，他常会讲一些刚学了几天的当地方言。他模仿得
实在惟妙惟肖，以致很多观众会"受骗"，误以为他是本地人，
甚至热情地问他，是什么时候回故乡的。[1]

　　不过，这个爱好其实由来已久。他从小就喜欢学说各地方
言。他的祖父早年在北方做官，全家随之辗转于北京、天津、
保定、磁州、冀州等地。于是，年幼的赵元任就跟着保姆学会
了保定话，跟着两个表弟学会了常熟话，又跟着从常州请来的
私塾先生学会了常州话。快十二岁时，他在苏州的大姨家住了
一年，于是也就学会了苏州话。此后，长居福州的伯母回到
常州照顾他，他又学了些福州话。十五岁到南京就读江南高
等学堂预科，他又学会了南京话。十几岁时，他还学了英文，
自学了拉丁文，到康奈尔大学学了德文和法文，到哈佛大学
又学了梵文。更有趣的是，他的太太杨步伟虽然是医生，却
也通晓多种方言，于是夫妻俩约定，每天在家里说不同的方
言，在国语、湖北话、上海话之间不断切换。[2]

1　赵元任陪着罗素坐船去长沙演讲时就是如此。邀请者是长沙人，赵元任
　　就在船上跟他学了些湖南话。赵元任的湖南话说得实在生动逼真，以至
　　于有一天演讲完了，一个学生误以为他是湖南人，问他是什么时候回来的。
　　参见《我的语言自传》，载赵元任著，吴宗济、赵新那编《赵元任语言学
　　论文集》，第 653 页。

2　参见赵元任《我的语言自传》。

胡适为赵元任的《国语留声片课本》作序时，称赞他"有两只特别精细的音乐耳朵能够辨别那极微细的、普通人多不注意的种种发音上的区别；他又有一副最会模仿的发声器官，能够模仿那极困难的、普通人多学不会的种种声音"。不过，如果单纯依靠才华，至多只能成为一个杰出的口技家，而赵元任是"依着他天才的引诱，用他的余力去研究发音的学理"，因此，胡适把他视为"一个科学的语言学者"。

多才多艺的赵元任，种种因缘际会，渐渐将自己的学术兴趣聚焦于语言学领域，确定了一生的研究方向。在清华国学研究院，他终于找到机会走出书斋，深入民间，去寻找方言嬗变的隐秘。

第二章　新思潮

整理国故

清华学校如此大动干戈,延聘名师,源于胡适几年前的"挑衅"。1919 年 12 月,面对已经变调的"五四运动",胡适百感交集,在《新青年》上发表《新思潮的意义》。入题不久,他径直引述了尼采的名言——"重新估定一切价值",并据此提出,"新思潮的根本意义只是一种新态度。这种新态度可叫作'评判的态度'"。他希望重新评判中国传统学术思想,"整理国故"——"若要知道什么是国粹,什么是国渣,先须要用评判的态度,科学的精神,去做一番整理国故的工夫。"他甚至拟出了计划——先对国故进行条理系统的整理,寻根溯源,再采用科学的方法,精确考证,最终发现真相,重估价值。[1]

1　胡适:《新思潮的意义》,载欧阳哲生编《胡适文集》(2),北京大学出版社,1998 年,第 551—558 页。

曾经异常激进的"新文化运动"主将，陡然调转了方向，这让许多人感到疑惑不解。其实，他的转变并非突发奇想。经历了长达半个多世纪的"西学东渐"，身陷其间的知识分子不得不重新考量并反复权衡中西文化各自的价值。无论对待传统还是对待西学，国人都采取过极端的方式，要么嗤之以鼻，视为畏途，要么盲目崇拜，唯命是从，最终却都陷入思想的混乱。胡适不仅希望国人能冷静地做研究、下判断，他还构想了更大的愿景："新思潮的唯一目的"是"再造文明"。

一言既出，他便凭空多了些敌人，也阴差阳错地找到许多同道。

事实上，"整理国故"并非胡适首创，"国故"二字是章太炎发明的。不过，"整理国故"确实因胡适的倡导才终于发扬光大。[1] 在北京大学，章太炎的弟子们一度与胡适达成表面上的默契，[2] 北大筹建国学研究所，又正式成立国学门，网罗了蔡元培、顾孟余、李大钊、沈兼士、马裕藻、朱希祖、胡适、钱玄同、周作人等学者。"整理国故"的风潮就此从北大发端，迅速席卷全国。不久，东南大学也成立国学研究会，并准备创立国学院，不过，他们并不认同胡适提出的"整理国故"，

---

[1] 顾颉刚在《古史辨》第一册自序中写道："整理国故的呼声倡始于太炎先生，而上轨道的进行则发轫于适之先生的具体的计划。"

[2] 欧阳哲生认为，"最初热衷并推动'整理国故'运动的是胡适与北大的章门弟子。随着'整理国故'运动的进行，胡适与章门之间的裂缝也逐渐公开化，扬王（国维）抑章（太炎）倾向在胡适这一边渐渐抬头"。参见欧阳哲生《傅斯年学术思想与史语所初期研究工作》，《文史哲》2005年第3期。

而是认为"贸然轻言以科学理董国故……则断章取义，哗众取宠而已"。[1]与此同时，以胡适的弟子顾颉刚为代表的年轻学者，怀疑传世的古籍版本和人们因袭的陈说，认为"古史是层累地造成的"——这迅猛地颠覆着人们的认知，影响越来越大，"古史辨派"异军突起，也为"整理国故"提供了空间与合理性。

各派对"国故"的态度虽不同，研究方法也各异，但他们的倡导，无疑都促使国人尝试重新理解传统的价值，殊途而同归。

出版业的发展也为国学研究提供了阵地，商务印书馆、中华书局等出版机构纷纷推出以"整理国故"为宗旨的丛书和杂志，一时竟洛阳纸贵。[2]各方力量也推波助澜，"整理国故"逐渐成为社会风潮，正如作家陈源惊叹的那样，"国立大学拿'整理国故'做入学试题；副刊杂志看国故文字为最时髦的题目。结果是线装书的价钱，十年以来，涨了二三倍"。这种情形实在过于狂热，就连胡适都感到惶恐不安。

"整理国故"的浪潮背后，其实也充斥着汹涌的民族主义激情。世人谈论汉学，言必称巴黎或东京，中国学人颇觉尴尬，试图奋起急追。在1923年北大国学门的恳亲会上，陈垣就提出："我们应当把汉学中心夺回中国，夺回北京。"后来，他依然不

1　《国立东南大学国学院整理国学计划书》，《国学丛刊》1923年第4期。

2　根据王重民的《国学论文索引》，到1928年7月，共有八十二种报刊与国学研究有关，国学方面的论文更是有三千多篇。

厌其烦地在不同场合复述着这个理想。[1] 这显然不是他一个人的宣言，更是一代人的夙愿与野心。

因此，清华筹建国学研究院，算不上独树一帜或引领风潮。清华高擎国学大旗，慨然入局，反倒因这场运动而受益。在外人看来，游荡在清华校园里的大约都是些穿西装、戴领结、口中动辄冒出英文词的"假洋鬼子"，不可能甘愿在线装古籍的霉气中专心做一条蠹虫。然而，随着国学研究院的建立，从前的刻板印象被打破了。借助这股风潮，清华得以加速从留美预备学校转为国立大学，顺势完成了一场历史性的蜕变。

"中国之魂"

"现在中国所谓新教育，大都抄袭欧美各国，欲谋自动，必须本中国文化精神，悉心研究。所以本校同时组织国学研究院，研究高深之经史哲学。其研究之法，可以利用科学方法，并参考中国考据之法。希望国学研究院中寻出中国之魂……"[2] 1925 年 7 月，在国学研究院开学典礼上，清华校长曹云祥对国学研究院提出了期望，却也似乎预言了它充满悲剧意味的未来。自此以往，研究院的师生不仅要寻找"中国之魂"，

1　郑天挺：《五十自述》，载中国人民政治协商会议天津市委员会文史资料研究委员会编《天津文史资料选辑》（第 28 辑），天津人民出版社，1984年，第 8 页。事实上，直到 1931 年，陈垣还对胡适哀叹："汉学正统此时在北京呢？还是在巴黎？"两人无可奈何，只有"相对叹气，盼望十年后也许可以在北京了！"

2　曹云祥：《开学词》，《清华周刊》1925 年第 350 期。

更要守护它、捍卫它，可以为它而死，又要甘愿为它苟活。

国学研究院小心翼翼地避开了清华学校从创建伊始就秉承的美式教育，也没有模仿北大的德国模式，而是决定融会英国大学的组织结构和中国传统书院的气韵，构成新的骨骼与肌理。

吴宓在《清华开办研究院之旨趣及经过》中强调，对西方文化，要进行深入研究，才能取长补短；对中国文化，无论政治、经济还是文学、哲学，同样要融会贯通，才能更好地解决当下社会面临的诸多现实问题。清华学校设立国学研究院，就是为了促成这些研究，学生们不必耗费重金出国留学，而在这里学到的内容也更贴近国情实际。

根据章程，无论是国内外大学的毕业生、教师、学术机关服务人员还是自学者，只要拥有学识，或者在经史、小学等方面有根基，都有资格报考。研究院课程分为普通演讲和专题研究，每名学生都要选读至少四门普通演讲，专题研究则是导师根据各自的学术兴趣具体指导。经过导师认可，学生才能毕业。在毕业证书上，清华校长和全体导师一起签名盖章。这被视为民国教育史上的一件创举。[1]

梁启超、王国维、赵元任、陈寅恪——所谓的"四大导师"——以及李济，结成一个松散的学术共同体。他们中有晚清遗民，有共和斗士，有新派学者，也有传统士人，政治立场和学术兴趣不尽相同，甚至不时相互抵牾，是国学研究院提供

1　蓝文徵在《清华国学研究院始末》中写道："这在中国教育界可以说是一件创举。"

了一片相对自由宽容的空间，让他们可以心无旁骛，专注学术。

国学研究院院长的归属问题，让曹云祥颇费思量。他有意请王国维出任院长，但王国维不愿介入政务，极力推辞。曹云祥也考虑出力最多的吴宓，但吴宓只肯做主任，自称行政秘书。于是，清华国学研究院存世的几年间，院长席位竟然始终空缺。

梁启超比王国维年长，国学研究院导师排名时，他却主动将首席让给王国维，并公开告诉学生们："教授方面，以王静安先生为最难得。其专精之学，在今日几为绝学，而其所谦称未尝研究者，亦且高我十倍。……加以脑筋灵敏，精神忠实，方法精明，而自己又极谦虚，此诚国内有数之学者。故我个人亦深以得与先生共处为幸。"

世事阴差阳错。其实梁启超早年险些成为王国维的老师。尽管梁启超只比王国维大四岁，但他成名太早。"戊戌变法"前，他主笔《时务报》，几乎凭一己之力让这份报纸"一时风靡海内，数月之间，销行至万余份，为中国有报以来所未有，举国趋之，如饮狂泉"，[1] 而他开创的"时务文体"酣畅淋漓，倾倒众生，[2] 以致时人称："自通都大邑，下至僻壤穷陬，无不知有新会梁氏者。"[3] 1898 年，王国维从海宁到上海，加入《时务报》协助处

1　梁启超：《本馆第一百册祝辞并论报馆之责任及本馆之经历》，载《梁启超全集》，北京出版社，1999 年，第 476 页。

2　李提摩太：《中国的维新运动》，载中国史学会主编《戊戌变法》（三），上海人民出版社，1957 年，第 560 页。

3　胡思敬：《戊戌履霜录》卷四，载中国史学会主编《戊戌变法》（四），上海人民出版社，1957 年，第 47 页。

理杂务,渴望拜会梁启超,却失之交臂。当时梁启超与《时务报》经理汪康年矛盾激化,已经前往长沙,不过,梁启超的同门欧榘甲还在《时务报》编辑部,王国维就对欧榘甲执弟子礼,如饥似渴地吸收新知。在寄给父亲的信中,王国维兴奋地写道:"静师欧公,示以传孔教、重民权、改制度。其行则曰'仁',曰'诚'。其书重《六经》《公羊》《董子》《春秋繁露》《宋元学案》。""传孔教、重民权、改制度",正是康有为门下弟子奉行的话语模式。很难说,倘若假以时日,王国维的思想是否会被重塑。不过,欧榘甲很快也离开了,王国维就此与康门擦肩而过。没想到,多年以后,他却以另一种方式与梁启超相遇。

"独步羡君成绝学"

吴宓没有料到,最难请的,反倒是老友陈寅恪。

陈寅恪不想回国。他正在德国柏林大学研究院,沉潜于唐史、吐蕃和佛教的世界。他需要的大批研究资料都收藏在海外,一旦回国,他很难这么方便地获取一手资料。

他对做教授这件事也颇多顾虑,更希望专心研究。一年前,他就曾拒绝回哈佛任教。当时赵元任准备回国,希望他回哈佛接替教职,他却回复:"我不想再到哈佛,我对美国留恋的只是波士顿中国饭馆醉香楼的龙虾。"[1]

1925 年 4 月 27 日,吴宓收到了陈寅恪的回信,不像写给

---

1 赵元任、杨步伟:《忆寅恪》,《清华校友通讯》1970 年新三十二期。

赵元任的那封信那样幽默，陈寅恪直白地表示，要买很多书，而且家务繁忙，不能回国。吴宓忍不住在日记中愤愤地感叹："介陈来，费尽气力，而犹迟惑。难哉！"一天前，李济刚刚答应担任清华国学研究院特约讲师，没想到，陈寅恪却拒绝了吴宓千辛万苦为他讨来的导师聘书。

所幸，吴宓没有放弃，继续写信劝驾。他还说服了曹云祥，给陈寅恪预支两千元薪资，外加两千元购书公款。随即，吴宓开始一次次前往清华学校会计处。从 8 月末到 10 月初，他至少去了会计处五次，和负责人商谈，催款，领支票，又挂号寄往柏林。

在国学研究院，吴宓一直悄悄无声息做着这些幕后工作。王国维到校之初列出的一组研究甲骨文和敦煌古物应用的书目，就是由吴宓敦请学校出资采购的。他还一次次陪着王国维进城，参观图书展览会，到琉璃厂检阅古籍，以便研究院可以撷选收入图书馆。赵元任的语言学研究室需要特殊的木器和仪器装置，也是吴宓负责协商采购。[1]吴宓不在几大导师之列，然而，如果没有他穿针引线，清华国学研究院创建之初很难顺利运转。

一年后，等到陈寅恪终于赶到清华报到时，吴宓已经辞去国学研究院主任之职。几个月前的校务会议上，吴宓与教务长张彭春等人的分歧越来越大。他和梁启超希望扩大研究院规模，张彭春则认为研究院应该缩小范围，只做高深的专门研究，

1　吴学昭：《吴宓与陈寅恪（增补本）》，生活·读书·新知三联书店，2014年，第53—54页。

不讲授普通国学，[1]这一提议得到了赵元任和李济的支持。吴宓认为，张彭春是故意想办法迫使他出局。在校务会上，王国维沉默不语，梁启超竭力帮吴宓辩护，却寡不敌众。[2]此后，吴宓向校务委员会提交了《国学研究院发展计划书》，随即辞职，专注于西洋文学系教学。没过多久，张彭春也被激进的学生代表驱逐。

吴宓和陈寅恪一别五年，再次聚首百感交集。在《赋赠陈寅恪》中，他写道："经年瀛海盼音尘，握手犹思异国春。独步羡君成绝学，低头愧我逐庸人……"向陈寅恪致敬的同时，他更在反思自己的学术生涯。从事研究和教学之余，他还在办杂志，作为代理系主任推动教学改革，这些事务都消耗了大量精力。究竟该独善其身还是兼济天下，仍是永恒的命题，仍是难以回避的抉择。

陈寅恪很快成为学界明星，证明吴宓当初所言非虚。他的涉猎面极广，"无一字无出处"，教学也自有原则，不愿人云亦云。

每次上课，他都会抱着两种颜色的包裹进教室，努力把它们堆上讲台，打开包裹，取出参考书，翻开需要的材料，抄录到黑板上，然后开始讲解。写满了，擦掉继续写。后来，学生们发现，他用来包书的布其实是有讲究的——黄布用来包佛经文学，黑布用来包其他各种参考书。[3]听他讲课，充满挑战，他所用的文字，除了英、法、德、俄、日、希腊、拉丁文之

---

1 李光谟：《从清华园到史语所：李济治学生涯琐记（修订本）》，第 109 页。
2 根据吴宓 1926 年 1 月 7 日的日记。
3 许世瑛：《敬悼陈寅恪老师》，《传记文学》（台北）1970 年第 16 卷第 3 期。

外，还有梵文、巴利文、满文、蒙文、藏文、突厥文、西夏文、波斯文、马札儿文等等，他的记忆力和功底似乎都深不可测。[1]坐在讲台下的不只是学生，许多业已成名的教授，如朱自清、冯友兰等人，也一直旁听他的课。

有一天，清华哲学系主任金岳霖登门拜访，恰好有学生在向陈寅恪请教问题。陈寅恪建议学生去图书馆借某本书，翻到某一页去找页底的注释，那条注释里列举了研究需要的所有材料。他要求学生把注释抄下来，再根据线索去找其他素材。[2]金岳霖已是博闻强识之人，但这一幕还是让他无比震惊。

有时，日常生活也能成为学习的机会。有次，学生到家中拜访，陈寅恪请他们喝葡萄酒，有人便向他请教葡萄酒的来历，他立刻滔滔不绝地开始介绍葡萄酒的原产地、原名、最早出现的地方、传播过程乃至名称的变更。[3]他对知识的涉猎惊人地庞杂而深入，并且一直乐在其中。

这个天才般的年轻人，对前辈学人梁启超和王国维都尊崇有加。有一天，他半开玩笑地给学生编出一副对联，他说，你们都是"南海圣人再传弟子，大清皇帝同学少年"。[4]嬉笑之间，他似乎忘了，有许多年轻人并不想皈依"南海圣人"或者与末代皇帝产生任何瓜葛。

---

1 蓝文徵的回忆，参见陈哲三《陈寅恪先生轶事及其著作》，《传记文学》（台北）1970 年第 16 卷第 3 期。

2 卞僧慧纂，卞学洛整理：《陈寅恪先生年谱长编（初稿）》，中华书局，2010 年，第 109 页。

3 蓝文徵的回忆，参见陈哲三《陈寅恪先生轶事及其著作》。

4 蓝文徵的回忆，参见陈哲三《陈寅恪先生轶事及其著作》。

学术乌托邦

对有志于学术的年轻人而言，清华国学研究院无疑是天堂。他们能在这里读到各种古代善本经典、佛藏典籍，以及满、蒙、藏文书，来自欧洲、美国、日本的书刊杂志也应有尽有。[1] 负责为他们挑选图书的，是王国维和陈寅恪，王国维负责审定中文书籍，陈寅恪审定外文书和佛藏。研究院的学生借书不限量，只需要把书名写出来，过两个小时就会有图书馆的工作人员把书找到送来。如果缺少一些特定的研究用书，研究院也会尽力设法购买。[2] 每个月的教务会议上，教授们讨论的问题大多与购书有关。即便资金不够，他们仍会设法争取，或者商讨与其他学术机构合购图书，平摊费用。

徐中舒是国学研究院招收的第一届学生。他常常待在王国维的研究室里，既是为了请教学问，也是为了看书。他在上海住过几年，然而，王国维收藏的许多经学、小学和考古学图书，在上海都买不到。一师一生，时常默然对坐。王国维自顾抽烟，一根接一根，烟雾萦绕在口鼻间，经久不散。如果徐中舒不发问，王国维也不轻易发言；如果徐中舒问的问题王国维无法给出万全的解释，他会坦率地表示，自己也不知道答案。[3]

导师们的研究方向不同，各具特色又有互补空间，构成一

---

1 汪荣祖：《陈寅恪评传》，第 56 页。

2 姜亮夫：《忆清华国学研究院》。

3 徐中舒：《追忆王静安先生》。关于王国维抽烟，容庚在《王国维先生考古学上之贡献》中也有类似的回忆。

张张弛有度的学术网络。他们视野开阔，学贯中西。王国维讲《说文》，会用甲骨文和金文、三体石经和隶书进行比较解读；梁启超则从校勘、考证、训诂和学术系统等多方面教学生分辨古书真伪，对于欧美和日本的学术观点也常常信手拈来；赵元任是用印度、欧罗巴语系的发音来分析汉语的声韵学；陈寅恪更是此中高手，他会用十几种语言比较分析《金刚经》，而学生们通常要读很多篇文章才能真正领会他对某一问题的研究。[1]

他们也以各自的方式关爱学生。姜亮夫最初就读于北师大研究科，后想转入清华国学研究院，但已错过考试时间，不过由于清华尚未放榜，他就抱着试试看的心情给梁启超写信，申请补考。得知姜亮夫曾在成都读书，梁启超特别给他拟定了题目——《试论蜀学》。梁启超对四川学者的作品和风格都很熟悉，读过姜亮夫的文章，判断出他是个用功的学生，文字功底也不错。王国维出的题目则和"小学"有关，看了姜亮夫的答卷，他大呼惊奇，因为他从中读出了章太炎的味道，以为姜亮夫是章太炎的学生。其实，姜亮夫只是认真读过《章氏丛书》，而且基本都读得懂。这让王国维大喜过望，立刻决定录取这个年轻人。后来，姜亮夫晚上拜访王国维，王国维坚持送姜亮夫过了石桥，自己才折返回家——姜亮夫有高度近视，王国维担心他过桥时发生意外。

当然，对于这些年少轻狂的学生，导师们也不忘在适当的时候当头棒喝。王国维常劝他们先多读书，少写文章，即使写

1　姜亮夫：《忆清华国学研究院》。

了，也不必发表；陈寅恪则告诫姜亮夫，与其花费精力写文章批评别人，不如集中精力做自己的研究。后来年纪越长，他们越能体会老师的苦心。[1]

王力入学后，主要师从赵元任学习语言学。赵元任夫妇常留他吃饭，梁启超则常在家中和他集句。王国维严谨的治学精神让他深受震撼，像徐中舒一样，王力也一直记得王国维谦逊而坦诚的五个字——"这个我不懂"，有时一节课竟会说好几次，不过，对于自己沉潜的领域，王国维则斩钉截铁地宣称："我研究的成果是无可争议的。"这种谦逊与自信，都让王力印象深刻。王力把论文交给梁启超和赵元任，两位导师的评价方式完全不同。梁启超称赞他的文章"惊喜妙语，为斯学辟一新途径"，甚至在阅读过程中还兴奋地批注"开拓千古，推倒一时"；赵元任却用铅笔认真地专挑个中缺陷，直白地指出他"未熟通某文，断不可定其无某文法。言有易，言无难"。最后这六个字，被王力奉为一生的座右铭。

姜亮夫和王力的际遇，正是国学研究院师生关系的侧影——因为对学术的热忱，两代人彼此砥砺前行。然遗憾的是，这样一个学术的乌托邦，虽无比美好、动人，却也注定是昙花一现。

1　姜亮夫：《忆清华国学研究院》。

第三章　纸上与地下

寻找尧、舜、禹

　　1926 年 2 月 5 日，距离除夕还有一个星期，李济却离开了北京，启程前往山西。据《史记》记载，尧、舜、禹的都城——平阳、蒲坂、安邑——都在晋南。他觉得，或许能在神话与史实之间，敲下锄头。这也是他和弗利尔艺术馆合作的起点。

　　虽是人类学博士，他其实已经有了一些考古经验。几年前在南开大学任教时，他参与过一次考古发掘。当时，李家楼春秋郑公大墓出土，丁文江闻讯，立刻鼓励李济去新郑发掘，不仅热心地提供了经费，还派地质调查所的谭锡畴同去，后者是丁文江为中国地质界培养的"十八罗汉"之一。可惜，李济和谭锡畴抵达新郑时，大批文物已经被挖走了，青铜器和玉器也不知所终。二十多天的发掘，他们只收集到一些人骨和碎铜片。李济试图从地层学的角度进行考察，也未能如愿。尽管没有太多收获，他的体质人类学研究还是让美国史密森研究院弗利尔艺术馆的毕士博（Carl Whiting Bishop）印象深刻，后者提出与李济合作，在中国进行考古发掘。

这个突如其来的邀约让李济左右为难。他当然不想错过这次机会，但他又担心，与外国机构合作，出土文物的归属可能会成为问题。所幸，丁文江又及时地劝说他不要放弃，毕竟，能亲自采集第一手资料至关重要。丁文江还建议他不妨"直道而行"。这让李济茅塞顿开，于是与弗利尔艺术馆达成了两项共识：在中国进行考古，必须与中国的考古团体合作；在中国发掘出的文物，必须留在中国。对方明确回应："我们绝不会让一个爱国的人，做他所不愿做的事。"

1926年春天，与李济同路的，是地质调查所的袁复礼。袁复礼正打算到山西考察地质，于是两人结伴而行。

两个多月间，李济和袁复礼考察了窑房、寺庙、山洞、陵墓，做了一些人体测量。袁复礼不相信此行能发现新石器时代的文化遗址，为此，他还和李济打了个赌。一路上几乎都没有多少惊喜，直到抵达西阴村，袁复礼知道，李济赢了。[1]

西阴村坐落在通往传说中夏朝君臣陵墓的路上，在这里，李济和袁复礼没有找到尧、舜、禹的踪迹或者夏朝的遗存，却发现了许多史前陶片。为了掩人耳目，李济随手捡了八十六片陶片，就匆匆离去。其中有十四片彩陶，上面有由三角形、直线和大圆点组成的独特图案。他深知，这座村庄下面一定

1　戴家祥的回忆。

藏着不为人知的秘密。他不动声色，却已经为未来的考古发掘选定了地点。

选择西阴村进行考古发掘，是一个理性的决定。这片遗址没有名气，而且，作为史前遗址，也不会出土金属制品，不至于让当地人怀疑考古队是在盗宝。更重要的是，自从安特生发现仰韶遗址以来，学术界逐渐认可了史前文明的价值。[1]

在军阀混战的 1920 年代，能找到一处相对安宁的地方进行考古发掘，已是莫大的幸事。

"中国人的所谓考古学"

从西阴村回到清华，李济在一堂课上突然有些情绪失控。他把一份报告扔在桌上，对学生们抱怨："这是中国人的所谓考古学。"[2]

这篇报告题为《中国考古学之过去及将来》，作者和译者都是李济在国学研究院的同事。不久前，瑞典王储古斯塔夫六世·阿道夫访问中国，梁启超出面致欢迎辞，特地写了这篇演讲稿，请陈寅恪翻译成英文。

当时的中国已经有了考古学会，会长就是梁启超。当然，梁启超深知，这并非自己专精的领域，而中国真正需要的是科学考古。他已经注意到地质学和人类学的独特价值，希望将这

1 李济：《安阳》，第 68 页。
2 戴家祥：《致李光谟的一封信》，载李光谟、李宁编《李济学术随笔》，上海人民出版社，2008 年，第 275 页。

些新方法引入考古发掘，但他也提议，应当借鉴并改良中国传统金石学的方法，一定会对当代考古有所裨益。此外，他还建议高等教育机关设立考古学科，采用现代考古方法推进教育，以便中国可以有意识地加强考古发掘。不过，他还是用了大量篇幅讲述传统金石学，诸如石刻、碑铭、造像、钟鼎文、陶瓷等等，就连刚刚重现人间的北宋《营造法式》，他也兴奋地介绍了一番。他甚至建议到曲阜去挖掘孔子的陵墓，相信一定会有重大发现。

梁启超的视野和观点，其实已经超越同代人。然而，在李济看来，这些根本都算不上考古学。

另一件事也隐隐刺激着李济。他在晋东南调研时，学界发生了一件空前轰动的大事。如前所述，安特生几年前在周口店发掘出大批化石，其中有两块经过瑞典专家的分析，可能是原始人类的牙齿，"北京人"就此横空出世。正是在梁启超致辞的那次欢迎会上，安特生发布了这个爆炸性的新闻。当西方考古学家不断地从大地深处发掘古物，重述人类历史，中国的金石学家们却仍然困守书斋，执迷于故纸堆。这种强烈的反差，让李济五味杂陈。[1]

1　在这次欢迎会上发表演讲的共有三人，除了梁启超和安特生，还有德日进，德日进的演讲是基于对旧石器时代遗址的考察，题为《如何寻找中国最早的人》（How to Search the Oldest Man in China）。安特生、德日进的演讲与梁启超的演讲，确实体现出鲜明的反差。

陶片与蚕茧

1927 年 1 月 10 日晚上，国学研究院济济一堂，教务长梅贻琦，几位导师，以及助教和学生，悉数到场。

李济从西阴村带回来六七十箱古物。

西阴村遗址发掘是中国人独立主持的第一次现代考古发掘。李济采用"探方法"进行发掘，还首创了"三点记载法"和"层叠法"来记录出土的陶片，前者用"纵、横、深"标注陶片所在的位置，后者则用大小写英文字母分别标注人工层位和自然层位的深度。

清华国学研究院与弗利尔艺术馆合作，前者组织发掘，后者提供资金支持，双方分别出版中英文发掘报告。文物暂时保存在清华大学，日后再交给中国国立博物馆永久收藏。

不过，李济当时在山西却碰到了软钉子。临行前，梁启超特地致信阎锡山，请他支持。[1] 清华校长曹云祥以及两任内阁前总理熊希龄、颜惠庆也分别给阎锡山写了信。纵然如此，"山西王"既不回应公文，更不会见。最终，李济用诚意打动了山西省内务署的负责人，后者才终于代表阎锡山批准了这次发掘。

把这几十箱文物运回北京，同样颇费周折。五六十匹骡马拖着九辆车，一路上引发了诸多猜测。人们对押车的两个年轻人尤为怀疑，认为他们"又像镖师，又像商人"。尽管征得了阎锡山的同意，车队还是在山西榆次车站被拦截下来。一箱接

1　李济：《安阳》，第 67 页。

一箱地接受查验，居然都是些碎陶片，检查的人疑惑不解，但终于还是放行了。搬运工人把这些箱子装上火车时，也都非常困惑，所幸，一位车站职员出面解围，用了"化验"和"提炼"这两个词来揣测这些碎陶片的价值。他说，把这些陶片运到北京以后，经过化验才能提炼出值钱的东西。这句话让李济一直记忆犹新，因为车站职员无意间道出了考古研究的某种特质——"提炼"。[1]

不过，1月10日那天晚上，最让国学研究院师生兴奋的，不是成箱的陶片，而是半个蚕茧。它看起来已经有些腐蚀了，但不同寻常的是，它显然被切割过。学生们开始争论，在新石器时代，人类究竟用什么工具切割蚕茧。王国维语出惊人，他认为，当时未必没有金属工具，但他又提起加拿大学者明义士（James Mellon Menzies）的观点——以前人类会用老鼠的牙齿来切割牛骨和龟骨。

李济却取出一块石片，终结了这场热烈的讨论。他告诉大家，用来切割蚕茧的，是这种石头。[2]

考古队是在土层深处发现这个蚕茧的，周围土色均匀，没有被翻动过的痕迹。因此，李济断定，这个蚕茧原本就在那里，绝不是后来掉进去的。

此外，李济和袁复礼还兴奋地宣布，通过这次发掘，他们要为中华文明翻案。

1　李济：《〈殷墟陶器研究报告〉序》。
2　李光谟：《从清华园到史语所：李济治学生涯琐记（修订本）》，第131—
　　132页。

他们讲的是几年前的旧事。前面讲过，1921 年，袁复礼曾经和安特生一起发掘仰韶文化遗址，安特生认为，彩陶是从中亚传入中国的，提出了"中国文化西来说"。然而，李济和袁复礼在西阴村挖掘出一些非常精美的彩陶，远远超过中亚和近东其他地区出土的彩陶。因此，他们不认同安特生的判断，希望能"翻案"。

然而李济知道，想要真正回答这个问题，必须进行更多考古发掘，用出土文物来回应。他希望把中国境内的史前遗址"完全考察一次"，通过不同层面的专题研究来探求真相。

他也一直对那个独一无二的神秘蚕茧念念不忘，尽管这并非他专精的领域。后来的日子里，他常常独自在显微镜下观察它的每一处细节。蚕茧的一半已经腐坏，但是依然泛着光芒。他决定邀请生物学家刘崇乐对蚕茧做一次鉴定。一年以后，李济访问美国，又带着这个蚕茧漂洋过海，请教华盛顿史密森尼研究院的专家。鉴定结果验证了他的构想——它确实不是野蚕，应该是家蚕的祖先。

"二重证据法"

1927 年 1 月 10 日那个不同寻常的夜晚，两位前辈学人的反应颇耐人寻味。

临近午夜，梁启超依然兴奋得难以入睡，提笔给远在哈佛大学攻读考古学的二儿子梁思永写了一封近两千字的长信，详细描述了几个小时前的见闻。他说，李济和袁复礼在演讲中提到，"他们二人搞考古都只是半路出家，真正专门研究考古学的人还在美国——梁先生的公子"。"我听了替你高兴又替你惶恐，你将来如何才能当得起中国第一位考古专门学者这个名誉? 总是非常努力才好。"

李济和袁复礼这番恭维不算过誉，梁思永确实是第一个在海外专业学习考古学的中国学者。按照梁启超的构想，梁思永应当先在美国留学两年，再到欧洲留学一两年，还需要学习一些中国传统金石学的知识，这样才能博采众长，更好地融会贯通。但是此刻，梁启超太激动了，迫切地希望梁思永回来，跟随李济、袁复礼做一些考古工作，一定会有所收获。

几个月后，梁思永将听从父亲的召唤，回到中国。李济毫无保留地把西阴村出土的陶片交给了他。梁思永对这一万多片陶片进行整理、分类和研究，完成了硕士论文《山西西阴村史前遗址新石器时代的陶器》。他特别注意到不同种类的陶片在地层中所处的位置，试图梳理其间的规律，但他也明白，这些朦胧的认识，仍然需要通过实地考古发掘才能得以验证与深化。

与梁启超不同，王国维对李济的考古发掘提出了更明确的建议。当天晚上他就表示，与其选择传说中尧、舜、禹的故都进行考古发掘，倒不如"选择一个有历史根据的地点挖下去，比较靠得住"。几年后，李济将全力发掘殷墟，仿佛也在冥冥之中印证了王国维的设想。[1]

1　此处参考了清华国学研究院学生戴家祥的回忆。戴家祥还认为："王先生这次发言，实际上为以后小屯遗址的科学发掘，定下了方向。"参见卞僧慧纂，卞学洛整理《陈寅恪先生年谱长编（初稿）》，第99页。

西阴村出土的文物一直吸引着王国维。后来，他反复摩挲那些古老而精致的陶片，对一块带流口的陶片尤其感兴趣，与李济讨论它可能的用途，并拿它和形式相近的铜器做比较。这种广博的视野与开放的态度，让李济感慨万千："一个在纯中国传统中产生出来的头等学人，与近代科学研究的思想并没有精神上的隔离。"[1]

王国维治学，由文学、史学进入考古学。1925 年，《清华周报》介绍王国维时，就提到"晚近学术界三大掘发"——安阳殷墟甲骨、敦煌遗书和汉晋竹简，而王国维对这三大考古发掘"考释最精"。伴随着新的考古发现，他也一直在反思传统的治学经验，试图寻找新的方向。

1922 年，梁启超曾在《中国历史研究法》中提醒学者，除了文字记录的史料之外，获取史料的途径还有三条——"现存之实迹""传述之口碑"和"遗下之古物"。三年后，王国维更明确地提出了"二重证据法"："吾辈生于今日，幸于纸上之材料外，更得地下之新材料。由此种材料，我辈固得据以补正纸上之材料，亦得证明古书之某部分全为实录，即百家不雅训之言亦不无表示一面之事实。此二重证据法惟在今日始得为之。"

在传统学人中，王国维无疑是一位先行者。虽然一些年轻

1　李济：《南洋董作宾先生与近代考古学》，《传记文学》1964 年第 3 期。转引自徐玲《留学生与中国考古学》，南开大学出版社，2009 年，第 254—255 页。

学人并不完全认同他的观点,[1] 但他们或多或少都从他的思路中获得了启发。等到傅斯年、李济等人试图论证考古发掘的意义时,他们发现,王国维其实已经提前帮他们扫除了一些障碍,甚至画下了路标。1934 年,陈寅恪对"二重证据法"做了新的阐释与总结,"一曰取地下之实物与纸上之遗文互相释证","二曰取异族之故书与吾国之旧籍互相补正","三曰取外来之观念,以固有之材料互相参证"。他正是从三个维度重新界定研究的参照系——出土文物、海外典籍、外来观念。

梁启超、王国维和陈寅恪都没有亲身参与过考古发掘,但是,作为中国举足轻重的两代学界领袖,他们对"地下之新材料"的认同与提倡、对考古发掘的推崇与畅想,无疑为中国第一代考古学家的田野考察减轻了舆论压力,铺平了路。清华国学研究院存世时间虽不长,却因这些交集与相互砥砺,氤氲出新的文化图景。

可惜,命运的枷锁如影随形。尽管这一代学人或多或少从史书中洞悉了时代变迁的根源,自身却终究将被世变所误。

1　譬如李济就认为:"凡是经过人工的、埋在地下的资料,不管它是否有文字,都可以作研究人类历史的资料。"

第四章　云散

"五十之年，只欠一死"

1927 年 6 月 2 日，还有两天就是端午，空气中已经弥漫开粽叶和糯米的清香，甜腻黏稠，与初夏温润的天气相得益彰。晚饭后，吴宓与陈寅恪闲坐，心情却平静不下来。蝉噪渐起，愈发令人不安。那些隐匿在树丛中频繁鼓动身体的生灵，从高处冷眼窥视着人间。

当时，北伐军正一路麾师北上。然幽居在北京西北角的学人感受到的，不是希望，而是危机。军阀屠杀，社会动荡，名儒叶德辉在湖南被枪决，章太炎的家产则被浙江政府抄没，[1] 各种耸人听闻的消息广为传播，一时人人自危。

吴宓早已在日记中规划了自己的未来："近顷人心颇皇皇，

1　顾颉刚：《悼王静安先生》，《文学周报》1929 年第四辑。

宓决拟于政局改变、党军得京师、清华解散之后，宓不再为教员，亦不从事他业。而但隐居京城，以作文售稿为活，中英文并行。"两个月前，清明节放假时，他约陈寅恪一起，把留学时从海外带回来的图书分类装箱，雇了人力车运进城中存放。他们担心，一旦乱军入城，清华极有可能被迫解散，这些历尽艰辛带回来的珍贵图书，势必也会散佚。果然，4月中旬，战火燃到北京，奉军和国民革命军在海甸以北交战，炮声与飞机轰炸声此起彼伏。没过多久，又突然传来李大钊被绞死的消息，陈寅恪闻讯，深夜赶到吴宓住处，唏嘘，愤懑，感叹国人的残酷，对政治更加深恶痛绝。

6月2日这一天，其实过得还算平静。一天前，国学研究院开始放暑假，学生们已经陆续离校。[1]

助教赵万里却突然闯进来，他在寻找王国维。王国维清晨出门，据说去了颐和园，至今仍未回家。吴宓心中凛然，憋了许久的话还是忍不住说出口，他猜测，王国维去颐和园，或许是要效仿屈原投江。

这个不祥的预感，很快就被随后赶到的事务员侯厚培证实了。侯厚培说，早上王国维到办公室里与他交谈了一阵，随即若无其事地向他借了五元钱，便径直往颐和园而去。[2] 颐和园业已传来消息，士兵们从昆明湖中打捞出一具尸体，因为无人认领，一直放在鱼藻轩里。

1　蓝文徵：《清华大学国学研究院始末》。
2　参见吴宓发表在《顺天时报》上的文章。转引自吴学昭《吴宓与陈寅恪（增补本）》，第79页。

这个噩耗让陈寅恪和吴宓悲恸不已。一年多以来，他们一直与王国维往来密切。陈寅恪与王国维的学术兴趣尤其相契，对许多问题都能深入讨论，相互激发。与王国维的交流，更促成了陈寅恪史学思想的转向——"从东方学的立场回到史学的立场"。[1] 陈寅恪与吴宓立刻动身，和清华校长、教务长以及国学研究院的师生们一起，连夜赶往颐和园。

驻军连长早已下令，不准开门。双方交涉了一个小时，守门人才勉强允许校长、教务长和守卫长进去查看，吴宓与陈寅恪只好率领学生返回学校，进校门时已是子夜时分，王国维自尽的消息早已传遍全校，有人唏嘘垂泪，也有人在咒骂这个晚清遗臣死有余辜。王国维虽已死，然生前之誉与身后之名，仍在他人口舌间流转，难以平息。

吴宓突然想起，十几天前，王国维曾来找他和陈寅恪商量，一旦北京沦陷该何去何从。当时，吴宓建议他暑假去日本，陈寅恪则劝他搬回城里居住。王国维却坚定地告诉两个后生："我不能走。"还有一些人劝他剪掉辫子，以避风头。他却回答，这条辫子只能等别人来剪，我怎能自己剪掉？原来那时王国维就已下定了赴死之心，所以才会在这些天里不动声色地预先做好一切安排——悄然交接好学校的各项事务，把学生们的课卷也都评阅妥当，随后才放心地在遗嘱中写下这样的话：

1　多年后，余英时对此作出了详尽的考证，并借用《礼记·学记》中的话来描述王国维和陈寅恪之间的精神关联："独学而无侣，则孤陋而寡闻。"

　　　五十之年，只欠一死。经此世变，义无再辱。

　　　一位史学大家从甲骨、竹简与诗词戏曲中洞悉了无数远古的隐秘、人世的离合，然而，轮到自己时，却终究难以参透。

"文化神州丧一身"

　　第二天，吴宓才在鱼藻轩见到王国维。"王先生遗体卧砖地上，覆以破污之芦席。揭席瞻视，衣裳面色如生，至为凄惨"。到了下午，四野阴霾堆积，雷声滚滚而来。这位"中国近三百年来学术的结束人，最近八十年来学术的开创者"，已经在鱼藻轩躺了一天一夜，遗体正在胀大，法医却迟迟未至。直到晚上，师生们才终于给他换好前清的冠服入殓，一行人护送灵柩，学生们执素纸灯相随，一路蜿蜒，到清华园外的刚果寺安放。

　　停灵设祭之后，陈寅恪与吴宓率先向前，不是鞠躬，而是匍匐跪拜，许多学生也纷纷效仿。如同邀请王国维出山那天一样，吴宓依然用了最隆重、最传统的礼仪，来告别这位倔强的先生。

　　在王国维灵前顿首时，吴宓回想起两年间的往事，更想到自己的命运。"宓又思宓年已及王先生之三分之二，而学不及先生十分之一。先生忠事清室，宓之身世境遇不同。然宓固愿以维持中国文化道德礼教之精神为己任者。今敢誓于王先生之灵，他年苟不能实行所志，而澒忍以殁，或为中国文化道德礼教之敌所逼迫，义无苟全者，则必当效王先生之行事，从容就死，惟先生实冥鉴之。"

来时满怀踌躇，去路凄风冷雨。千百年来，书生的意气与天真，世事的诡谲与残酷，都消融在王国维的一来一去之间和吴宓的一迎一送之际。

王国维被退位的溥仪赐了谥号"忠悫"，这个落第秀才的名字也终于被收入《清史稿》，位于列传第二百八十三。寥寥三百余字，一半记录他的才学，另一半则颂扬他的愚忠。晚清最后的国学大师，正史只吝啬地留下数笔，如同用几束秃残的狼毫在绝壁上书写摩崖巨字——尽管明眼人都知道，以王侯将相为序的历史叙事背后，谁会比谁更加不朽。

吴宓的挽联写得极为痛切。"离宫犹是前朝，主辱臣忧，汨罗异代沉屈子；浩劫正逢此日，人亡国瘁，海宇同声哭郑君。"他并不是前朝遗臣，但对文化末世的悲怆却感同身受。陈寅恪的追忆更加频繁，除了挽联和挽诗，他还不厌其烦地在学术论文和私人回忆里屡屡提起王国维及其学术观点。他在诗中写道："敢将私谊哭斯人，文化神州丧一身。"他以"私谊"缅怀故人，而在他眼中，王国维之死更意味着文化的沉沦。1929 年，他还为王国维撰写碑文，进一步阐释道：

> 惟此独立之精神，自由之思想，历千万祀，与天壤而同久，共三光而永光。

这些缅怀的字句，是写给王国维的，也更像是写给自己的。

诬告

王国维自尽时，梁启超的身体也每况愈下。一年前，他的尿血症加剧，协和医院的医生决定切除他一侧病变的肾。不料，右肾被切除后，依然尿血不止。虚弱的梁启超却在病榻上撰文，描述协和医院医生的诊断过程，并安慰读者，"因为医生的技术精良，我的体质本来强壮，割治后十天，精神已经如常，现在越发健实了"。他希望国人不要怀疑或迁怒于西医，不要因他的生死而抗拒现代科学。

虚弱的梁启超给女儿写了一封信，回顾了这个动荡神伤的初夏："我一个月来旧病发得颇厉害，约莫四十余天没有停止，原因在学校暑期前批阅学生成绩太劳，王静安事变又未免大受刺激。"

他盛赞王国维"不独为中国所有而为全世界之所有之学人"，并抱病为王国维料理后事，与教育部斡旋，争取恤金。他断言，王国维是被"恶社会所杀"，而他自己，又何尝不是被这"恶社会"夜以继日地侵蚀着。

几个月后，他突然收到曹云祥寄来的一封油印的信。研究生王省莫名地状告他无故旷职，因此，曹云祥要求他引咎辞职。

国学研究院的学生闻讯大惊，质问王省，终于得知了真相。原来，是教育系教授朱君毅教唆他这样做的，而幕后真正的主使，却是曹云祥。曹云祥听说梁启超被外交部聘为庚款董事会董事，顿生敌意。按照规定，清华校长是从庚款董事会董事中选出的，曹云祥认为，梁启超很可能会夺走他的校长之职。

真相大白，群情哗然。朋友眼中的陈寅恪，一向"不管闲事"，[1]更不愿卷入行政事务，这次却愤然挺身而出。在教授会上，他要求曹云祥和朱君毅辞职，并准备举荐教务长梅贻琦代理校长职务。他写信给梁启超，请他出面向外交部举荐梅贻琦；他还担心当局会趁机插手清华的事务，建议吴宓尽快去天津劝驾，请梁启超务必当机立断。吴宓忍不住惊呼，生性淡泊的陈寅恪突然变成了"发纵指示之中心人物"。[2]

陈寅恪当然无心政事，他只是希望能拥有一张安静的书桌，心无旁骛地做学问。其实，梁启超又何尝不是如此。在给儿女的信中，他写道，"我总是抱着'有一天做一天'的主义，（不是'得过且过'，却是'得做且做'）。"他仍然期望继续专心地研究，讲学，培养下一代人，只是没想到，这菲薄的心愿都成奢望。

吴语方言调查

1927 年这个多事之秋，变故频仍，赵元任却暂时远离了是非之地。和李济一样，入驻清华国学研究院以后，赵元任也终于找到机会，开始外出进行田野考察。他带着助手杨时逢，沿着京沪杭铁路南下，调查方言。杨时逢是杨步伟的侄子，毕

1　1926 年 11 月 9 日，傅斯年在给罗家伦的信中写道："陈处因他老本是不管闲事的，最不宜奉扰。"参见王汎森、潘光哲、吴政上主编《傅斯年遗札》（第一卷），第 73 页。

2　吴学昭：《吴宓与陈寅恪（增补本）》，第 103—104 页。

业于金陵大学。

他们每站下车，再转乘小火轮船去更偏僻的城镇。在江苏，他们选择了宜兴、溧阳、常州、无锡、苏州、常熟、上海等十九个点，在浙江选择了杭州、绍兴、诸暨、宁波、温州等十四个点，进行方言调查。时间有限，有时一天要跑四个地方，有时甚至不得不带病奔波。白天调查、录音，晚上写日记、整理调查报告。如果找不到旅馆，就只能到农家借宿。有一天夜里，他们要从无锡去苏州，可是太过困倦，就在一节车厢的长椅上睡着了。半夜惊醒，才发现，前面几节车厢居然都被拖走了，只有他们的车厢仍然留在原地。

每到一个新的地方，他们往往会去当地的学校，找学生做发音人。赵元任坚持用国际音标记录语音。他没有专业的录音设备，就随身带着一个滑动音调管来记录声调。不过，最困难的事情，是如何让受访者"用本地自然的语音读字跟说话"。因为当地人看到北京来的学者，就会情不自禁地说国语，于是，采集的方言就变得不纯正。[1]因此，赵元任想方设法让受访者"肯放心说自己的话"，而他的方法就是尽量模仿当地方言与受访者交谈，直到对方卸下心防，愿意自如地表达。他会请一个人反复读一段内容，如果每次发音都不变，并且听起来很自然，才会采纳，否则就另外找一个人读同一段内容，再进行比较。为了确保受访者的方言纯正，他还会追溯他们的人生经历，判

---

1 赵元任：《我的语言自传》，载赵元任著，吴宗济、赵新那编《赵元任语言学论文集》，第655页。

断他们的方言是否受到过其他地域方言的影响。

历时两个多月，他们访问了二百多人，记录了六十三位受访者的发音。基于这些调查，赵元任完成了《现代吴语的研究》。这是中国第一部通过实地调查、基于现代语言学规范完成的汉语方言研究专著。

只不过，在动荡的 1920 年代末，赵元任的这些寻访很容易就被时代剧变匆匆掩盖。与李济的考古发现相比，赵元任的语言调查显得有些默默无闻。公众对方言不感兴趣，甚至很难理解其价值所在。然而，对学术界而言，赵元任走出的这一步却意义重大，语言学研究终于不再是传统训诂，而是走向田野，深入民间。这次吴语方言调查也成为他日后在史语所组织中国方言调查的开端。

此时，学界正孜孜于谋求统一国语。两年前，钱玄同曾把国语运动视为"中华民族起死回生的一味圣药，因为有了国语，全国人民才能互通情愫，教育才能普及，人们的情感思想才能够表达"。[1] 此情此境之下，赵元任的方言调查似乎有些格格不入。事实上，赵元任自己也是"国语统一筹备会"的一员，对国语罗马字拼音方案尤其感兴趣。推广国语运动是为了建构国家与民族认同，而调查方言则是为了保全文化的多样性，两者其实并不相悖。

不过，他深知方言调查之不易。要在全国做系统的方言调

1　钱玄同：《〈国语周刊〉发刊词》，载《钱玄同文集》（第三卷），中国人民大学出版社，1999 年，第 156 页。

查，需要具备三个条件：永久的组织和经费，接受过专业训练的工作者，以及和平的国内环境。在内忧外患的中国，每一项听起来都难以实现。他哀叹道："可是要慢慢地等，等到哪一天才可以有大队的语言学人马，大规模地来测量全中国的方言地理呐？"他只能存着侥幸的心理，不断地这样追问，又一次次抱病出发。

朱熹的宿命

"我极舍不得清华研究院。"1928 年夏，梁启超在给女儿的信中这样感叹。评阅完学生的论文后，他辞去了清华国学研究院的教职，回到天津养病。纵然万般不舍，他也知道，自己别无选择。清华早已不是旧日的清华。他的长子梁思成在美国学习建筑学，即将回国，他原本希望梁思成也能到清华任教，现在却建议他还是去东北大学更合适，因为清华"为党人所必争，不久必将全体改组，你安能插足其间？"[1]对于清华，他有多么不舍，就有多么失望。

在人生最后的时光里，梁启超对南宋词人辛弃疾产生了浓厚的兴趣。或许是辛弃疾"壮岁旌旗拥万夫"的英雄历程引发了他对流亡岁月的感怀，抑或稼轩词的豪迈偾张带给他无尽的精神共鸣。他试图为辛弃疾正名，破除那些因"雄杰之词"而

1　丁文江、赵丰田编：《梁启超年谱长编》，上海人民出版社，1983 年，第 1179 页。

产生的刻板印象，让人们真正理解"稼轩先生之人格与事业"。[1]

　　病中的梁启超，每天读稼轩词苦中作乐，一旦找到新的版本就欣喜若狂。他先是接连写出《跋四卷本稼轩词》和《跋稼轩集外词》，之后又兴致勃勃地为辛弃疾编撰年谱。这项工作更加艰难。辛弃疾传世的词作有六百多首，有纪年的却只有十九首，能够证实年代的也不过二十多首，想编撰年谱，需要反复地比较和考证不同时代、不同版本的《稼轩集》。梁启超却乐在其中。他的病情日渐严重，几度往返于住处和协和医院之间，仍不知疲倦地搜集资料。因为意外地找到《信州府志》，他喜出望外，没等到痊愈，就带着药出院回到天津。[2]他继续在病榻上写作，因无法仰坐，他就固执地"执笔侧身而坐"，又这样坚持了几天，终于体力不支，被迫搁笔。

　　辛弃疾的年谱，写到南宋庆元六年（1200 年）三月辛弃疾的好友、理学大家朱熹去世。由于朱熹晚年被视为"伪学逆党"，朝廷下令禁止会葬，六十一岁的辛弃疾却毫不顾忌，写下祭文，哭悼故友："所不朽者，垂万世名。孰谓公死？凛凛犹生。"

　　辛弃疾年谱至此戛然而止，而年谱内外的故事，也仿佛一语成谶。

　　1928 年 11 月 27 日，梁启超再次被送进协和医院，经化验，他的痰中有一种罕见的病毒，此前只在美国威斯康星发现过。

1　参见梁启超与梁启勋合作的《稼轩词疏证》。
2　丁文江、赵丰田编：《梁启超年谱长编》，第 1199 页。

他自知来日无多，为了帮助后人找到消灭这种病毒的方法，他要求家人"以其尸身剖验，务求病原之所在，以供医学界之参考"。[1]

挣扎了数十个昼夜之后，毕生致力于"以今日之我攻昨日之我"的梁启超，在1929年1月19日松开了紧握的拳头。这位平生著述上千万字的文豪，"至临终时，无一预遗嘱"。他因建党理想而误入教育，晚年却以教育相始终；他最终没能组建政党，卷土重来，却在无意中造就了无数个自由的信徒。他心目中的"第四窟"，看起来有违初衷，其实恰是他最妥当的归宿。

梁启超的一生，写作，办报，从政，投身教育。在西方学者眼中，他之于20世纪初中国的意义，相当于政治家伊莱休·鲁特（Elihu Root）、文豪海明威、教育家约翰·杜威和记者沃尔特·李普曼四个人加在一起对美国社会产生的影响。[2]然而，在他的祖国，他的落幕方式却令人唏嘘。

1929年2月17日，北京和上海为梁启超举行追悼大会，来吊唁的大多是他的亲朋故友。耐人寻味的是，由于梁启超早年曾与国民党对抗，虽时隔多年，立法院院长胡汉民等人仍念念不忘，极力反对国民政府派代表吊唁，最终，只有南京指导部一名官员私下前往上海致哀，尽管他与梁启超素昧平生。[3]

朱熹的命运，仿佛在梁启超身上重演了一遍。

1　丁文江、赵丰田编：《梁启超年谱长编》，第1200页。

2　这是费正清对梁启超的评价。

3　丁文江、赵丰田编：《梁启超年谱长编》，第1208页。

葬礼前后，冷嘲热讽依然甚嚣尘上，所幸梁启超已无须再去理会这些刻薄的攻击。一个国家和他的人民，倘若不尊重生者的权利，自然也可以漠视死者的尊严。梁启超的生前与身后事，不过是一个畸形时代的缩影。

将军一去，大树飘零。然而，在梁启超的晚年，青年偶像涌现的速度，并不亚于政权更迭的频率。有无数年轻人怀揣着"彼可取而代之"的野心，试图继承他的声名，或者推翻他的功业。一代又一代，正是这样的传承、颠覆，时代由此蜿蜒向前。

梁启超得到国民政府明令褒扬，还要再等十三年。到那时，中国将深陷抗日战争的泥淖，蒋介石已用两三年时间阅读了梁启超的遗著，有了诸多共鸣，才明白自己从前低估、误解了一位先贤。[1]

那姗姗来迟的缅怀，正如朱熹身后延滞的回响。

"狼狈为善"

王国维和梁启超相继退场，清华国学研究院其实已经名存实亡。赵元任和李济常年在外考察，只剩下陈寅恪一人肩负起整个研究院的工作，既要指导研究生，又要处理各种繁杂事务。他希望清华能聘请章太炎、罗振玉和陈垣做国学研究院的导师，但他们都拒绝了邀请，只有马衡答应担任特别讲师。

1　黄克武：《蒋介石与梁启超》，载吕芳上主编《蒋中正日记与民国史研究》，世界大同出版社，2011年，第121—138页。

原本就老气横秋的陈寅恪，在诗词的世界里变得更加孤独苍老。他被誉为"公子之公子，教授之教授"，然而，那些与年龄极不相称的悲观与绝望，经历朋辈的死别与政局的跌宕，愈发难以遏止，如同在凄风冷雨中漂泊的老杜，面对离乱纷争，难以释怀，又无可奈何。

1927 年 7 月 6 日，陈寅恪曾给老友傅斯年寄过一首诗，用了三国时代陈登和刘备的典故做比，把傅斯年比作枭雄刘备，"今生事业余田舍，天下英雄独使君"[1]。"五四"前夕，傅斯年曾是北京大学学生会主席、《新潮》杂志主编，其学术水平同样出类拔萃。他是山东人，国学根基雄厚，甚至被同学誉为"孔子以后的第一人"。[2] 陈寅恪与傅斯年在德国留学时，都是读书种子，不愿卷入留学生们混乱的生活，被视为"宁国府大门前的一对石狮子"。[3] 不过，两人的学术研究与为人处世之道，其实皆不同。陈寅恪常常深居简出，傅斯年虽同样专注于学术，但又是天生的领袖，从欧洲留学回国后，他在中山大学主持文学院，[4] 即将成为未来的学界领袖。

这句诗仿佛是对一个即将到来的新的学术时代的预言。不久，傅斯年开始筹建中央研究院历史语言研究所，并"趁火打

---

1 此诗由吴宓抄录在日记中，没有收入《陈寅恪先生诗存》。参见吴学昭《吴宓与陈寅恪（增补本）》，第88页。

2 伍俶：《忆孟真》，载王富仁、石兴泽编《谔谔之士——名人笔下的傅斯年·傅斯年笔下的名人》，东方出版中心，1999年，第83页。

3 赵元任、杨步伟：《忆寅恪》。

4 1927年，傅斯年在中山大学主持文学院创立语言历史研究所，次年，他为中央研究院创办历史语言研究所。

劫",把陈寅恪、赵元任和李济全数请进史语所,分别主持历史组、语言组和考古组。随后,在写给老友、新任清华校长罗家伦的信中,傅斯年用了一个别出心裁的比喻——"狼狈为善"。[1]他写道:"这不是我们要与清华斗富,也不是要与清华决赛,虽不量力,亦不至此!亦不是要扯清华的台,有诸公在,义士如我,何至如此!乃是思欲狼狈为善(狼狈分工合作本至善),各得其所。"[2]然而,这次"各得其所",足以宣告清华国学研究院的终结。

世事难料。1926年年末傅斯年准备回国时,陈寅恪和赵元任还曾努力奔走,想把他招揽到清华国学研究院,但是,傅斯年想休整一年再做决定。他曾给罗家伦写信解释:"因彼处我畏王静庵君,梁非我所畏,陈我所敬亦非所畏。"[3]但他终究没有到清华,而是南下广州,投奔中山大学,后来又自立门户,反倒把陈寅恪、赵元任一并招募到史语所。清华国学研究院的精神衣钵及其未竟的使命,也都将由史语所传承下去。

1929年罗家伦就任清华校长后,正式将清华学校更名为国立清华大学。他在这一年的毕业典礼上宣布:"这次毕业共

1　事实上,这并不是傅斯年第一次发明"狼狈为善"这个词。1926年11月9日,傅斯年致信罗家伦,说想去厦门与顾颉刚合作,两人一起可以"狼狈为善"。参见王汎森、潘光哲、吴政上主编《傅斯年遗札》(第一卷),第71页。

2　1928年10月6日,傅斯年致信冯友兰、罗家伦、杨振声。参见王汎森、潘光哲、吴政上主编《傅斯年遗札》(第一卷),第111页。

3　1926年11月9日,傅斯年致信罗家伦。参见王汎森、潘光哲、吴政上主编《傅斯年遗札》(第一卷),第72—73页。

有三班，大学部有 84 人毕业，这是第一次；留美预备部有 37
人毕业，恰巧又是最末一次；而国学研究院的同学，这也是最
后的一班。"

　　清华国学研究院只存在了短短四年便成绝唱，有七十四名
学生入学，最终有六十八人毕业，大多成为未来学界的中坚力
量乃至泰斗级人物。但因个人际遇，更被时代所误，他们很难
再抵达老师们的高度。

　　各奔前程之前，研究院的师生们集体捐款为王国维修建了
一座纪念碑。纪念碑由梁启超的长子梁思成设计。陈寅恪撰写
了碑文：

　　　　士之读书治学，盖将以脱心志于俗谛之桎梏，真理
　　因得以发扬。思想而不自由，毋宁死耳……先生之著述
　　或有时而不章，先生之学说或有时而可商，惟此独立之
　　精神，自由之思想，历千万祀，与天壤而同久，共三光
　　而永光。

　　"独立之精神，自由之思想"，这些菲薄而沉重的理想，留
给了陈寅恪、赵元任、李济、吴宓以及下一代的年轻人。这些
理想势必要面对暴风、雷电，势必会经历冰封、阴霾。之后的
人势必要面对更残酷、更绝望的时代，但他们还是得走下去。

　　这是他们的宿命，也正是他们的荣耀与尊严所在。

第五章　欲祭疑君在

面对瞬息万变的时局，清华国学研究院的故人们做出了不同的选择。赵元任最终回到美国，成为享誉世界的"汉语语言学之父"；李济后来前往台湾，成为被遗忘的"中国考古学之父"，以及后辈李敖口中"最后一个迷人的学阀"；陈寅恪和吴宓则选择留在大陆，他们像当年的王国维一样宣称，"我不能走"。

然而，无论陈寅恪还是吴宓，毕竟都不是王国维，王国维可以殉清殉文化，陈寅恪与吴宓早已殉无可殉。[1] 如同顽石夹缝里的衰草，他们将在阳光偶尔才会洒到的角落里，落寞而固执地生长。他们试图抗拒时代侵袭，却每每事与愿违。在思想的领地里他们越是能从容地驰骋纵横，在现实世界里就越发显得笨拙，有时只能以本能应对疾风骤雨，越是小心翼翼就越是

1　1988 年，冯友兰把王国维和陈寅恪视为"当代文化上之（伯）夷（叔）齐"，是为一说。

错误百出。

1981 年，八十九岁的赵元任回北京访问。几天后，他执意摆脱了陪同人员和亲属，独自回到清华，在曾经寓居过的旧南院徘徊良久。

此时，陈寅恪已经去世十二年。去世前，这位旧日的"公子之公子，教授之教授"，曾向大学提出申请，因为心脏病严重，需要吃流质食物，乞求"革命委员会"允许他每天喝一些牛奶来维持生命。[1]

吴宓在"文革"中左腿骨折，也与老友彻底失去联系。然而，1971 年，他还是冒着巨大的风险，写信到中山大学，询问陈寅恪夫妇的情况。只是他并不知道，挚友已经在两年前去世。[2] 他只有一次次偷偷诵读王国维的《颐和园词》和陈寅恪的《王观堂先生挽词》，涕泪横流。[3] 人生最后一年，他回到故乡泾阳，寄居在表妹家。当听说乡下的中学找不到英文老师，他还急切地想要给孩子们上课。临终前，他反复念叨着"给我水喝，给我饭吃，我是吴宓教授"。那时，李济也已经不在人间，而他的名字在当时仍是禁忌——1959 年，《考古》杂志曾用整本的

1　陆键东：《陈寅恪的最后 20 年》，生活·读书·新知三联书店，2013 年，第 461 页。

2　陈寅恪和吴宓都在大陆，尚且音讯隔绝，而他们早年的老友俞大维远在台湾，更是无法确认陈寅恪的生死，只能用唐朝诗人张籍的诗句"欲祭疑君在，天涯哭此时"来怀念故人。参见俞大维《怀念陈寅恪先生》，《"中央研究院"历史语言研究所集刊》1969 年第 1 期。"欲祭疑君在"这句诗几乎成为那一代人晚景的写照。

3　吴学昭：《吴宓与陈寅恪（增补本）》，第 477—484 页。

篇幅批判他的考古成就，他旧日的许多朋友和学生不惜用最恶毒的字句攻击他。

　　在旧居前踟蹰的赵元任，不知是否还会想起五十四年前那个夏天，王国维攥着五块钱蹒跚而去的瘦削背影。[1]

　　那是赵元任最后一次回清华。几个月后，他在美国去世。那个群星闪耀的年代，去势决绝，终不回头。

1　根据李光谟的描述，1927 年王国维自杀后，国学研究院同学会决定给他募捐立碑。梁启超捐了五百元，陈寅恪捐了二百元，马衡捐了一百元，清华校长严鹤龄、李济、林宰平以及几名助教各捐了二十元，一些学生也捐了二十元。但是赵元任和他的内侄（助教杨君）没有捐。李光谟认为，赵元任“是另有看法的”。参见李光谟《从清华园到史语所：李济治学生涯琐记（修订本）》，第 113 页。清华国学研究院学生陈守实曾在日记中记录了此事——“教授中唯赵元任不肯出”。此外，这次立碑，吴宓也没有捐款。

中央研究院历史语言研究所

重新发现中国

第一章　麦田里的故都

龙的遗骸

　　在过去商朝的皇宫上面，人们夜以继日地耕种劳作，经历生老病死。那座古老而恢宏的城垣，就掩埋在他们脚下十几米深的泥土里，和祖先们业已腐朽的躯体一道，滋养着他们的小麦和棉花。只有雷电震烁的雨夜，才会叩响地下那座沉默的城垣，仿佛一具沉睡了千年的钟鼎，再度发出喑哑的铮鸣。

　　董作宾从一片苍黄的天空下眺望那座看不见的城市时，殷商时代已经沉入地底三千年。1928 年 8 月 13 日，虽已立秋，暑气并无散去之意，安阳小屯村的向导把董作宾带到一片田垄边，就不愿再前行半步，仿佛面前正横陈着一道悬崖绝壁。向导手指的方向，是一片貌不惊人的土地。然而，过去的三十年间，人们就是在这里不断地翻找出大片的"龙骨"，仿佛这片黄土下面藏匿了一片曾经的汪洋，沧海变桑田之际，许多巨龙也随之殉葬。"龙骨"上刻着人们无法看懂的符号，像驮着些神秘而沉重的天启。没有人能猜出这些符号是凶是吉，不过，过去的三十年恰逢末世，晚清纷扰，民国割据，因此，无论出现怎样匪夷所思的异象，也都不足为奇。

这些"龙骨"上的符号，其实在多年前就已经被一位名叫王懿荣的金石学家破解。它们是一种远古的文字，他将它们称为"甲骨文"。此后，经过刘鹗、孙诒让、罗振玉、王国维等学人整理、研究，甲骨文逐渐为学界所知，乃至成为一时的显学。不过，安阳人对这些文字显然毫无兴趣，他们关注的是甲骨本身。从前，每天都会有古董商和药材商聚集在这里，收走从泥土里"长"出来的甲骨，人们相信，它们可以用来治疗痢疾。

这些甲骨抵得过最高产的庄稼。有时只需一锄头刨下去，就会大有收获。有的人甚至终其一生都以贩卖甲骨为生。清末两江总督端方曾一度为一块甲骨开出高达二两五钱银子的价格。这片甲骨"庄稼"的根系，毫无疑问，就扎在泥土深处的那座商朝的故城里。

只是现在，除了黄土，什么都没有了，它已彻底沦为一片废墟，就像它的名字——殷墟。在北平，大多数金石学家都已经认同了学界泰斗罗振玉的判断。据说罗振玉曾"涉洹亲访"，并且断定，经过此前疯狂的发掘，安阳"宝藏几空"，继续搜寻注定徒劳无功。在安阳城中，士绅和古玩店的老板也纷纷劝远道而来的董作宾放弃幻想，而蓝葆光，一个完全不认识甲骨文却以伪造甲骨文而著称的专家，也告诉董作宾，他的小屯村之行注定一无所获。

董作宾在小屯村的遭遇，似乎证明了他们所言非虚。村民们都已经对继续挖掘甲骨失去信心，他们重新回归田野，打理自家的农田。他们甚至拿不出几块像样的甲骨，家里只藏着些零星的碎片，偶尔依靠它们来怀念一下过去的好光景。没有商贩会对这些碎片感兴趣。不过，董作宾还是摸出三个银圆，买下一百多块这样的"废物"。

显然，他不认为这些甲骨碎片是废物。走下田垄勘测后，他发现，这里的情况和罗振玉描述的不同。有几个坑显然才刚刚被填埋好，而他在坑边甚至捡到一片没有字的甲骨。他认定，就在脚下的棉田深处，应该仍然埋藏着有字的甲骨。

"老天爷！"董作宾操着河南话冒出一句口头禅。这句口头禅伴随了他整整一生，没有人知道它的来历，或者，它是否与这片浩瀚的历史遗迹有关。

"迟之一日，即有一日之损失，是则由国家学术机关，以科学方法发掘之，实为刻不容缓之图。"董作宾的信很快从安阳寄往广州历史语言研究所，收信人是傅斯年。

"科学的东方学之正统"

历史语言研究所的名字，是傅斯年起的。

傅斯年的身份，颇有些复杂。他曾是"五四"闯将，北京大学学生会主席，创办并主编《新潮》杂志，与《新青年》遥相呼应，但是，当"五四运动"逐渐失控，他冷静地选择了退出。此后，他长年留学欧洲，广泛涉猎，甚至旁听过爱因斯坦开的一些课，对"相对论"也很有兴趣。[1] 也是在欧洲，他开始关注风靡一时的东方学，"历史语言研究"正是脱胎于东方学的定义。此刻的傅斯年，已经辞去中山大学文学院院长、中文系和历史系主任等一连串职务，投奔刚刚建立的中央研究院，筹建史语所。

在中央研究院院长蔡元培的规划中，本没有史语所的位置。他急于设置一批与国计民生密切相关的科研机构，诸如理化实业、社会科学、地质和观象台。面对老校长，傅斯年却慷慨陈词：近代欧洲，历史学（history）和语言学（philology）[2] 都是新兴科学。从前中国也有历史学和语言学，而且在传统学问中成就斐然；但是，它们都不具备科学的基础，而当下的中国，无疑正需要用科学的精神和方法，重新发现传统的价值。一番陈述说服了蔡元培，史语所最终出现在中央研究院的名录上。不过，人文学科究竟能走多远，能否像自然科学那样对社会做出贡献，蔡元培或许并没有十足的信心，但他坚信有必要尝试推行："果能以事理之真布之世人，开拓知识之领域，增加对于人文进化之理解，其影响纵属迟缓而间接，其功效有时乃极巨大。"[3]

1928 年 7 月，史语所正式成立，10 月搬进广州柏园，次

1　有传闻说傅斯年是爱因斯坦的学生，但王汎森采访俞大维时，后者否认了这一点。不过，傅斯年确实旁听过爱因斯坦的一些讨论课，参见王汎森《傅斯年：中国近代历史与政治中的个体生命》，生活·读书·新知三联书店，2012 年，第 65 页，注释。

2　傅斯年译为"语文学"。

3　"中央研究院"八十年院史编纂委员会主编：《追求卓越："中央研究院"80年》，台北"中央研究院"，2008 年，第 16—17 页。

年迁往北平静心斋。傅斯年勾勒的学术版图，也从最初的八个组（史料、汉语、文籍考订、民间文艺、汉字、考古、人类学及民物学、敦煌材料研究）归并成历史学、语言学和考古学三个组。他做事雷厉风行，径直将目光投向盛极一时的清华国学研究院，将陈寅恪、赵元任和李济尽数网罗到史语所。前两位都是他多年的好友，李济于他却是个陌生的名字。他原本打算从王国维的弟子中选择一二，来主持史前考古发掘。不过，经过中央研究院地质研究所所长推荐，傅斯年决定在广州见见访美归来的李济。结果，两人一见如故。[1]

考古组组长其实还有一个人选，就是传统金石学研究出身的马衡，当时正担任北京大学国学门考古研究室主任和故宫博物院古物馆副馆长。不过，斟酌再三，傅斯年还是舍弃了马衡，选择了接受过西方学术训练、更具现代视野的李济。

其实，傅斯年在《历史语言研究所工作之旨趣》中已道出了个中缘由。地质调查所是他师法的目标，他希望把历史学、语言学建设得像生物学、地质学那样，而这决定了他为史语所筛选人才的标准。他需要的是拥有科学的方法和思维方式、能够运用新工具、寻找新材料的学者。因此，尽管历史学家吴廷燮著作等身，担任着清史馆总纂，并得到两名政界要人罗文干和汪精卫的推荐，傅斯年还是拒绝让他加入史语所；[2]而本土出身的考古学者，无论马衡，还是荣庚、商承祚，后来虽然被史

1　李光谟：《从清华园到史语所：李济治学生涯琐记（修订本）》，第155页—158页。

2　王汎森：《傅斯年：中国近代历史与政治中的个体生命》，第94页。

语所聘用，却都被纳入历史组，而非考古组。[1]

　　傅斯年的计划极富野心和想象力。他希望摆脱传统学者所遵循的"纸上的考古"，而进行"田野考古工作"。[2] 他的目标是沿着洛阳逐步西进，直到中亚各地。为此，他打算未来在洛阳或西安、敦煌或吐鲁番、疏勒，设立几十个工作站。他还想提供平台，在广东周边各省采集、整理，研究语言学和人类学，甚至探索南洋学。他以中华文明作为立足点，但是目光所及远远超过了中国的地理版图。1920 年代初，北大国学门的陈垣等人试图把北京建成汉学研究的中心，反超巴黎和东京，而傅斯年也热切地期望能把"科学的东方学之正统"从巴黎和柏林夺回中国。

　　眼下的殷墟发掘，正是这个庞大计划的第一步。

　　殷墟一直有甲骨、铜器和石器等文物出土，所属年代也可以初步确定。傅斯年相信，发掘殷墟，不仅能开启许多历史的隐秘，甚至能为未来其他遗址的发掘做出表率和提供经验参照，成为中国现代考古的基准刻度。

　　当然，聚焦殷墟并非史语所首创。早在 1919 年，北京大学就曾考虑发掘殷墟和洛阳的太学，但最终未能成行。1926 年，厦门大学国学院在一份夭折的发掘计划书中，也首选了殷墟，

1　参见徐玲《留学生与中国考古学》，南开大学出版社，2009 年，第 106 页。
　作者在注释中指出："直到 1929 年后马衡才被聘为历史组研究员，本土考古学者荣庚、商承祚等多被聘为历史组成员。"
2　李济：《傅所长创办史语所与支持安阳考古工作的贡献》，载张光直主编《李济文集》(5)，第 234 页。

因为这里出土过大量甲骨，"容易入手"。[1]可惜，这两个计划都不了了之。

傅斯年却坚定地要把发掘推进下去。为此，他与中央研究院反复磋商，终于讨来一千银圆。对于初创不久的中央研究院而言，这是一笔不菲的数目。

傅斯年之所以如此钟情于殷墟，其实与清华国学研究院也有关联。1927年，他读王国维的《观堂集林》时，《殷商制度论》中的"中国政治与文化之变革，莫剧于殷周之际"这句话显然引发了他的共鸣。他在书上留下了这样的批注："此盖民族代兴之故。"[2]

尘封的光华

收到傅斯年辛苦讨来的一千银圆，史语所编辑员董作宾却左右为难。

董作宾年轻时经过商，教过书，办过报纸，直到二十八岁进入北京大学国学门读研究生，才真正走上学术之路。加入史语所之前，他在中山大学做副教授。他对甲骨研究有着敏锐的直觉。由于年少时学过篆刻，他逐渐练出一门绝技，可以根据

---

1 参见陈洪波《中国科学考古学的兴起：1928—1949年历史语言研究所考古史》，第118—119页。

2 参见王汎森《王国维与傅斯年——〈以殷周制度论〉与〈夷夏东西说〉为主的讨论》，载孙敦恒、钱竞编《纪念王国维先生诞辰120周年学术论文集》，广东教育出版社，1999年，第29—30页。

刀法判断甲骨的真伪。[1] 不过，他不愿主持殷墟发掘，宁愿做一些辅助性的工作，因为他是河南人，想要避嫌。[2] 然而，傅斯年看重的，除了董作宾的学识之外，还包括他的河南身份——这将确保他更顺畅地与当地人沟通周旋。董作宾不辱使命，提前拜访了河南省建设厅厅长和教育厅厅长，获得了他们的支持。河南省派出的代表、教育厅秘书郭宝钧，更是董作宾旧日的同学。

万事俱备，1928 年 10 月 13 日，殷墟第一次发掘在董作宾主持下正式开始。

尽管接受的是传统金石学的训练，董作宾依然努力借鉴了一些科学考古的方法，派人绘制了平面图和剖面图，拍摄了照片，并对出土文物进行登记编号。不过，他的专业背景和学术兴趣，决定了他最看重的仍是甲骨。最令他失望的是，考古队在十三天里接连发掘了三十六个坑，却只在其中六七处发现了有字的甲骨，数量远低于预期。他有些犹豫，眼看着傅斯年辛苦讨来的一千银圆不断消耗，他越来越不安，甚至建议停止发掘计划，以免劳民伤财。

不过，傅斯年却坚信，发现多少甲骨上的文字是次要的，更重要的是探究地下的真实情况和蕴含其中的知识。[3] 在傅斯年看来，"如以中国历来玩骨董者之眼光论之，（殷墟）已不复可以收拾。然以近代考古学之观点论之，实尚为富于知识之地"。

————————

1　参见董玉京：《我的父亲与甲骨文书法（代序）》，载《甲骨文书法艺术》，大象出版社，1999 年。

2　史语所档案：元 23—1，董作宾函傅孟真。1928 年 8 月 30 日。

3　史语所档案：元 23—2，傅斯年致董作宾，1928 年 11 月 3 日。

与古董玩家不同，与传统金石学学者也不同，他希望越过那些迷离的诗情与古意，"以自然科学看待历史语言之学"，从科学角度重新评估中国。他并非考古学专业出身，他所依靠的，是敏锐的直觉、广博的见识和深刻的洞察力，以及对学术的使命感。[1]

殷墟第一次发掘共进行了十八天，出土了七百八十四片有字甲骨，以及各种其他文物。史语所获得了大量第一手资料，对这片遗址有了更多新的认识。这已经足以激励傅斯年把发掘持续推进下去。第一次发掘从 1928 年 10 月 13 日开始，于是，每年的 10 月 13 日被史语所内部定为"考古节"。

至此，史语所也开始准备接过清华国学研究院的精神衣钵，从"整理国故"到"历史语言研究"，被时间尘封的远古光华终将在这一代人不断的擦拭中，逐渐露出锋芒。

"上穷碧落下黄泉，动手动脚找东西"

"中华民族"这个概念，自从梁启超在 20 世纪初首创[2]之后，它就开始被学者和政客不断借用、演绎。然而，"中华民族"

---

1 持此意见的不止傅斯年和李济，远在日本的郭沫若也在一封写给朋友的信中提出：殷墟"地底所湮没者当不仅限于卜辞，其他古器物当有可得，即古代建筑之遗址，亦必有可寻求"。参见曾宪通编注《郭沫若书简——致容庚》，广东人民出版社，1981 年，第 29 页。转引自徐玲《留学生与中国考古学》，第 129 页。

2 1899 年，梁启超在《东籍月旦》中第一次使用"民族"一词。1901 年，他在《中国史叙论》中第一次使用"中国民族"。次年，他在《论中国学术思想变迁之大势》中第一次使用"中华民族"。

究竟是什么，却愈发模糊不清。

短短百年之间，孔子的后裔们先是被鸦片迷了双眼，后又被枪炮震破了耳膜。偌大的帝国，过去闲庭信步，却一夕之间慌不择路，及至"辛亥"变天，"五四"肇始，一个旧的世界被摧毁了。人们变本加厉地渴望复兴，迷恋富强，最终却令文化倾覆，神州陆沉。与此同时，西方世界则对中华民族存着各种或神化或轻蔑的猜测，对中华文化起源的迥异解释竟有九种以上。[1]

1920 年代，一些知识分子逐渐意识到，中国欲求真正的复兴，必须追本溯源，理清文明嬗变的轨迹，才能以古鉴今，重塑文明的新格局。在现代语境之下，家国意识的苏醒催生了对民族身份的探寻，学界当仁不让，冲在前面。北大国学门肇始在前，清华国学研究院光耀于后，史语所继承并发扬的正是此精神之一脉。

于是，史语所的创始，又像是一种负气的结果，如同傅斯年所讲："在中国境内语言学和历史学的材料是最多的，欧洲人求之尚难得，我们却坐看它毁坏亡失。我们着实不满这个状态，着实不服气就是物质的原料以外，即便学问的原料，也被欧洲人搬了去乃至偷了去。我们很想借几个不陈的工具，处治些新获见的材料，所以才有这历史语言研究所之设置。"

---

[1] 1929 年，在《东方杂志》第 26 卷第 2 号，北京大学史学教授何炳松发表了《中华民族起源之新神话》。他罗列了从 17 世纪到 19 世纪末国外关于中国文化起源的九种说法，并提出："假使吾国考古学上发掘之事业不举，则吾国民族起源之问题即将永无解决之期。"

这是前所未有的一代人。他们从传统中国的母体中分娩出来，却逢上一个思想开放的时代；他们既有国学的根基，又获得了现代视野和专业的学术训练，信赖科学，崇尚行动。王国维在世时，曾满怀欣喜地描述这个大发现的时代之于学术研究的价值："吾辈生于今日，幸于纸上之材料外，更得地下之新材料。""纸上"的世界与"地下"的世界交相辉映，丰富了他们的认知，也激发着他们的好奇心。这种好奇心，最终被傅斯年演绎为"上穷碧落下黄泉，动手动脚找东西"。他批评"近代的历史学只是史料学"，因此，他倡导"求新材料"，而要"求新材料"，就不能困守书斋，皓首穷经，而是要在行动中寻找真相，理解世界，"要实地搜罗材料，到民众中寻方言，到古文化的遗址去发掘，到各种的人间社会去采风问俗，建设许多的新学问"。

对李济、董作宾们而言，中华民族就在甲骨、陶器和青铜器的纹理间昼夜不息地穿行疾走，而探索殷墟正是要寻找文明的渊源，唤醒民族的记忆；对陈寅恪们而言，中华民族则在内阁大库那些用满、蒙、藏、汉文字书写的档案里，在佛经密密麻麻的符号间，在"吾国学术之伤心史"敦煌的卷宗中忽隐忽现；对赵元任们而言，中华民族是各省的人用迥异的方言讲述的同一个故事——如《伊索寓言》里的"北风跟太阳"——他们背着沉重的录音器、录音带和手摇充电器，走了半个中国，根据这些讲述，来区分各地方言的异同，寻找语言的分界线。

这些工作往往枯燥乏味，需要付出时间、健康甚至生命，但有心人总能从中汲取思考的乐趣。他们从各自的专业出发，尝试着触及中华文化的内核，就像从不同的起点登山，历经蜿蜒曲折，踏出无数新路，最终在巅峰相遇。

重建公共信仰

他们所寻求的中国，并非孤芳自赏的文明。傅斯年强调，西方考古学的价值在于"以世界眼光去观察，以人类文化作标准，故能得整个大文化意义"，这也正是李济的理想——"以全部人类文化史为背景建设中国的历史学"。作为中国第一代世界主义者，他们试图跨越文化的边界，将中国历史作为世界历史的一部分来加以审察，用科学的眼光透视传统的真相。

然而，史语所诞生的时机，又注定了他们终究会被民族主义情绪裹挟。"北伐"后，蒋介石完成了表面上的全国统一。经历过漫长的动荡与分裂，重建民族话语正变得愈发迫切，而史语所的探索，也未尝不是站在学术角度回应这股潮流。

这也就意味着，史语所从创始以来，就不仅要承担学术研究的功能，更要背负民族复兴的使命。中央研究院第二任总干事丁文江就曾开诚布公地反思："中国的不容易统一，最大的原因是我们没有公共的信仰。这种信仰的基础，是要建筑在我们对于自己的认识上。历史和考古是研究我们民族的过去；语言人种及其他的社会科学是研究我们民族的现在。把我们民族的过去与现在都研究明白了，我们方能够认识自己。……用科学方法研究我们的历史，才可造成新信仰的基础。"重建"公共的信仰"，不能仅仅依靠一纸单薄的政治号令，而是必须在历史和思想领域深入探索，追根溯源。

在一个特殊的年代，学术研究也不得不与汹涌的国家理想、激昂的民族主义激情勾兑在一起，酿成一杯甘苦难辨的酒。孱弱的书生只能把"国家"二字背负在身上，尽管他们厌弃来自政治的干预，但是，许多学术研究还是有意无意地被贴上国家使命的标签。谋求学术独立的前提，是国家的富强，甚至后者更迫切、更崇高。于是，学术越要寻求独立，就越是需要暂时沦为民族主义的俘虏。"独立之精神，自由之思想"，在乱世的中国变成一个悖论，也成为这一代学人精神痛苦的根源。

实际上，这也不仅是知识分子的困境，更是全民共同面对的问题。在一个救亡需求压倒启蒙理想的时代，所有个人的价值、合理的诉求——书中的黄金屋、书中的颜如玉——都要被迫让位于国家的召唤，演化为亢奋的政治热情，倘若再缺乏现代法制的约束，那么，毫无节制的爱国热情很可能最终沦为专制的借口。令人遗憾的是，身处历史拐点的中国，确实踏上了这条不归路。

"德先生"与"赛先生"

在每一个时代，总有一些士人野心勃勃地试图跨出逼仄的书斋，去影响广阔的世界。柏拉图的"哲人王"想象与孔孟的"圣人"形象，激励着东西方知识分子的使命感，也诱唆着他们的虚荣心。千年以降，他们做辩士纵横六国，成谋士匡扶霸主，他们在宴会上交际周旋，在君王面前高谈阔论，试图干预当政的决策，完成对庶民的救赎；然而，等待他们的往往是悲剧的命运。他们不是沦为权力斗争的替罪羊，就是成为消极的遁世者，无论身居庙堂还是放浪江湖，都找不到心灵的归宿。他们一生热切地谈论政治却永远是政治的门外汉，他们的名字原本可以属于未来却宁愿苟且于当下。他们天真地想钻出知识的困缚，却从未料到，破茧之后的命运不是冲决罗网，而是飞蛾扑火。但他们别无选择，就这样一代一代地被那些海市蜃楼般的理想迷惑着，坠入命运的旋涡。

当这条注定曲折而悲怆的道路延展到蔡元培、杨铨、丁文江、胡适、傅斯年们面前时，他们起初也同样地满怀热忱，同样自以为胸有成竹。

被他们寄予厚望的中央研究院，也是如此。它本是一颗桀骜不驯的种子，却阴差阳错落进乱石夹缝里，因此饱经磨难，也因此愈发坚韧傲岸。

早在中华民国成立翌年，马相伯、章太炎、梁启超等人就曾建议政府效仿法国的"阿伽代米"（Acadmie），创办"函夏考文苑"，然而，权力更迭，军阀混战，连政治制度都无法完成实际上的统一，又何谈国家学术规范的统一。十年后，孙中山应邀北上，希望重启"南北和议"，也曾要求建立中央学术院，不料，1925 年 3 月他就在北京病逝，创办国家级学术机构的计划就这样再次胎死腹中。

别具讽刺意味的是，黄埔军校从决议提出到创设，仅仅只用了一年；而一个国家级的学术机构，被反复提倡长达十余年，才终于在 1927 年奠基。

当然，无论尚武还是崇文，目的都是寻求富强，但在武夫横行的时代，天平显然向前者倾斜。中央研究院的书生们，终其一生，不得不屡次面对武夫的干涉与政客的非难。

中央研究院的建立，也未尝不是一笔交易。身为国民党元老，蔡元培决定支持蒋介石后，才终于为中央研究院争取到了财政拨款。然而，一旦蔡元培开始批判国民党，拨款就会随之大打折扣，甚至骤减到原定的五分之一。这时，就要依靠傅斯年等人出面，向另一位国民党元老吴稚晖求援——吴稚晖与蒋介石交好，一直充当着政治和学术之间的润滑剂。[1]

书生们并不畏惧来自权力的压力，他们仍狂热地信仰着"德先生"与"赛先生"。只不过，两位先生在中国的命运却截然不同。"德先生"屡次被时局所误，一再遭到搁浅甚至篡改；"赛先生"则在国家与民间的双重力量扶持下，蹒跚起步，甚至渐渐变成粉饰太平的工具。

1928 年，中央研究院正式成立，外文名选用拉丁文"Academia Sinica"，其宗旨在于"实行科学研究，并指导、联络、奖励全国研究事业，以谋科学之进步，人类之光明"。中央研究院自然是"赛先生"的后裔，不过，它也流着"德先生"的血。作为直接隶属于国民政府的"中华民国最高学术研究机关"，

1　中央研究院与政治的微妙关系，参见王汎森《傅斯年：中国近代历史与政治中的个体生命》，第 77—78 页。王汎森先生还指出了这样一个悖论："蔡元培、吴稚晖、李石曾和张静江（1877—1950）希望按照法国模式建立一个不受政治干扰的教育体系，但具有讽刺意味的是，他们只有通过政治手段才能实现这一理想。"

中央研究院的机构设置颇有些民主制的意味，正如傅斯年所说，
"中研院设总干事一职，本是'内阁制'"，与"内阁制"相对应的，
是学术组织结构的"三权分立"："该院设置评议会、总办事处、
研究所三种机构，组织单纯，运用灵便，尚合执简驭繁之旨。"

如果说组织结构的设置方式还只是巧合，那么，学人们的
诉求则更有乌托邦的意味。院长蔡元培就直言不讳，中央研究
院要"以学者为行政之指导，以学术化代官僚化"。第二任总
干事丁文江则说："国家什么东西都可以统制，唯有科学研究
不可以统制，因为科学不知道有'权威'，不能受'权威'的
支配。"第二任院长朱家骅更是明确提出："各国对国家学院，
都超然组合，不涉行政范围，用意是在尊重'学术自由'的原
则，使其可以充分发展。"

对科学的崇拜，促成了这一代知识分子的觉醒。他们信仰
超越政治的"学术自由"，然而，无论在什么样的时代，无论
要获得何种领域、何种层面上的自由，都需先付出数倍代价，
但可能依然血本无归——毕竟，自由不是筹码，自由从来都是
赌注。

但书生们还是决定押下了这些赌注。对"独立之精神，自
由之思想"的憧憬，像暗夜中的萤火那样诱惑着他们，并最终
将他们引上悬崖。

第二章　殊途同归

中学与西潮

那座埋葬在麦田里的城市，正等待着重新开启城门的一天。

李济与董作宾在开封聚首。读完董作宾的发掘报告，李济更加相信，小屯遗址应该是殷商最后一座都城，而出土有字甲骨的地方一定是都城的中心之一。[1]

对于董作宾的发掘方法，李济其实颇有微词。他认为，董作宾绘制的地图太过简略，而且完全不注意对地层的记录。更让他难以接受的是，董作宾执迷于甲骨，却不重视其他出土文物，诸如商周的铜石器、汉简、唐代的瓷器，乃至冲击期的牛角、三门纪的蚌壳，都被有意无意地忽略了。传统金石学出身的董作宾，对甲骨文情有独钟，而李济关注的则是"科学价值"，

1　李济：《安阳》，第 70 页。

希望能破解不同时期出土文物所蕴含的丰富知识、隐秘与真相，因此，在他看来，甲骨反而没有"科学价值"。[1]

尽管理念不尽相同，两人还是友好地决定联手，并很快明确了分工——董作宾主攻甲骨文，李济则负责研究殷墟出土的其他文物。

1929 年春，殷墟第二次发掘由李济主持。他的方法与董作宾不同，不仅要寻找甲骨，更要搜集所有的其他文物；不仅要发掘文物，更希望考察地层的分布和特点，找到历史演变的潜在线索。几年前在西阴村摸索出的"三点记载法"和"层叠记载法"，有了新的用武之地。这些比较科学的考古方法，与董作宾依赖的诸如"轮廓求法""集中求法""打探求法"和"村人经验"等传统发掘法全然不同。自此，殷墟发掘逐渐形成了由点到线到面再到整体的方法，并为中国各地遗址考察树立了典范。[2]

李济也非常强调测绘的重要性，决定邀请专业的测量员加入发掘队。[3]于是，地质调查所派出王庆昌和裴文中来到安阳。两个年轻人都毕业于北京大学地质系，他们使用专业的测绘仪器，绘图运笔颇为老练，还在图中用中英文做出详细的标注。这次绘制的地图比第一次发掘时进步了许多，[4]王庆昌还首创用

1　史语所档案：元 25—3，李济致函傅孟真，1928 年 12 月 20 日。

2　正如石璋如后来总结的那样："先做点的探找，次做线的观察，再做面的揭露，最后做体的发掘。"

3　李济：《安阳》，第 70 页。

4　两次殷墟发掘绘制地图的差异，参见陈洪波《中国科学考古学的兴起：1928—1949 年历史语言研究所考古史》，第 126、132 页。

线条来表示深度 [1]，为日后殷墟的测绘提供了参照。这次发掘还有一段特殊的插曲。二十五岁的裴文中一向成绩不佳，只能给王庆昌做助手，因此在殷墟发掘现场，他也一直无精打采，似乎做什么事都没有热情。不过，离开安阳几个月后，他的命运却发生了颠覆性的逆转——他将在周口店发掘出第一个"北京人"的头骨，从此扬名世界。

李济与董作宾之间还有一个巨大的差异。第一次发掘时，董作宾发现了人类的头骨，但他觉得考古队冒犯了死者，于是把它们重新掩埋起来。在李济眼中，这些头骨却有着特殊的意义。他在西方接受的是体质人类学的训练，深知这些人类遗骸能为殷商时代提供诸多可靠的线索。在哈佛大学读书时，他的老师虎藤（E.A.Hooton）就要求学生必须深入了解人类骨骼的特性，能够根据碎骨片做出判断。1921 年夏天，李济曾帮助虎藤清理过五百个埃及人头骨，与它们朝夕相处，每天洗刷、整理。殷墟中的遗骸，正复活了那段久违的记忆。

其实不止人类遗骸，在李济看来，许多从前被忽视的内容，"由一堆枯骨、一片破陶、一块木炭到最完整的钟鼎彝器，由最落后的区域的陋俗到最崇高社会的礼节，由穷乡僻壤人的土语到最时髦社会的演说词"，都可以成为史学家的原始资料。当然，他也明白，如果单纯依靠史语所的力量，并不足以揭开

1　参见石璋如著，李永迪、冯忠美、丁瑞茂编校《殷墟发掘员工传》，"中央研究院"历史语言研究所，2017 年，第 177—178 页。不过，石璋如也指出，尽管王庆昌和裴文中绘制的地图看起来工程浩大，但其中存在错误。

这些历史遗物的真相，因此，他一直保持着开放的姿态，乐于和其他学科的专家合作研究。1929 年，中央研究院地质研究所的李毅，就应邀对殷墟出土的白陶、硬陶和灰陶标本展开了化学成分的实验分析。两年后，英国皇家科学工业学院的哈罗德教授收到了李济寄出的四件铜器标本，并进行了检验。地质调查所新生代研究室的杨钟健和德日进则应李济之邀，对殷墟出土的动物遗骸进行了深入的研究。他们鉴定出二十四种动物，最令人惊讶的是，殷墟甚至有鲸、象、貘的遗骨，由此可见，虽然末代都城地处内陆，殷商王朝其实与南方沿海地区存在着广泛的贸易往来。[1]

由于在西阴村的考古经历，李济对陶器的兴趣格外浓厚。然而，当他聚焦于殷墟出土的陶器时，却发现研究难度之高，远远超乎想象。在传统金石学的框架中，并没有陶器的一席之地，就连各种形制的陶器应该叫什么名字，都难以确定。于是，研究之初他就不得不面对这种困境——先要设法给不同的陶器命名。经过系统的整理，他逐渐发现了藏匿其间的潜在线索——殷墟出土的青铜器继承了新石器时代陶器的器型，而殷墟的青铜器又转而成为人们熟悉的周朝器皿的"祖型"。[2] 文明正是这样代际传递，却又悄然更迭。尽管他主张科学的考古，却也不得不依赖传统金石学的方法，或借用象形文字的字形，或与铜器的名称做比较，来给陶器命名。

1　李济：《安阳》，第 117 页。
2　李济：《安阳》，第 4 页。

　　李济的纠结正是这一代人的精神困境。他们越是急于从传统的母体中挣脱，就越发现自己与传统关联之深之切；现代科学的方法，并不能解决全部问题，有时他们必须一次次向着古老的传统反溯，才能够踏出通途。

　　董作宾的甲骨文研究则显示出，一旦传统金石学的方法获得科学助力，将产生多么巨大的能量。由于了解了一些现代考古方法，并且亲身参与发掘，他的甲骨研究不再拘泥于刻辞，而是形成了整体的眼光，愿意审视出土文物的复杂形态和埋藏状态，努力还原殷商时期的历史现场。考古实践的经验，让他的研究别开生路。[1]

　　中学与西潮，传统与现代，就这样微妙地角力、试探、抗衡，最终相互融合，重塑了一代新人。

"逆流之妄举"

　　从事考古发掘，势必要面对重重诱惑。董作宾主持殷墟发掘之初，就有朋友劝他不要给自己找麻烦，不如雇几个人挖出宝物，自己买下来，从此可以一劳永逸。当然，这个提议被他断然拒绝。李济来到殷墟后，两人商定了考古工作者的一条基本准则——决不收藏文物。此后，他们和他们的同事、学生，毕生身体力行。

1　参见陈洪波《中国科学考古学的兴起：1928—1949 年历史语言研究所考古史》，第 136—139 页。

　　然而，安阳的发掘却引起许多人的怀疑和不满。在史语所的学者眼中，殷墟是学术研究的宝藏；而在当地军阀、官僚和古董商看来，地下的一切都是物质财富。他们把史语所视为入侵者，用各种手段横加干预。在河南省教育厅厅长授意下，河南图书馆馆长兼民族博物馆馆长何日章开始带人抢挖殷墟，但他们的挖掘毫无章法。"见头挖头，见脚挖脚，十有八九，均捣碎了。无记载、无照像、无方向，挖完了不知是怎么回事。"李济抱怨，史语所考古组只能用百分之五的精力来工作，剩下百分之九十五的精力，都不得不用来应付当地人。[1] 由于这些粗暴的干扰，殷墟第三次发掘被迫暂停了三周。

　　书生们一筹莫展之际，傅斯年向吴稚晖求援，争取来了蒋介石下达给地方的命令。然而，此时河南是冯玉祥的势力范围，蒋介石的这道"圣旨"无济于事。傅斯年只好又设法邀请了一些中央大员和河南籍名人，帮忙出面斡旋。年末，他亲自赶赴安阳，四处奔走，宣传科学考古发掘和研究的重要性，屡次碰壁却仍坚持不懈。最终，他与河南省达成合作协议：河南省教育厅可以派遣一到三名学者加入中央研究院的发掘团，出土文物需要在河南省教育厅备案，史语所则有权暂时运走这批文物做研究。

　　风波终于暂时平息。傅斯年得意又半开玩笑地向李济抱怨："你瞧，我为你们到安阳，我的鼻子都碰坏了！"李济则由衷地感叹："这件事情若不是傅先生办，别人也办不下来，而安

1　李济：《河南考古之最新发见》，载张光直主编《李济文集》（5），第 10 页。

阳的田野考古工作也就做不下去。"[1] 那时，李济简直忘记了，面前这个走几步路都会气喘吁吁、不停擦汗的胖子，其实也只是一介书生。

第三次发掘终于继续推进下去，各种石器、陶器、铜器、绿松石以及三千零一十二片有字甲骨陆续出土。最大的惊喜出现在 1929 年 12 月 12 日，发掘即将结束时，"大龟四版"出土，它们是四块比较完整的龟腹甲，而且都有卜辞。在殷墟的发掘过程中，这样的甲骨还是第一次出现。

这次发掘虽然遭到干扰，却也有了意外的收获。经过傅斯年、李济等人的努力，1930 年 6 月，国民政府颁布《古物保存法》，明确提出文物归国家所有，任何个人和私家团体都无权发掘。[2] 这是中国第一部正式颁布的文物法规。

没想到，刚刚解决了来自地方的干涉，资金危机又接踵而至。第三次发掘结束后，弗利尔艺术馆决定不再提供资助，李济不得不结束了与弗利尔艺术馆长达五年的合作。所幸，中国教育文化基金会施以援手，聘请李济为中国考古学研究教授，那其实是特别为史语所捐献的讲座。基金会承诺，将在未来的三年里每年拨款一万银圆，推进考古发掘。[3]

不过，殷墟发掘仍然被北方的乱局困扰着。史语所的工作最初受制于冯玉祥及其部下韩复榘，后来又遭到阎锡山干涉，

1　李济：《傅所长创办史语所与支持安阳考古工作的贡献》，载张光直主编《李济文集》(5)，第 235 页。

2　李济：《安阳》，第 73 页。

3　李济：《安阳》，第 78 页。

一直到 1930 年蒋介石赢得"中原大战",安阳的第四次发掘才终于迎来曙光。[1]

沉埋在地下几千年前的世界,就这样被地上的世界始终牵制着、左右着,考古发掘与学术研究都得在政治的夹缝中艰难推进。这一切,正印证了中央研究院第一任总干事杨铨的一句悲怆的感叹:"我辈于乱世求研究,本为逆流之妄举。"

其实,在中国,考古从来就不只是一个学术问题。来自政治的干扰与舆论的压力,始终如影随形。几年后,陕西考古学会在斗鸡台遗址沟东区进行考古发掘,适逢考试院院长戴季陶前往陕西赈灾,发现农村频频发生盗墓案,戴季陶竟不问青红皂白,径直致电蒋介石、行政院长汪精卫、教育部长王世杰以及中央研究院院长蔡元培,把考古发掘和盗墓相提并论,要求立即停止考古发掘。他宣称:"中国今日弱极矣!学术教育败坏极矣!应作之事,不知其几千万,何必发墓,然后为学?"他甚至在电文中威胁道:"古代于自掘禁墓者,处以凌迟,现今各省亦有死刑处之者。今诸君子何心?"他希望"正民心,平民怨",又要求学者们"致力于救国救民之学"。以民心和救国为名,言辞听来无比真切。这一番慷慨激昂的论调,很容易让人想起他在掌握权力之前所写的那篇雄文,同样的冠冕堂皇,同样的痛心疾首,同样的杀气腾腾:"欲救中华民国之亡,非杀此四人不可。"[2]

---

1 王汎森:《傅斯年:中国近代历史与政治中的个体生命》,第 98 页。

2 天仇:《杀》,《民权报》1912 年 5 月 20 日。

接到戴季陶的电报，蔡元培立刻回电反驳，学术界也群起痛斥，然而，行政院还是决定严禁发掘古墓。陕西斗鸡台墓葬的考古发掘最终被迫延期。所幸，殷墟发掘并未受到直接影响。

这一代学人面对的，正是如此诡谲的时代。殷墟第五次发掘时，蔡元培写过一幅字，请人送到安阳——"风雨如晦，鸡鸣不已"。李济把它挂在墙上，勉励同仁。纵然"风雨如晦，鸡鸣不已"，他们仍要逆流而上。

"声光顿起"

对殷商时代的探求仍在曲折地进展，距离安阳千里之外，故都北平，陈寅恪和傅斯年开始密切地关注一片明清时代的宝藏。

内阁是明清时期中央政府的权力中枢，直到清朝中期才被军机处取代，内阁大库档案数量极其庞大，包括诏令、奏章、则例、移会、贺表、三法司案卷、实录、殿试卷、各种簿册等等，是研究明清制度史、社会史、经济史和法制史极为珍贵的第一手资料。然而，宣统元年（1909年），内阁大库库房整修，档案开始不断搬迁、易主，散佚严重。虽然有一些政客和学者留意过，但他们更热衷于从中挑选珍稀的宋版书。当时，罗振玉说服张之洞，把它们保存了下来，用八千个麻袋草草地装下了这批明清时代的珍稀资料。然而，到了1921年，它们还是险些被当成废纸卖掉，做造纸原料，即所谓"还魂纸"。罗振玉买下一部分，支撑了几年，又转卖给李盛铎。
1927 年，李盛铎租来存放档案的房屋漏雨，也无力继续保存，
急于出售。

维护、整理、研究这批档案，曾是清华国学研究院几位导
师的夙愿。王国维在世时，在《最近二三十年中中国新发见之
学问》中把明清内阁大库档案与甲骨文、敦煌经卷等并列为最
重要的学术发现。1928 年初，陈寅恪和梁启超就希望清华国
学研究院出资接手，[1] 可惜，当时研究院已至末期，人心动荡，
这件事遂不了了之，未竟的愿望只能留待史语所完成。就像当
初李济期待的考古发掘，以及从赵元任起刚刚起步的全国方
言调查，也都要由史语所继续推进。

旁人以为是废纸，在傅斯年和陈寅恪眼中却是"无尽宝
藏"。但这需要一笔巨款，傅斯年不得不请蔡元培设法拨款。
他强调，这是三全其美之事：其一，文物不至散佚；其二，
可供研究明清历史；其三，史语所如果能得到这批档案，"声
光顿起，必可吸引学者来合作，及增加社会上（外国亦然）
对之之观念"。[2] 由于日本人和哈佛燕京学社也都有意角逐，
傅斯年不得不尽快决断，并以"倘若档案外流，与国耻无异"
说服蔡元培等人。

几经波折，史语所终于在 1929 年买下这批档案资料，也
为历史组的研究定下了一个方向。史语所确将自此"声光顿起"，

1　卞僧慧纂，卞学洛整理：《陈寅恪先生年谱长编（初稿）》，第 114—115 页。
2　史语所档案：元 308—4，傅斯年致蔡元培，1928 年 9 月 11 日。根据此函，
　　这批档案几经散轶，还剩下约七千袋。

实现傅斯年的期望。[1]

陈寅恪担任史语所历史组主任，但仍留在清华大学教书。傅斯年特别准许老友遥领专任研究员的职务和薪资，还主动帮忙把历史组的主要管理事务都承担下来。陈寅恪的课堂上依然人头攒动，不止清华的学生，还有外校的学生乃至教授。北大的学生时常坐四五十分钟车，从城里赶到清华听课。[2]当时周一良在燕京大学读研究生，时常到清华旁听陈寅恪的课，每次都无比兴奋，感觉仿佛"又听了一场杨小楼的拿手戏"。[3]

不了解他的学生，会以为在校园里撞见了印度"圣雄"甘地，因为他的长相神似甘地，[4]也有人以为他是琉璃厂某个书店的老板赶来清华送书，不过，勤奋的学生自然能从他的课上获益多。在季羡林的记忆里，陈寅恪上课，"分析细入毫发，如剥蕉叶，愈剥愈细愈剥愈深，然而一本实事求是的精神，不武断，不夸大，不歪曲，不断章取义"。[5]陈寅恪评判学生的方法也与众不同。每个学期结束，他会要求学生问一两个问题。听过这些问题，

1　这项工程耗时数十年。史语所收藏明清大库档案后即开始整理、研究，迁往台湾后，更将收藏的约三十一万件明清档案，编年索引，重新排列，方便后世学者索引使用。《明清档案》现已全部出版，共计三百二十四册，从 1996 年开始进行影像扫描，可通过网络检索。在此，我要感谢黄进兴先生、林富士先生、陈熙远先生，2015 年在台北时，他们针对内阁大库档案给予了我指点和建议。

2　许世瑛：《敬悼陈寅恪老师》。

3　周一良：《怎样使观点和材料相结合》。转引自汪荣祖《陈寅恪评传》，第 63 页。

4　劳榦：《忆陈寅恪先生》，《传记文学》（台北）第 17 卷第 3 期。

5　季羡林：《回忆陈寅恪先生》。

他马上就能判断,学生是否真的下功夫苦读并认真思考过。[1]

他也时常坐车前往大高殿看军机处档案,把满文文书翻译成汉语,遇到疑难就记录下来。等到暑假时,有吉林的学生回家探亲,他就把这些难题交给学生,请他们回乡请教懂满文的汉人。[2] 尽管已经精通多门语言,他仍在不知疲倦地苦学,每周六都会到东交民巷找汉学家钢和泰(Alexander von Staël-Holstein)学习梵文,或者共读佛经,探讨古今中外及乾隆时满、蒙、藏文的译本差异,辨别真伪。[3]

他一向身体孱弱,天气转凉就得贴身穿一件貂皮背心,经冬不脱,[4] 出门上课有时要裹两件皮袄,[5] 但他甘愿为了学问不辞辛劳往复奔波,就像早年留学欧美时,为了买书,宁愿每天吃最廉价的腰花。[6]

"全中国的方言地理"

赵元任在为另一些事欢喜烦忧。

在清华国学研究院完成吴语调查后,他就期盼着能测量"全

1　罗香林:《回忆陈寅恪师》,《传记文学》(台北)第 17 卷第 4 期。

2　蓝文徵的回忆。参见陈哲三《陈寅恪先生轶事及其著作》。

3　陈流求的回忆是陈寅恪向钢和泰学习梵文,毛子水的回忆是陈寅恪每周　与钢和泰做一两次学术讨论,陈寅恪在《柳如是别传》中记录的是曾与　钢和泰探讨《楞严经》的不同译本。

4　金岳霖:《晚年的回忆》。

5　姜亮夫:《忆清华国学研究院》。

6　赵元任、杨步伟:《忆寅恪》。

中国的方言地理"，而史语所终于让他得偿所愿。他开始规划
调查粤语，1928 年，他带着助手杨时逢前往广东、广西，但
他意外摔伤了右手，无法写调查报告，只好对着录音机口述，
再由杨时逢整理成文。沿路的新发现激励着他，他一边养伤一
边工作，乐此不疲。

他仍然无比热衷于学习方言，这不仅是个人爱好，更拉近
了他和当地人之间的距离，令方言调查事半功倍。

尽管是语言天才，临时习得的方言也并不总是奏效。有一
次在潮州，他刚学会几句潮州话，想试着讲几句，买一张二等
车票，不料，售票员却卖给他两张三等票。这个结果让他哭笑
不得，只好又用广州话重新解释了一番。[1]

这次遭遇更加坚定了他的判断，只有进行实地的田野考察，
才能真正发现方言的隐秘，消除一些偏见与误解。

通过孜孜不倦的田野考察，一些固有的认知错误也遭到颠
覆。人们曾以为，北方各省已经基本没有入声了，但是，赵元
任发现，在河北的西南部和山西东部的一片小区域，其实依然
存在着入声。[2]在广东中山县的隆都，他们还发现了一种独特
的方言，既有闽南语的特点，又像广东话，可是其间似乎又掺
杂着西南音。经过进一步考察，他们了解到这种方言背后的故
事。隆都地处广东，周边地域都讲广东话，但是，大多数隆都
人其实是来自福建的移民，与此同时，当地又受到西南官话的

1　赵元任：《我的语言自传》。
2　赵元任：《语言问题》，商务印书馆，1980 年，第 75 页。

影响，因此形成了复杂的方言。[1] 显然，如果不是一个村镇接着一个村镇地走访、录音、研究，根本无法发现这些独特的现象。

寻访得越久，赵元任变得越发谨慎。他深知，很难笼统地评价一个地域的方言究竟是古老的还是新的。闽南语和粤语中保存着许多古老的韵脚，例如，古音的闭口音 [m] 和古音入声 [p,t,k] 在这两种方言中保存得最多。然而，吴语中却保存着更多的浊塞音声母 [b',d',g']，而且，在江浙一带，人们在传承古音的过程中又形成了新的带音声母。千百年来，很多方言都会根据声调不同而发生变化。因此，不能简单地评判闽南语、粤语和吴语究竟哪种更古老，而对于从古音到今音的复杂变化，也不应粗暴地加以解释。[2]

不过，田野调查也使他愈发清晰地意识到，虽然各地方言听起来千差万别，但是中国"向来用一样的文字写这许多语言"，尤其是从前用文言文的时候，无论用词还是结构，全国各地都相差不多，人们很难分辨一本书究竟是广东人写的，还是福建人写的抑或是北方人写的。因此，赵元任做出这样的判断："在中国，全国方言都是同源的语言的分支，虽然有时候分歧很厉害，我们认为是一个语言的不同的方言。"[3] 尽管国家四分五裂，又遭遇外侮，但中国之为中国，在语言问题上，他们已经给出了确凿的答案，无人可以置喙。

1929 年，赵元任在北平见到了二十七岁的李方桂，一个

---

1   赵元任：《语言问题》，第 135 页。

2   赵元任：《语言问题》，第 130—132 页。

3   赵元任：《语言问题》，第 100—101 页。

像他一样极具天赋的年轻人。李方桂于 1926 年在美国密歇根大学获得语言学学士学位，旋即就在 1927 年和 1928 年在芝加哥大学获得硕士和博士学位，三年之内实现"三级跳"。

回国后，李方桂应邀加入史语所语言组，担任研究员。[1]与傅斯年、赵元任等人见面后，他就独自南下，在广东收集了八排瑶的语言材料，还临时起意前往海南岛，进行语言调查。

在美国时，他已经积累了丰富的田野考察经验。他曾跟随导师爱德华·萨丕尔（Edward Sapir）前往加州北部调查研究印第安语，没过几个星期就能独立行动。他幸运地遇到了马佗里印第安人（The Mattole Indians）部落的两名幸存者，用了四五个星期记下他们的语言和语法。后来，这个部落彻底灭绝了，而他的记录成为这种语言存世的唯一学术证据。他的导师在一篇论文中赞叹："李先生为科学研究及时调查了一个语言，而这个语言对于拟测整个 Athabasban 语的原始特征可能具有特殊的重要性，第一次田野调查就有此成果是难得的。"[2]

李方桂在海南岛调查了一个月，同样有重要发现。他认为，当地方言中 [b] 和 [d's] 并不属于浊音，而是内爆破音（implosive）。回到广州后，他在广东大学借了器材，又用洋铁烟筒自制了简陋的仪器，通过橡皮管来验证这两种发音是不是

1　1920 年李方桂是携洛克菲勒基金会的资助回国，因此只答应担任史语所研究员，但不领薪资，次年才开始领取薪资。

2　这段中文译文转引自丁邦新《〈李方桂全集〉总序》（李方桂著，丁邦新主编：《李方桂全集》，清华大学出版社，2012 年）。

内爆破音。实验结果证实了他的判断。[1]

由于赵元任已经专注于研究汉语方言，李方桂决定聚焦新的领域。他先尝试了上古汉语音韵学，不久又研究藏语的声母演变，然而，因政局困扰，很难去西藏调查，最终他决定选择侗台语（Tai）。他到泰国学了几个月泰语（Thai），回到中国后，便前往广西调查了十到十五种台语，尤其着力研究了其中两个重要地方的台语方言——龙州话和武鸣话，并出版了《龙州土语》和《武鸣土语》，奠定了他在学界的地位。此后多年的持续调查与研究，令他成为国际公认的台语权威大家（a world recognized Tai specialist）。[2]

赵元任一行同样马不停蹄，1934 年考察了皖南方言，1935 年，赵元任、杨时逢、李方桂结伴考察江西，在五十七个方言点录下八十多张留声片。从 1935 年到 1936 年，赵元任、杨时逢、丁声树等人又调查了湖南、湖北，在湖南七十五个方言点录下一百四十四张留声片，在湖北六十四个方言点录下一百五十多张留声片。一路风尘仆仆，史语所语言组的汉语方言和非汉语方言调查与研究并驾齐驱，中国语言分布图遂在他们脚下逐渐显出轮廓。人们后来把赵元任和李方桂分别誉为"汉语语言学之父"和"非汉语语言学之父"，而他们的学术成就都与田野考察息息相关。

---

1 李方桂：《李方桂先生口述史》，王启龙、邓小咏译，李林德校订，清华大学出版社，2003 年，第 42—43 页。

2 李壬癸：《李方桂先生调查西南少数民族语言的足迹》，《中国语言学集刊》2019 年第 1 期。

他们外出考察时携带的设备其实颇为简陋。蜡筒留声机放了几百次后，蜡盘就磨损得无法继续使用了；手摇充电器更是消耗体力，需要在一小时里不停地摇。然而，能带着这些仪器做田野调查，更精准地记录声音，他们已经心满意足了。

赵元任一直有一个夙愿，希望建造一个先进的语音实验室。1934 年，他终于如愿以偿。史语所从北平辗转上海，最终搬到南京，在北极阁造了新房子，二楼的一半都留给了语音实验室。1932 年到 1933 年，赵元任担任过一年半清华留美学生监督处主任，回国时特地从美国采购了一批语音仪器，亲自安装、调试，给四个语音实验室都装了隔音和吸音设备。他想用几年时间把中国的汉语方言和非汉语方言都调查、整理一遍，由他负责汉语方言，李方桂负责非汉语方言。他们打算把调查获得的所有语言材料都灌成永久性的铝片音档，随时可以调用研究。他们满怀憧憬，勾画着新的学术蓝图。在田野考察与研究的间歇里，赵元任、李方桂和罗常培还历时五年合作翻译了瑞典汉学名宿高本汉的代表作《中国音韵学研究》，希望中国学界能了解这位西方汉学大家怎样运用历史比较法研究中国音韵，与此同时，他们也在译注里毫不客气地逐一指出了高本汉的许多谬误。

高本汉之于他们，是一个复杂的存在。他固然是一座高山，需要瞻仰，却也可以超越。早在 1932 年，傅斯年就迫不及待地宣称，高本汉"在中国语学之地位，不久将转到方桂身上矣"。[1]

1　史语所档案：III：81，傅斯年致蔡元培，1932 年 12 月 26 日。

李济后来更是深信，史语所语言组"急追猛进"，让"坐第一把交椅的欧洲中国语言学家、瑞典高本汉教授为之咋舌"。[1]

　　他们以高本汉为榜样，又以之为假想敌，他们渴望把汉学中心夺回中国，这固然是学术自信与雄心的体现，却也未尝不是一种执迷。

1　李济：《傅孟真先生领导的历史语言研究所》，载《傅所长纪念特刊》，"中央研究院"历史语言研究所，1951 年。

第三章　凿破鸿蒙

东北望

冰河冻结之前，梁思永已经抵达黑龙江昂昂溪。

从北平到昂昂溪的九个昼夜，都被来势汹汹的鼠疫和此起彼伏的硝烟笼罩着，此时距离"九一八事变"尚有一年，东北三省却已经被灾难灼烧得满目疮痍。

二十六岁的梁思永刚从哈佛大学毕业，以《山西西阴村史前遗址新石器时代的陶器》获得硕士学位，应李济之邀，加入史语所。李济是从人类学转向考古学的，梁思永却是中国第一位考古学硕士，后来更被誉为"中国科学考古第一人"。留学期间，他就有过考古实践，1927 年参加了由基德尔（Alfred Vincent Kidder）教授在美国西南部主持的遗址发掘。当初梁启超送他出国，希望他能"为中华民族在这一专业学问领域争一世界性名誉"，回国后，他开始努力将父亲的期望变成现实。

　　1930 年秋天，梁思永从丁文江那里得知，有人在黑龙江昂昂溪附近发现了一处新石器时代遗址，建议史语所派人去调查。傅斯年和李济都希望由梁思永走一趟。[1]

　　这次行程异常艰难，超乎想象。他每天都要徒步几公里，再蹚过冰冷的河水，才能抵达发掘地的沙岗上开始工作。仅仅发掘了六天，昂昂溪就被突如其来的大雪覆盖，发掘被迫终止。尽管如此，年轻的梁思永还是发现了一些人类遗骸、骨器、石器和陶器。几年前他致力于研究西阴村出土的陶片及其地层分布，这些经验促使他在发掘中采用了自然地层法，果然有不错的收获。基于这些出土文物，他认定，"昂昂溪的新石器文化不过是蒙古热河的新石器文化的东枝而已"。[2]返程路上，他又在辽西和冀北辗转了三十八天，考察沿途的遗址。他在冰雪与严寒中行进，还要设法躲避土匪，"一路上人食、马草、饮水、燃料、宿息的地方没有一天不发生问题"。更让他苦恼的，是北方的冬天，白昼越来越短，工作时间被迫压缩，

1　根据梁思永在《昂昂溪史前遗址》中的记录，1930 年 8 月，梁思永在地质调查所遇到丁文江，后者向他提起德日进几年前曾在热河发现过新石器时代遗址，希望史语所去调查。不久，丁文江又来信，提及德日进新得到的消息——中东铁路俄籍雇员在昂昂溪附近发现了一处新石器时代遗址。于是，梁思永改变行程，先到昂昂溪，之后再根据工作情况决定是否去林西。

2　梁思永：《昂昂溪史前遗址》，载国立中央研究院历史语言研究所集刊编辑委员会编《国立中央研究院历史语言研究所集刊》（第四本第一分），商务印书馆（上海），1932 年，第 44 页。

但这个初出茅庐的年轻人总算不辱使命。[1]

1932 年 10 月，"九一八事变"一年之后，长达七万字、图文并茂的考古发掘报告《昂昂溪史前遗址》刊登在《历史语言研究所集刊》上。大量出土文物证明，东北三省自古以来就是中国的一部分，事实无可辩驳。傅斯年的《东北史纲》第一卷也在同期出版，梁思永的考古发现成为他论战的利器，"近年来考古学者、人类学者在中国北部及东北之努力，已证明史前时代中国北部与中国东北在人种上及文化上是一事"，"人种的，历史的，地理的，皆足说明东北在远古即是中国之一体"，"东北在历史上永远与日本找不出关系也"。李济把《东北史纲》节选后翻译成英文，交给了国际联盟派出的李顿调查团。最终，《李顿报告》（Lytton Report）确认："东三省为中国之一部，此为中国及列国共认之事实。"

其实，二十多年前，宋教仁也曾做过类似的事情。1907 年，宋教仁竭尽所能引注了近百种中、日、韩资料，写出《间岛问题》，后来成为清廷与日本交涉的重要筹码。不过，在宋教仁生活的时代，所能依据的只有历史文献，而傅斯年则希望引入考古发掘的成果，作为更直接的证据。昂昂溪遗址的出现，给了他这个机会。

"九一八事变"后，傅斯年心急如焚，在一个公开集会上

---

[1] 梁思永：《热河查不干庙林西双井赤峰等处所采集之新石器时代石器与陶片》，载国立中央研究院历史语言研究所编《田野考古报告》（第一册），商务印书馆，1936 年，第 3 页。

提出"书生何以报国"，后来呼吁出兵东北，共赴国难。[1] 然而，书生的怒吼终究要被枪炮声淹没。尽管如此，他们至少在力所能及的领域内，尽到了各自的本分。[2] 此后，他们也只能随着这个国家一道，飘摇浮沉。

黑陶文化

1930 年颇不平静。从立夏到立冬，阎锡山、冯玉祥、李宗仁等人都在率兵与蒋介石混战。

史语所考古组被迫离开河南安阳，李济将目光投向了三百公里外的山东。此时，他在清华国学研究院时指导的学生吴金鼎，已经对城子崖遗址进行了六次调查。

城子崖遗址源于吴金鼎一次意外的发现。1928 年，他原本要考察汉朝时的重镇平陵古城，却在穿越一条深沟时，发现了两侧崖壁上露出的灰土和陶片。十二天后，他再度回到这里，

---

[1] 史语所档案：元 567—5，傅斯年电蔡元培，电请即出精卫北上共赴国难，1932 年 2 月 1 日。

[2] 需要特别说明的是，傅斯年所写的《东北史纲》中存在不少错误，因此遭到中央大学的缪凤林等学者批评。缪凤林等人的态度是，日本学者对中国东北进行过详细致的考察研究，如果中国学者想要回击，也必须像日本学者一样严谨。事实上，以傅斯年的学术功底和他所倡导的研究方法，他不可能没有意识到这些问题。但是，面对日本步步紧逼，这更像是傅斯年的一种有选择的权宜之计。王汎森认为，"傅斯年不可能不知道中国历代王朝并没有完全统治东北，以及东北一直与朝鲜和日本保持着广泛的联系这些事实。但在日本已经吞并了朝鲜并进而觊觎东北之时，他决定对有利于日方宣传资料的证据不予重视"。参见王汎森《傅斯年：中国近代历史与政治中的个体生命》，第 168—170 页。

仔细观察悬崖上的红土堆和灰土层，以及堆积其间的陶片、石块和贝骨，挖掘出两枚用骨头做的锥子，又捡了一些陶片。从此，这片新石器时代的遗址就诱他一次次重返。他对埋藏在这里的大量黑陶片尤为关注，把它们命名为"油光黑陶片"，[1] 但他还不确定，这些奇特的黑陶背后，究竟藏匿着怎样的文明。

在山东，史语所开始尝试与地方深入合作。山东是傅斯年的故乡，山东省教育厅厅长何思源和他不仅是同乡，还曾在北京大学和柏林大学做过同学，在中山大学做过同事，因此，双方很快达成一致。[2]

史语所与山东大学分别代表中央研究院和山东省政府，合作成立山东古迹研究会。双方明确界定了权利和义务——中央研究院负责科学指导，山东省政府负责保护，经费由双方共同承担，出土文物则由研究会保存。这种合作一举两得，既避免了中央和地方抵牾冲突，又为地方培养了人才。城子崖遗址和此后的两城镇遗址，自此得以顺利发掘。

这是中国的考古学家第一次自主发掘一处未被前人发掘过的遗址。他们非常重视地层关系，对地层、土质、土色、堆积状态、出土文物等都进行了详细的记录和整理。后来，李济这样总结城子崖发掘的意义："田野考古工作也因此得到了一个可循的轨道。"

1　吴金鼎：《平陵访古记》，《国立中央研究院历史语言研究所研究集刊》1930 年第 4 期。

2　参见陈洪波《中国科学考古学的兴起：1928—1949 年历史语言研究所考古史》，第 155 页。

与安特生当年在仰韶村发现的彩陶文化不同，城子崖遗址出土了大量黑陶，漆黑光亮，薄如蛋壳。这些黑陶证明，在中国东部曾经存在着一种土生土长的新石器时代文化，它被命名为"龙山文化"。在《城子崖》的序言中，李济兴奋地写道："要是我们能寻出城子崖的黑陶文化的演绎秩序及所及的准确范围，中国黎明期的历史就可解决一大半了。"

一些更微妙的迹象吸引着李济等人，他们发现，这些黑陶的形制和纹饰都与殷商文化颇为相似，而且，在城子崖也发掘出了卜骨，只不过没有卜辞。李济意识到，尽管殷墟的小屯文化和城子崖的龙山文化相隔几百公里，但它们之间或许存在着潜在的关联。

1931 年回到河南后，李济的设想被梁思永证实了。春夏之际，史语所开始第四次殷墟发掘，除了小屯，梁思永和吴金鼎还分别选择了附近的后冈和四盘磨。在后冈，梁思永真正将地层学引入发掘全过程，他确信自己发现了小屯文化和龙山文化之间的内在关联，可惜，还没来得及找到实物来佐证自己的判断，这次发掘就因战乱匆忙结束。所幸，到了秋天，第五次发掘如期开始，241 号、243 号、244 号和 283 号这四个探坑的情形，清晰地显示出仰韶文化、龙山文化和小屯文化的次序。梁思永终于找到了确凿的证据，证明仰韶文化早于龙山文化，而龙山文化又早于小屯文化。[1] 他确认这三种文化之间存在叠

1　梁思永：《小屯、龙山与仰韶》，载《梁思永考古论文集》，科学出版社，1959 年，第 91 页。

压关系,开创了"三叠层"理论。此后,他又在《后冈发掘小记》中用更通俗的语言做了解释:"如果把地层上下的次序依考古学的基本原则'翻译'成时间的先后,我们就可以知道,彩陶、龙山和小屯文化的人先后在后冈居住过。"

从此,学界逐渐开始承认,在史前某一时期,中国的大地上可能有过两种"平行平等而对峙的"文化。傅斯年更提出"夷夏东西说",他相信,在三代及以前,中国可能同时存在着两个系统:夷和商属于东系,夏和周属于西系,"这两个系统,因对峙而生争斗,因争斗而起混合,因混合而文化进展"。[1]他的判断不仅回击了安特生的"中国文化西来说",更对中国古史做出了极富开创性的解释。[2]

薪火相传

回到安阳后,史语所把山东的合作模式"移植"到了河南。1932年,史语所与河南省政府联合成立河南古迹研究会,类似地,傅斯年选择了河南大学作为合作对象,而不是河南民族博物院。

双方商定,河南大学学生参与考古发掘,可以用田野实践抵学分。当初傅斯年到河南斡旋时,白天忙着和官僚打交道,

1　傅斯年:《夷夏东西说》,载欧阳哲生主编《傅斯年全集》(第3卷),湖南教育出版社,2003年,第181页。

2　张光直认为,傅斯年此说,可以被视为"解释整个中国大陆古史的一把总钥匙"。但是,也有不少人对此说持怀疑态度。

晚上仍不辞辛苦在河南大学大礼堂做学术演讲，常常一讲就是三个小时，就这样，一些学生在他的感召与激励下，对考古学产生了兴趣。[1]这次合作，终于给石璋如、刘耀（后改名为尹达）、许敬这些就读于河南大学的年轻人提供了机会。他们从辨认土的颜色、质地学起，在发掘过程中逐渐掌握了"辨认遗迹、处理现象、测量绘图、器物分类"的方法与诀窍。[2]李济教他们对出土文物进行清理、编号、修复，拼合碎片，根据纹样辨别年代。[3]梁思永则正告这些跃跃欲试的年轻人："我并不希望你挖出什么好东西，主要是训练你怎么去挖。初学考古发掘要严格训练。"[4]在殷墟考古现场，他们打下坚实的基础，逐渐能独当一面。

考古队持续壮大，发掘地点也在不断拓展。

侯家庄位于洹河北岸，与小屯隔水相望，从未出土过有字的甲骨。这个记录在1934年被打破，当地村民破天荒地挖到一些甲骨。从工人那里听说这个消息时，董作宾正在主持殷墟第九次发掘，他当机立断，决定移师侯家庄。

这个决定很快获得了回报。在H区第20坑的硬土层里，石璋如发现了"大龟七版"。尽管学习考古只有两年，这个勤奋的年轻人却成长迅速，他用铲子小心地挖了很久，担心会损

1　石璋如：《考古工作》，载《傅所长纪念特刊》。

2　石璋如：《胡厚宣先生与侯家庄一〇〇四大墓发掘》，载安阳文献社编印《河南省安阳文献》（第17期），安阳文献社（台北），2001年。

3　赵淑静主编：《中国考古学之父——李济》，云南人民出版社，2006年，第54—55页。

4　夏鼐：《文物与考古》，《四川文物》1984年第3期。

坏龟版，就把包裹着龟版的土块一起挖了出来。然而，当地没有先进的工具，怎样才能从坚硬的泥土中取出龟版？发掘队连夜讨论，集思广益，最后决定用最笨拙的办法——拿热毛巾反复敷在土块上，软化泥土，一点一点剥离，终于把六个完整的腹甲和半个背甲取了出来。在这些龟版上，发现了一百三十七条卜辞。继"大龟四版"之后，史语所又发掘出一件至宝。

惊喜连连，意外也在不经意间发生。殷墟第五次发掘时，梁思永带病工作，发起高烧，竟引发了烈性肋膜炎，协和医院的医生从他的胸部抽出四瓶积水。梁思永被迫长时间卧床休养，缺席殷墟发掘长达两年。1934年秋天，他才回到安阳，主持第十次发掘。

第十次发掘喜忧参半。10月12日，坑洞突然坍塌，埋住了石璋如的腿，两名工人则陷入坑里，不幸身亡。[1]但是，这一次，史语所幸运地在西北冈发现了殷商时代王陵区的多座墓葬。随着大批珍贵的文物在王陵区出土，盗墓者如同鲨鱼嗅到血腥，蜂拥而来。县府官员李冠带着一帮人，自称是"中央夜晚发掘团"，明目张胆前来盗墓。11月15日晚上，祁延霈、刘耀、石璋如带着保安队前去查看，发现数十名盗墓贼正点着火盗掘。双方交火，七名盗贼缴械投降。一夜之间，他们竟挖了三十五处盗坑。[2]但是，在当地政府默许下，这件事最终不了了之。

1　陈存恭、陈仲玉、任育德访问，任育德纪录：《石璋如先生口述历史》，第88页。

2　史语所档案：考8—7，史语所函河南省第三区行政督察专员公署，1934年11月16日。

1935年春天的第十一次发掘也由梁思永主持，工人多达三百余人，规模空前。牛鼎、鹿鼎以及各种玉器、车饰、马饰、成组的多套铜戈盉矛陆续出土。5月，法国汉学家伯希和平生最后一次来中国，傅斯年立刻邀请他一道前往安阳参观。殷墟古老的陵墓和精美的文物让伯希和惊叹不已。

C113-YH127

安阳的阳光暴烈，气候干燥，1936年6月12日，酷暑逼近，殷墟第十三次发掘进入最后一天。

这次发掘由郭宝钧领衔，实际工作则由石璋如负责，这个年轻人已经能独当一面。多年后，傅斯年甚至这样称赞他："安阳发掘，其最要部分在石手。"[1]

第十三次发掘，考古队第一次在殷墟发现了车马葬坑，坑里有完整的马车和四匹马。大家以为，这可能是这次发掘的最大收获。然而，6月12日下午4点，C113区YH127坑突然出土了海量的龟甲片，在不到半立方米的土地中，仅仅一个半小时就挖出了三千七百六十块甲骨，而埋在土中的甲骨依然层层叠叠。石璋如决定将发掘延后一天。根据以往的经验，他相信，

1　1942年4月22日，傅斯年致叶企孙。参见王汎森、潘光哲、吴政上主编《傅斯年遗札》(第三卷)，社会科学文献出版社，2015年，第948页。当然，傅斯年写这封信另有所求。当时，李济想调用石璋如、劳榦、高去寻参加西北史地考察团，傅斯年认为太影响史语所的工作，而且梁思永又在病中，如果石璋如等人都去西北，考古组的工作几乎就停滞了。

第二天一鼓作气就能把 YH127 坑里的遗物全部清理完毕。不料，次日，一直挖到晚上，龟甲仍然无穷无尽，仿佛从泥土中不断地生长出来。石璋如和同事们意识到，这个洞穴非比寻常，他们不能机械地沿用从前的经验和方法来处理这片前所未见的遗存。

当天晚上，石璋如、高去寻、王湘都留在工地，和工人们一起看守着这个奇特的坑。他们连夜商讨出新的对策，决定把包裹着层层甲骨的土块整个切割下来，装箱运回南京。这是个大胆的计划，但是显然很难实现。

这次突发奇想让考古队忙碌了四个昼夜，才终于确定了土块的范围，给它套好木框，再把五吨重的巨型土块一寸寸拖出坑口。[1] 搬运的难度更加超乎想象。起初请的是当地颇有名气的职业抬棺人，据说安葬袁世凯时做过杠房灵车总指挥；不料，木箱太重，两根大杠齐声折断，他找的工人们随即四散而去。后来，考古队只好自己招募工人。大家想尽办法剥离掉一部分土块，减轻木箱的重量，然而，七十名工人还是搬得筋疲力尽。当地找不到先进的搬运工具，只能依靠人力，而这个灰土柱实在太重，工人们每走几十步就要停下来休息一会儿，走了两天才终于把它抬到火车站。

从 6 月 12 日发现 YH127 号坑，直到 7 月 12 日甲骨灰土

---

1 参见王湘手写的《殷墟第十三次发掘田野记载表》（坑号：YH127，位置：C113），1936 年 6 月 12 日，"中央研究院"历史语言研究所收藏。不过，根据李济几十年后在《安阳》中的描述，经过处理、搬往火车站的灰土柱重量是三吨多。参见李济《安阳》，第 125 页。

柱运抵南京史语所，惊心动魄的一个月里，好几次风雨大作，也遭遇过土匪的觊觎，以致保安队不得不开枪还击。火车开到徐州，箱子太重，压坏了车轴；到南京装卸时，又撞伤了工人。[1]

这一路虽大费周章，收获却是空前的。经过整理，从这个甲骨灰土柱中出土了一万七千零九十六片有字甲骨，占殷墟十五次发掘的半数以上。考古组还复原出三百多版完整的龟甲。在此前的发掘中，他们曾幸运地发现过"大龟四版"和"大龟七版"，而这次发掘复原出的完整甲骨数量之惊人，堪称奇迹。或许，他们的铲子幸运地掘出了保存殷商王朝档案的地方，他们相信，它大约是在公元前13世纪的武丁时代被封存起来的。[2]

YH127坑的出现，看似偶然，其实并非完全靠运气，正如李济后来总结的那样，它是"有系统的科学工作积累的结果"。经过长达八年的摸索，"理性推论"与"田野经验"终于汇流，结出硕果。[3]

什么叫重大发现？

从1928年到1937年，史语所考古组对殷墟进行了十五次发掘，[4]不仅为中国的现代考古学树立了典范，而且直接改写了

1　参见石璋如著，李永迪、冯忠美、丁瑞茂编校《殷墟发掘员工传》，第332—334页。

2　李济：《安阳》，第126页。

3　李济：《安阳》，第127—128页。

4　这些发掘包括：小屯、侯家庄西北冈、后冈、四盘磨、王裕口、霍家庄、高井台子、侯家庄南地、大司空村、同乐寨、范家庄等。

世人对中国历史的认知——大量的出土文物将中华文明的信史向前推进了数百年。

1929 年殷墟第三次发掘，在出土的三千零一十二片甲骨中，"大龟四版"现身。四块龟腹甲不仅完整，还包含了大量卜辞，其中有一个字频繁出现。经过比较分析，董作宾推断它是"贞"字，并提出"贞人说"。贞人为商王占卜，在殷商王朝中地位尊贵。董作宾的论断从此成为甲骨文断代的重要依据，对甲骨学和殷商史研究皆意义非凡。当时流亡日本、正在钻研甲骨文的郭沫若看到董作宾的《大龟四版考释》，不禁惊呼："顿若凿破鸿蒙。"董作宾自己后来则表示，如果没有运用科学考古的方法，发掘出完整的甲骨，他也无法对甲骨文有整体的把握和理解，无从破解"贞人"之谜。

这一年，殷墟还发掘出一具俯身葬的人类遗骸，李济据此提出，俯身葬是殷商民族早期的葬法，与西方不同，顺势又回击了安特生的"中国文化西来说"。此外，从前很多人以为商朝仍处于石器时代，而在小屯出土的几百种不同用途的青铜器则足以证明，商朝已经进入铜器时代。

从第四次发掘开始，李济就尝试通过绘制夯土地区图的方法，着意寻找殷商王朝的建筑基址，1932 年，第六次发掘终于抵达商朝故都所在，在小屯 E 区首度确定存在建筑基址。这座深埋三千年的城市，终于在人们面前露出真容。他们把考古发掘的情况与古籍中的记载相互印证，证实了春秋战国时期《竹书纪年》对商朝晚期都城的记载是准确的：殷墟确实是从盘庚迁都直到商纣灭亡之间，商朝的最后一座都城。[1]"地下之新材料"与"纸上之材料"，由此汇流。

在李济看来，殷墟的发掘还激活了许多研究领域，"殷墟田野工作开始后，由发掘所得的有文字的材料，把上古史的传说性质的材料点活了，把《殷本纪》的大部分记录考信了。与有文字的材料并着的，没有文字的实物出土后，把华北一带新发现的史前遗存联系起来了"。与李济的理性叙述相比，受他恩惠但后来视他为敌的郭沫若甚至更加激动。诗人用一贯的澎湃激情赞美道："靠着殷墟的发现，我们得到一大批研究殷代的第一手资料，是我们现代考古的最幸福的一件事，就这一发现，中国古代的真面目才强半表露了出来。"

殷墟发掘也改变了一部分中国学者对历史的判断。当初，甲骨文经由罗振玉收集和研究，才逐渐受到学界重视，但是，章太炎认为，罗振玉为人不讲信用，那么，罗氏大力推崇的甲骨文自然也不可信；更重要的是，在古代经史典籍中并不存在对甲骨的记录，而龟甲埋在地下三千年，很可能早已腐烂。因此，章太炎觉得，甲骨一定是罗振玉伪造出来的。然而，随着史语所的发掘，大批甲骨出土，章太炎终于悄然改变了态度。他依然对罗振玉不屑一顾，不过，当弟子把罗振玉写的《殷虚书契前编》当作生日礼物送给他时，章太炎并没有拒绝，反而把它们放在了枕头边。[2]

1　近三十多年来，大陆有学者认为，商朝是从武丁时代迁到安阳小屯的，或认为殷墟可能不是殷商王朝末期的国都。

2　董作宾：《甲骨学五十年》。转引自李济《安阳》，第36—37页。

殷墟发掘取得的重大进展，让考古学在 1930 年代的中国兴盛一时。从 1933 年到 1936 年，每年都有新的考古会社在各地成立，最知名的有中国考古会、陕西考古会、中国考古学社、博物馆协会和吴越史地研究会，而北平研究院史学研究会在陕西宝鸡斗鸡台发起的考古发掘，同样引人注目。[1]

历经十年，考古学终于在中国学界获得了应有的地位，从误解与偏见中突出重围。

掩埋在大地深处的殷墟文物不断重见天日，傅斯年也不禁有些心态失衡。有一天，他突然对李济抱怨，历史组整理明清内阁大库档案这么久，却一直没有重大发现。言下之意，与考古组取得的成就相比，历史组的工作似乎乏善可陈。

不过，李济并没有居功自傲，而是立刻反问："什么叫作重大发现？难道你希望在这批档案里找出满清没有入关的证据吗？"

听了李济幽默而理智的反问，傅斯年恍然大悟，大笑起来。从此，他再也不提这个话题。[2]

考古发掘与学术研究皆非一夕之功，可能会经历反复的摸索、试错，需要漫长的积淀。傅斯年尚且如此执着于所谓"重大发现"，旁人的态度就更不难想见。倘若殷墟发掘之初一直都没有"重大发现"，或许，史语所的命运也将被改写，

1　黄海烈：《民国时期殷墟发掘对中国古史研究的影响》，《历史教学（下半月刊）》2010 年第 11 期。

2　杜正胜主编：《来自碧落与黄泉——中央研究院历史语言研究所文物精选录》，"中央研究院"历史语言研究所，1998 年，第 8 页。

而整个中国考古学界恐怕还要延宕数年才能摆脱尴尬的处境。显然，蔡元培对此也早有预见，他在中央研究院创办之初就强调，人文学科的影响很难立竿见影，很可能是"迟缓而间接"的，但他更提醒世人不要过于计较一时的得失，因为人文学科所能产生的"功效有时乃极巨大"。[1]

所幸，在安阳殷墟，重见天日的古都用它的余温慰藉着后世的人们。人们在这里寻找文明的起源，重塑失落的记忆。尘封的光华跨越三千年，传递到 1930 年代，就像浩渺星辰的微芒经历无数光年，投射进人们的瞳孔，那时，作为光源的那颗星或许早已死去几万年，但在人们眼中，它依旧顾盼含睇，宛然如生。

---

1 "中央研究院"八十年院史编纂委员会主编：《追求卓越：中央研究院 80 年》，第 16—17 页。

第四章　关山歧路

无地可依

1937 年 10 月的一个清晨，陈寅恪在家中大发雷霆。一向性情温和的父亲突然失态，让女儿既惊怕又疑惑。

这个清晨像被种了蛊。陈家的老工人佟忠良向来做事稳妥，这次帮陈寅恪给图书打包称重，却屡次称错重量。

这些书，陈寅恪视若生命。他在这些典籍里留下了大量批注，记录了自己的考证与思索，它们并非只是些零散的闲来之笔，而是他的一种研究方法，等待积累成熟，才会把这些思想的火花收集起来，整理出版。他时常会坐公共汽车穿越半个北平查阅资料，去时仍是晨光熹微，归时已然烟霞遍地。书眉上密密麻麻的小字，不断消耗着他的视力。

此刻，北平业已失守，父亲陈三立悲愤交集，在半个多月前黯然离世。国仇家恨一起裹挟着陈寅恪，令他痛不欲生——

原本就高度近视，如今竟至视网膜脱落，右眼失明。[1] 但他不愿做手术，担心一旦留在北平，势必会被日伪胁迫。因此，他要装扮成商贩，带着家人逃离这座被太阳旗淹没的城市，前往长沙。临行前，他把八岁的大女儿陈流求拉到面前，要求她反复背诵亲友的地址，以防失散。他没有随身携带地址簿，因为担心一旦被日本人搜查到会牵连亲友。[2]

战争爆发时，赵元任正在病中。他原本打算前往福建调查方言，已经找好了当地的联络人，卢沟桥的炮火却让福建之行从此搁浅。[3] 他也必须尽快离开北平，然而，南下的船票极其抢手，托尽关系才在一艘船上加了两个床位。他被迫与夫人杨步伟分头带着四个孩子，先后出发。送走赵元任，杨步伟打算参加红十字会，救助伤员，但被朋友们劝住，于是也设法南下。所幸，一路辗转，全家人终于还是在长沙团聚。但六朝古都惨遭洗劫，南京的家也中弹被烧毁。赵元任对杨步伟说，别的损失都不算什么，最心疼的是自己的藏书。[4] 后来给胡适写信，他也哀叹，所有藏书"除手头常用语言书，余皆是'goner'"。

李济、董作宾、梁思永几家是扶老携幼，结伴南下的。此时，傅斯年因政务所扰，请李济代理史语所所长，而李济还担

1　据说陈寅恪因父亲去世而哀伤过度，伤害了眼睛，汪荣祖则认为，抗战时缺乏营养，颠沛流离，也加剧了陈寅恪的目疾。参见汪荣祖《陈寅恪评传》，第 68 页。

2　陈流求、陈小彭、陈美延：《也同欢乐也同愁：忆父亲陈寅恪母亲唐筼》，生活·读书·新知三联书店，2010 年，第 133 页。

3　赵元任：《我的语言自传》，第 656 页。

4　杨步伟：《杂记赵家》，广西师范大学出版社，2014 年。

任中央博物院筹备处主任，负责转运文物和物资。[1] 每个人都有家小要照顾，有细软要打理，一路手忙脚乱，而每次换乘交通工具都人心惶惶，不知又会发生什么意外。

战局恶化的速度，远超出他们的想象。中国军队节节败退，学人们只在长沙逗留了四个月，就不得不再度启程。这一次的目的地，是更加遥远的云南。但他们需要取道桂林，进入越南，再从越南折入昆明。一路向南，却都不是归宿。走走停停之间，又穿越了半个中国。许多年后，陈寅恪的女儿回想起这段漫长的旅程，只能依稀记起零陵县的深夜里炒米糖开水的叫卖声，一声声潇湘方言提醒着这些北国的来客，他们身在千里之外，依然漂泊无定。[2]

在中越边境，每个人都需要拍摄一张护照照片。为了省钱，李济全家拍了一张合影，把各自的头像剪下来贴在护照上。没想到，这却成为最后一张完整的全家福。几年后，李济的两个女儿先后生病去世。

"十兄弟健康"

整个史语所，都在这场灾难中迁徙离散。

1937 年，史语所随中央研究院西迁，大批文物和珍贵的

1　杨步伟对李济颇多怨言，认为这次南下的安排，李济偏袒考古组，而无视赵元任和语言组。

2　陈流求、陈小彭、陈美延：《也同欢乐也同愁：忆父亲陈寅恪母亲唐筼》，第 137 页。

书籍也都装箱运走，一行人辗转于南昌、长沙、昆明、重庆和李庄。

离开长沙的前夜，史语所考古组在路边的酒馆清溪阁最后一次聚会。除了李济、董作宾、梁思永，年轻一代的"十兄弟"中也有九人在场。"十兄弟"是史语所培养出的第一代考古学者，多年来在史语所和殷墟发掘现场朝夕相处，便以兄弟相称。李景聃、祁延霈、胡厚宣、高去寻分别毕业于南开大学、清华大学和北京大学，最初在史语所担任助理员，石璋如和刘耀是在河南大学就读时加入殷墟发掘的，李光宇、尹焕章、王湘、潘悫则是从史语所的书记转入考古发掘。

那些困苦而美好的日子，已经走到尽头。长沙一聚之后，他们就要各奔西东。

许多年后，"老二"石璋如依然记得那个悲壮而又迷离的夜晚。几个人先说"中华民国万岁"，喝第一杯酒，所有人都喝。第二杯"中央研究院万岁"，第三杯"史语所万岁"，第四杯"考古组万岁"，第五杯"殷墟发掘团万岁"，第六杯"山东古迹研究会万岁"，第七杯"河南古迹研究会万岁"，第八杯祝"李（济）先生健康"，第九杯祝"董（作宾）先生健康"，第十杯祝"梁（思永）先生健康"，第十一杯祝"十兄弟健康"……这样一个一个地祝福过来，生怕漏掉任何一个他们敬重与珍惜的人。他们就这样推杯换盏，直到酩酊大醉，直到可以彻底忘记翌日便要分道扬镳。

短短几年之间，"十兄弟"与他们的师长和同仁一道，完成了史无前例的大规模考古发掘，包括殷墟的十五次发掘、山东城子崖、河南浚县辛村卫国基地、汲县山彪镇、辉县琉璃阁东周墓地、永城造律台等等。人生终究难逃一别，只是这场别离来得太过仓促。

次日，刘耀、祁延霈、王湘前往延安从军抗日，不愿继续"苟安于'考古生活'之内"。尹焕章押送中央博物院文物转移，胡福林、李光宇、高去寻、潘悫随史语所继续西迁，李景聃和石璋如短暂离开，又回归史语所。

文物遗失或损坏，无从复得；而这一批考古精英的离散，其损失同样难以计量。后来，"十兄弟"有的留在延安，有的赴大学任教，有的英年早逝，只有石璋如、李光宇、高去寻、潘悫与史语所相始终。其余各人，则长沙一别，自此天各一方，永生不再相见。

边城

昆明距离南京两千多公里。

在许多人眼中，西南边陲偏远而又神秘，不过，史语所其实与云南颇有渊源。史语所创立不久，傅斯年就曾邀请俄国著名人类学家史禄国带领助理员杨成志和编辑员容肇祖前往云南，调查彝族地区，希望借重史禄国的声望提升史语所的影响，并相信杨成志能够跟随他学习一些人类学调查的方法与规范。不料，史禄国携妻子同行，担心人身安全，居然只在昆明周边做了些考察交差，从此就待在酒店里，却把毫无经验的杨成志派往山区。

　　所幸，杨成志决定"个人独挑"这"调查的重大担子"，渡过金沙江，深入大、小凉山接近两年。尽管他"只凭着一腔求知的热情而缺乏调查经验"，但他还是勤奋地收集了许多民俗资料与物品，拍摄了照片并撰写了多篇文章和调查报告。不过，由于大部分旅费是由中山大学承担的，杨成志的全部考察成果最终都归于中山大学，而与史语所无关。杨成志后来留学归国后，也一直任教于中山大学，并没有加入史语所。[1]

　　调查西南地区少数民族的夙愿，傅斯年始终没有忘怀，[2] 然而，直到1934年，史语所的云南民族调查才真正启动。兼并了中央研究院社会科学研究所的民族学组之后，史语所在民族学和人类学领域补充了新鲜血液，并招募了新的人才，成立第四组——人类学组，先由李济主持，一年后由吴定良接任。

　　吴定良的专业背景横跨两个领域，在伦敦大学和牛津大学分别获得统计学和人类学博士学位，主要从事体质人类学研究，用统计学的方法聚焦殷墟出土的人骨，研究殷商时期中国人的体质，为考古带来新的助力。[3] 凌纯声和陶云逵分别在巴黎大学和柏林大学获得博士学位。凌纯声曾率领助理员芮逸夫到东北调查赫哲族，其调查报告《松花江下游的赫哲族》是中国第

————————

1　苏同炳：《手植桢楠已成荫——傅斯年与中研院史语所》，台湾学生书局有限公司，2012年，第32—38页。

2　芮逸夫：《民族调查与标本之搜集》，载《傅所长纪念特刊》，第39页

3　后来，李济在《安阳》中写道："日本侵华战争不仅中断了这项计划，而且确实使吴定良失去信心，在战争结束时，他放弃了这项工作。"后来，杨希枚到台湾后，"被说服主持对这批人骨材料的研究工作"。参见李济《安阳》，第256页。

一本科学的民族志。加入史语所后，凌纯声、陶云逵、芮逸夫、勇士衡的足迹遍及大理、保山、腾冲、耿马、班洪、孟连、蒙自等地，陆续调查了三十多个民族。在此期间，凌纯声、芮逸夫、勇士衡还曾在 1935 年代表中国政府，参与中英两国会勘滇缅南段未定界，走访镇康、孟定、耿马、班洪、班老、猛角、猛董、小腊巴、哈普马、老厂等地，调查了十余个少数民族。

此刻，战争的巨浪把学人们卷向西南边疆。昆明迎来了史语所，又安顿下由北京大学、清华大学和南开大学组建的国立西南联合大学。街巷与村镇里塞满了大批南迁的机构，这座边城成为战时中国的文化重镇。

在战争的阴霾下，田野考察并未完全停止，史语所的学人们将更深入地踏勘这片历史、文化、民族构成、语言与生活方式都异常多元的土地。凌纯声、陶云逵、芮逸夫继续寻访调查西南少数民族，吴定良则对殷墟出土的一百六十一具头骨进行了七项测量工作，还拟定了颅容量的计算公式，测量了颏孔位置指数，手摇计算机的噼啪声整日不息；考古组的吴金鼎、王介忱、曾昭燏等人前往大理洱海一带，发现了二十一处史前遗址，并对其中五处进行了考古发掘，完成了《云南苍洱境考古报告》，在西南史前考古学研究中具有奠基性的意义；语言组也因地制宜，调查了云南省九十八个县、一百二十三个方言点，后来由杨时逢整理成《云南方言调查报告》……

事实上，在这个"民族主义下之国族建构的时代"，[1] 史语

1　这个定义来自王明珂。参见王明珂《由族群到民族：中国西南历史经验》，《西南民族大学学报（人文社科版）》2007 年 11 期。

所的历史研究、考古发掘、方言调查与民族调查，注定会聚焦西南。然而，世事难料，战争打乱了研究的节奏，没想到这一天竟提前到来，他们不得不在无比艰苦的环境里踏上行程。

这片陌生的土地不仅成为他们在战火边缘的家，更以新的研究空间激励着他们，让他们暂时忘却现实的苦难，在精神世界里实现菲薄的自由。

故国可家

烽火连天，所有人都在努力寻找一张安静的书桌。

李方桂已经身在美国，他的访学计划是在抗战爆发前就确定了的。耶鲁大学邀请他担任东方系访问教授，聘期三年。傅斯年原本不答应，后来只肯批准两年假期。李方桂承诺，两年后自己会如期回国。他在耶鲁大学教汉语音韵学，哈佛燕京学社主任赛格·埃利斯伊夫（Serge Elisseef）和哈佛大学教授詹姆斯·维尔（James Ware）闻讯后，每周都会从波士顿赶到纽黑文，专程来听他的课。[1]

赵元任率领语言组率先抵达昆明，立刻开始工作。他忙着和同事们继续整理在湖北六十四个市县做过的方言调查，初步完成了《湖北方言调查报告》，并附加了地图。昆明没有钢琴可弹，但他还是兴致勃勃地写了歌，教四个孩子合唱。这个动荡的时代教会了他随遇而安，但他越来越渴望安定的生活。

---

[1] 李方桂：《李方桂先生口述史》，第 52 页。

两年前，他拒绝过夏威夷大学东方研究所所长孙启礼（Gregg M.Sinclair）的邀请，1938 年初夏，他却决定，接受夏威夷大学的聘书。

临行前，流寓云南的朋友们纷纷来到昆明送别。北大校长蒋梦麟和夫人特地从蒙自赶来，送给他一个气锅，盖子上有四个字——"故国可家"。这四个字如同预言，五味杂陈，甘苦自知。赵元任原本打算在夏威夷待一年就回国，却没想到，这一走就是一辈子。[1]

赵元任此去，在傅斯年看来，史语所"有形之损失已大，无形之损失更大"。他期盼赵元任能尽快回国，但从抗战的艰苦和老友的身体状况考虑，他还是写信请胡适设法帮助赵元任，"为之捐得在美一二年之薪"。[2]

即便身在大洋彼岸，赵元任也没有放弃对中国方言的研究和教学。他在夏威夷大学待了一年，次年前往耶鲁大学任教，又出版了《钟祥方言记》。[3]不过，他和同事们耗费巨大心力撰写的《湖北方言调查》，却要一直等到 1948 年才能问世。

"珍珠港事件"后，哈佛大学开设远东语言速成科，请赵元任教授粤语。他猜测，美国或许准备出兵支援中国。1943 年，美国设立陆军专科训练班，又请他担任中国语言方面的主任。

1　参见杨步伟《杂记赵家》。

2　欧阳哲生主编：《傅斯年全集》（第 7 卷），湖南教育出版社，2003 年，第 211 页。

3　参见王启龙编撰，胡明扬审订《赵元任先生学术年表》，载刘梦溪主编《中国现代学术经典：赵元任卷》，河北教育出版社，1996 年，第 887 页。

能为抗战尽一份力，他自然义不容辞。[1]1945 年，他当选美国语言学学会（Linguistic Society of America）会长。英语不是他的母语，他却作为一名异乡客领袖群伦，堪称传奇。当然，一些美国学者认为这没什么不妥，他们会半开玩笑地这样评价："赵先生永远不会错。"

国可亡，史不可灭

赵元任动身之后，陈寅恪听说了剑桥大学汉学教授退休的消息。他主动与剑桥联系，希望接任教职。伯希和与胡适都给他写了推荐信，胡适更是不吝溢美之词："在我这一辈人当中，他是最有学问、最科学的历史学家之一。"

陈寅恪是独自从香港取道越南，辗转来到云南的。妻子和女儿都病了，只能留在香港，而他在蒙自感染了严重的疟疾。战局动荡，生活艰苦，他最惦记的却是书。他从史语所借了《三国志》《晋书》《南北史》《魏书》《隋书》《通典》，给西南联大的学生们上课。他依然保持着旧日的习惯，每次先在黑板上抄录各种资料，但现在只有左眼看得见，抄得更加辛苦，常常满头大汗，他仍坚持着奋力抄完才坐下，疲惫地闭着眼睛开始讲解。不过，一旦在报纸上看到卖书的广告，还是能让他兴奋起来。可惜，循着广告去找，却发现没有一本值得买的。唯一吸引他的，却是卖书人早年在钱谦益旧园的红豆树下捡到的一

1　赵元任：《我的语言自传》，第 656 页。

颗红豆。他出重金把它买下，回去便开始重读钱谦益的文章。颠沛流离的岁月里，这一颗红豆，冥冥之中为他多年后写《柳如是别传》埋下了伏笔。[1]

昆明并不安宁。日军的轰炸机时常从云层中出现，他逐渐习惯了和大家一起"跑警报"。也有人很从容，干脆在院子里挖一个坑，盖上厚木板，一听到空袭警报就躲进坑里。见此情形，他便随口做了副对联："见机而作，入土为安。"[2]他也只能用这些玩笑来化解内心的忧惧。

老友傅斯年对他的关照一向无微不至，到昆明后更是如此。空袭警报响起，旁人急着下楼，只有身体肥胖的傅斯年气喘吁吁冲上楼，搀扶他下楼避难。[3]他每次陷入困境，常常都是傅斯年尽力出手相助，纵然两人相隔千里。这固然源于两人多年交谊，而更重要的是，傅斯年真诚地希望为中国留存下一颗读书种子，无论在什么样的时代。

然而，无论老友怎样尽力照拂，陈寅恪都不得不再做打算。十年前，他拒绝过哈佛大学的聘书，[4]而这一次，他不想错过前

1　卞僧慧纂，卞学洛整理：《陈寅恪先生年谱长编（初稿）》，第183—185、191、199页。

2　这是金岳霖的回忆。杨建民在《"见机而作，入土为安"的作者是陈寅恪先生吗》一文中有不同见解，认为此联是卢前在南京时所作，参见《中华读书报》2017年9月27日。

3　傅斯年的秘书那廉君的回忆。参见那廉君《傅孟真先生轶事》，《传记文学》（台北）1969年第15卷第6期。

4　1929年初，哈佛大学曾聘请陈寅恪教授华梵比较之学，陈寅恪因为和中央研究院有著书之约婉拒。转引自吴学昭《吴宓与陈寅恪（增补本）》，第133页。

往海外的机会，不只是为了专注研究，或者执教谋生，更希望能借机治疗眼睛。

命运阴差阳错，他没有接到剑桥大学的邀请，却收到了牛津大学的聘书。

1939 年暑假，他赶赴香港，准备举家前往英国，到牛津大学任教五年。不料，启程之前，他的夫人唐筼突然病倒，同时，他还得知，牛津大学越来越关注中国宗教和哲学，而他的学术兴趣已经转向历史与文学，他实在不愿去异国从事不太感兴趣的工作，一时进退两难。踌躇再三，他还是决定只身赴英，他不想违背约定，但是只打算在英国待一年就回国。[1]

不料，这一年的任期都成为奢望。他辗转买到了 8 月 31 日的船票，然而，9 月 1 日，德国闪击波兰，欧洲深陷战局。他不得不致信牛津，推迟赴任。等待他的，将是日益困顿的生活。[2] 他只能继续奔波于昆明和香港之间，平时任教于西南联大，放假时去香港探亲，并在香港大学教书。然而，这样的日子也注定无法长久。

1941 年 12 月，日军偷袭珍珠港，"太平洋战争"爆发，陈寅恪滞留香港。傅斯年试图设法帮助他离开，然而，《大公报》记者发现，重庆政府派去的专机根本没有接回政界、商界和学界人物，只运走了行政院副院长孔祥熙家的佣人、无数的箱笼，

1　1939 年 6 月 1 日，陈寅恪致函校长梅贻琦，向清华请假一年，并说明了其中原因。

2　陈寅恪与剑桥、牛津的这段纠葛，详见程美宝《陈寅恪与牛津大学》，《历史研究》2000 年第 3 期。

以及好几条狗。[1]

香港沦陷后，陈寅恪一家陷入更深的困境。他和妻子都病了，可是凑不够钱，只能轮换着去诊治。全家人挤在一个房间里，三张床把房间塞得满满当当。他们很久没有肉吃，偶尔得到一个鸡蛋，五口人分而食之，"视为奇珍"。他写信给傅斯年自嘲："弟不好名而好利，兄素所知。"但他还是坚决拒绝与日本人合作，不肯到广州、上海或北平任教，也不愿接受四十万港币去办所谓的东亚文化会。[2]

他用衣服和鞋子抵债，终于买到船票，带着家人再次越过日军的关卡，踏上逃难之路。从香港开往广州湾的海轮异常颠簸，十三岁的女儿陈流求晕船了，不断呕吐，陈寅恪却把她拉起来，告诉她，自己十三岁东渡日本留学时，也曾晕船，后来努力克制，逐渐适应，甚至能在狂风巨浪中和水手们一起吃饭。他试图用自己的故事劝说女儿坚强起来，但是痛苦的女儿早已无暇理会父亲的苦心。自然也没有人知道，在渡轮上凭栏回望的陈寅恪，是否也在哀伤中迷惑不已。他自 1902 年东渡日本，此后又游学欧美数国，精通多种语言，熟知文明转捩的前因后果，却依然无从破解现实中的苦难离合。

此时，被他视若生命的那些书，大多已经在迁徙中散佚。

1　对此，杨天石有不同的观点和考证，参见杨天石《"飞机洋狗"事件与打倒孔祥熙运动——一份不实报道引起的学潮》，《南方周末》2010 年 3 月 18 日。

2　王汎森：《中国近代思想与学术的系谱》，河北教育出版社，2001 年，第 390—392 页。

一部分毁于 1938 年 11 月的长沙大火，他的《世说新语笺证》和《高僧传笺证》就此化为灰烬。还有一批书，他最看重，特地装进两个最好的箱子里，以为如此便能防水防蛀，万无一失，不料却被盗贼盯上。等到经过转运终于交到他手上，这两箱书已经变成了砖块。他只有写信向朋友哀叹，"廿年来所拟著述而未成之稿，悉在安南遗失"。[1] 十三年后回想，他依然难以释怀："当日两书箱中，中文及古代东方文书籍及拓本、照片几全部丧失。"[2]

凭借手头的一本眉注本《通典》，他还是在 1939 年完成了《隋唐制度渊源略论稿》。然而，书稿在寄往上海商务印书馆时不知去向。他又把书稿辗转送到香港商务印书馆，不料，竟又被日军烧毁。几年后，史语所的朋友们将他的旧稿拼凑起来，在重庆商务印书馆出版，但那早已不是他当年的定稿。[3]

凄风苦雨之中，依靠在昆明买到的一部《新唐书》，他又完成了《唐代政治史述论稿》。他比从前更加勤奋地研究、写作，似乎唯其如此才能暂时忘却现实中的苦厄。他又写出《元白诗笺证稿》，却连适合誊抄、修订的稿纸都找不到，只好给史语所的同事陈槃写信求助，请他设法寄一些旧式的稿纸来救急。这个"公子之公子，教授之教授"为了几叠稿纸，无比卑微地哀求："拙稿不过七万言上下，当费纸不多也，如何之处，乞作覆。近日纸贵。如太费钱，可作罢论，不该多费公帑，于

---

1 1942 年 9 月 23 日，陈寅恪致函刘永济。
2 1955 年 6 月 1 日，陈寅恪致蒋天枢。
3 汪荣祖：《陈寅恪评传》，第 70 页。

心不安也。"

对古老文明的探究，成为战火与困苦中唯一的慰藉。但这慰藉，依然抵挡不住接踵而至的冲击。1944 年 12 月 12 日，陈寅恪在雾气弥漫的清晨起身，眼前却一片漆黑，他被命运孤独地抛在那个寒意彻骨的早上——他的左眼也失明了。他首先惦念的，却是仍在等他上课的学生们。他让女儿陈流求立刻去通知学生，停课一天。

他的左眼视网膜脱落，必须做手术。手术后第四天，老友吴宓到医院探望，陈寅恪还忍着创痛向他详细描述《故宫博物院画报》各期刊载的曹寅奏折，认为有很多资料可以用来考证《红楼梦》后四十回也是曹雪芹所作。[1]

手术后，他接受医生的建议，用沙袋固定住头部，一直躺着不敢动弹，直到医生认为伤口已经长好为止。为了保住这只眼睛，他咬牙坚持，但是终究无济于事。除夕来临之前，五十六岁的陈寅恪绝望地出院回家。他已经双目失明。

几个月后，盟军攻占柏林，日军同样是穷途末路。期盼已久的抗战胜利似乎即将到来，陈寅恪写下一首《忆旧居》，字里行间却无比悲哀。

> 渺渺钟声出远方，依依林影万鸦藏。
>
> 一生负气成今日，四海无人对夕阳。
>
> 破碎山河迎胜利，残余岁月送凄凉。

1　吴学昭：《吴宓与陈寅恪（增补本）》，第 283 页。

竹门松菊何年梦，且认他乡作故乡。

少年意气已成往事，历经八年跌宕，只剩下"破碎山河"陪伴"残余岁月"。一个以观察和写作为生的人，失去双眼几乎就意味着失去一切。但他还不能绝望。早在1925年他就提出："国可亡，而史不可灭。"他需兑现自己的承诺。他仍要在自己幽暗的世界里，寻找历史深处的熹微光芒，尽管他自己眸子里的星火，已经黯然熄灭。

"stand for"与"demonstration"

1940年3月5日，蔡元培在香港去世的消息，给颠沛流离的学人又一记重创。

次日，已经身在美国的赵元任写信向胡适哀叹："他是代表咱们所stand for的一切的一切。现在一切的一切还没有都上轨道，他老人家又死了……"他们已经失去家国的庇护，如今又将失去自己"stand for"的一切。

陈寅恪在春寒料峭中起程前往重庆，他一定要扶此病弱之躯飞越关山，也只是为了他的"stand for"，为了在中央研究院新任院长的选举中，投胡适一票。他对此毫不讳言。

根据中央研究院的规定，院长选举，需先由评议会选出三名人选，再由总统圈定其中一人。许多人瞩意胡适，傅斯年更是如此。当年就读北大时，傅斯年曾率领同学在课堂上赶走了章太炎的弟子朱蓬仙，却颇为相信刚执教鞭的胡适。胡适只比他大五岁，用近乎离经叛道的方式讲中国哲学史，傅斯年听完却告诫蠢蠢欲动的同学："这个人书虽然读得不多，但他走的这一条路是对的。你们不能闹。"此后，他更毕生充当着胡适的"保驾人"。[1]

可是这一次傅斯年知道，如果选胡适当院长，这一票就成了废票。抗战爆发后，胡适答应出任驻美大使，利用他的声望为中国抗战寻求支援。他拒绝了国民政府提供的三万美元宣传费。他说："我的演说就是足够的宣传，不需要你们的任何东西。"[2] 在长达五年的漫长旅程中，他演讲超过二百次，其中有两个月，平均每天都有一场演讲。[3] 抗战仍在胶着阶段，胡适不可能在此时回国。

书生们的心理又异常矛盾。周炳琳表示，无论如何，"这个 demonstration 是不可少的"。他们坚信，即便选出胡适，蒋介石也不可能让胡适回来，何况，翁文灏、朱家骅、王世杰这

---

1 胡适：《傅孟真先生的思想》。

2 参见 Elmer Eugene Barker, "Hu Shih, Incurable Optimist." 转引自周明之《胡适与中国现代知识分子的抉择》，雷颐译，广西师范大学出版社，2005 年，第 140 页。

3 胡适在 1942 年 5 月 17 日致信翁文灏与王世杰，自称"旅行一万六千英里，演讲百余次"，日本北海道大学学者胡慧君统计后发现，"作为驻美特使及驻美大使，胡适从 1937 年 9 月 23 日到 1942 年 9 月 18 日所作的演讲，就目前所知有 238 件。其中 35 篇是以演讲内容为基础整理而成发表于杂志的。除此以外，仅以论文形式发表的有 34 件"，其中，"他在 1938 年 3 月 1 日的日记里，计算了 1 月 24 日从纽约出发之后到这天为止的旅程是 10600 英里，3 月 16 日的日记里，计算了到这天为止是 51 日的行程做 56 次的演讲，把演讲的地点和次数都列成了表"。参见胡慧君《抗日战争时期的胡适》，浙江大学出版社，2013 年，第 48—84 页。

几个人选，也都很受蒋介石青睐。

在重庆，他们被告知，蒋介石希望大家选举顾孟余为新任院长。顾孟余的身份介于学界和政界之间。他从德国留学归来，曾在蔡元培主持北大时担任教务长，后来又做过广东大学校长；他还曾出任铁道部部长和交通部部长。不过，汪精卫投靠日本后，顾孟余立刻与之决裂。顾孟余对学界的贡献以及他个人的品德都可圈可点，然而，书生们不愿把这次学界选举变成一场政治交易。[1] 王世杰、段锡朋等人都愤愤地表示："要把孟余选出，适之也必须选出，给他们看看。"

书生们坚持要把这个"demonstration"推进下去。1940年3月23日，中央研究院评议会选出三名候选人，翁文灏和朱家骅都得到二十三票，胡适得到二十一票，顾孟余一票未得。这个结果看起来皆大欢喜，既表达了"学界之正气、理想、不屈等义"，也留给政府充分的回旋余地。

没有人能料到，蒋介石竟剑走偏锋。据说他看到名单，只是微微一笑，没有表态，次日却告诉孔祥熙："他们既然要适之，就打电给他回来罢。"这个越洋电话，孔祥熙求之不得，他一直企图介入中美外交；这次任命却让傅斯年们哭笑不得，深悔自己意气用事，怕要坏了大局，又不得不四处斡旋，希望蒋介石收回成命。[2] 几个月后，蒋介石终于舍胡适而圈定朱家骅，

1　参见潘光哲《何妨是书生：一个现代学术社群的故事》，广西师范大学出版社，2010年，第19页。

2　选举院长这件事的经过，详见1940年8月14日傅斯年写给胡适的信（王汎森、潘光哲、吴政上主编：《傅斯年遗札》（第二卷），社会科学文献出版社，2015年，第829—832页）。

但书生们的抗争已经让他极为不满，他只肯给朱家骅一顶"代院长"的帽子。

这顶帽子，朱家骅戴了整整十八年。

"室内考古"

纵然史语所一路穿越中国，避居昆明，日军的轰炸机依然鬼魅一般，如影随形。

作为前所未有的一代人，史语所的学人们一度在田野考察与撰写学术论文之间艰难地寻求平衡。发掘昂昂溪遗址后，梁思永就感叹自己总是在"东奔西走，没有作室内研究工作的机会"，傅斯年也在1930年的年度报告中提到，考古组"室内工作时间，不过占全年三分之一"。[1]

抗战流徙，是大不幸，却也让他们找到机会，专注研究。史语所不得不从田野考古转向所谓的"室内考古"，暂时回归书斋。

在昆明郊外的龙头村，李济开始整理殷墟出土的近二十五万片陶片。这些陶器的质地、形制和纹饰都让他无比着迷，可是，单单给器物命名就大费周章。所幸，吴金鼎从伦敦留学归来，帮助他对典型的陶器标本进行了全面的考察和分类。置身于连绵的战火边缘，在"跑警报"的间隙里，李济完成了《殷墟陶器图录》，后来又据此写成《殷墟陶器研究》。可惜，由于

1　参见徐玲《留学生与中国考古学》，第147页。

时局持续动荡,他还要再等十几年才能出版这些专著。

他还不厌其烦地做着各种实验。在南京时,他曾经和地质研究所合作,对陶器做过化学分析。然而,昆明缺乏化学药品,无法继续深入地分析陶土成分,他只能转而研究吸水率。他所依凭的,只有一个能测出两千分之一克重量的天平。借助这个天平,他用蒸馏水测量了二十二块黑陶片、二十二块灰陶片、二十块白陶片和二十块硬陶片的吸水率。

董作宾也在做跨学科的尝试。在胡厚宣和高去寻的协助下,他继续整理 YH127 坑出土的有字甲骨。然而,流寓西南,他们几乎找不到足够的宣纸来拓印这海量的甲骨文。[1]这批有字甲骨,尤其是其中三百多片完整的龟版,让他获得了大量一手资料,研究空间随之拓宽。他决定运用现代天文学知识考察甲骨文中的记载,研究殷商历法。他向许多天文学家请教过天文学和占星学的知识,与研究中国历法发展的学者高平子也深入合作,在写作《殷历谱》的过程中,他还借鉴了朱文鑫的"儒略周日"。[2]

闲暇时,董作宾常会临摹殷墟文字,甚至用甲骨文写一些对联,送给朋友们,后来,几乎所有朋友家中都收藏着他的真迹,以致于右任感叹:"彦堂这样写,是为甲骨文作宣传的。"[3]真是一语道出了董作宾的苦心。

---

1 李济:《安阳》,第 131 页。
2 李济:《安阳》,第 141 页。
3 参见董玉京《我的父亲与甲骨文书法(代序)》,载《甲骨文书法艺术》,大象出版社,1999 年。

梁思永的研究聚焦于侯家庄。他初步审核了侯家庄的发掘记录，并完成了西北冈王陵区发掘报告的初稿。虽然只是初稿，还是让李济赞叹不已。李济认为，梁思永不只是提供了一些基本资料，更为"中文的科学报告树立了样板"。[1]

昆明人制作的陶瓷、乌铜、金器和镶嵌，精巧独特，也引起了梁思永浓厚的兴趣。他和石璋如一起创办了"天工学社"，虽然社员只有他们两个人，调查寻访却有板有眼。他们深信，考察民间的手工技艺，也是理解考古的一种途径。寓居龙头村期间，石璋如考察了当地的农业、手工业、风俗与人物，拍摄了四百八十九张照片。[2]

随遇而安，抑或苦中作乐，他们希望在战争边缘努力做些什么，不愿无端地虚掷光阴。

这次大迁徙，史语所不仅护送着大批文物离开南京，还运走了十三万册中西文图书、一万册西文图书以及两万册中外杂志，把它们分别安置在麦地村的响应寺、弥陀殿和观音殿。在这里，人们还能读到各种有关亚洲考古与历史的珍稀出版物，英文、法文、德文、日文应有尽有。[3]在大后方，史语所的藏书最为完备，吸引着寓居昆明的各大院校和文化机构纷纷前来

1　李济：《安阳》，第 132 页。

2　王汎森：《王序》，载石璋如调查，石磊编辑《龙头一年：抗战时期昆明北郊的农村》，"中央研究院"历史语言研究所，2007 年，第 4 页。

3　参见费慰梅《梁思成与林徽因》，第 169 页。需要说明的是，费慰梅看到的，是史语所迁到李庄后的图书馆。

借阅。[1]生活朝不保夕，但研究仍要继续。

　　1939年，李方桂信守承诺，只在耶鲁大学待了两年，就冒着战火回到昆明。大后方生活艰苦，他在院子里种了菜，又养了鸡和鹅。鸡与鹅尚未长大，就被黄鼠狼吃得一干二净。他锲而不舍地养了第二批，时常半夜起床，拿竹竿轰黄鼠狼，终于有一只鹅率先长大，异常凶悍，可以帮他守卫其他家禽。[2]

　　他一边做田野调查，一边培养学生，但他发现，许多年轻人对古汉语语文学系统很有兴趣，基础也很扎实，却不愿进行实地调查。[3]他自己仍孜孜不倦地外出奔波，不仅调查了剥隘话，而且为了调查彝族撒尼语，他还在一家撒尼人家的阁楼上工作了一个月。后来他又前往贵州，调查、收集了四种侗水语（Kamsui）材料和苗瑶语材料。他从不后悔自己在战火纷飞之时回到祖国，在大后方辗转长达六年。直到晚年，他依然表示，"我很高兴，因为我能利用这个机会更多地做些实地调查研究"。[4]

　　风雨飘摇之中，昆明龙泉镇为学人们提供了庇护之地，史语所也竭尽所能回馈地方。经过史语所的努力，龙泉镇设置了三等邮局，成立了卫生院。史语所也为龙泉小学捐款，捐赠了

1　根据昆7—131，昆7—29等史语所档案，中国营造学社、清华大学等机构都曾来函希望同意职员或研究生向史语所借阅图书。

2　李方桂的女儿李林德的回忆。

3　李方桂：《李方桂先生口述史》，第72页。

4　李方桂：《李方桂先生口述史》，第66页。

大量图书。[1]

然而，昆明也不是久留之地。一年半以后，史语所不得不再度启程。

"李庄热"

只有去一个在地图上都没有名字的地方，才有可能避开日军轰炸。傅斯年为史语所找到的新去处，坐落在四川的深山之中，它便是"李庄"。

除了史语所，中央研究院社会科学研究所、国立中央博物院、中国营造学社以及同济大学也被塞进小小的李庄。这里也因此被誉为战时中国的学术中心。

史语所到来之初，一个恐怖的谣言就在李庄不断发酵。当地人把史语所的文物和资料抬上山，撞坏了一个木箱，人骨标本掉落出来。乡民们无比恐慌，他们怀疑，这群以"中央"为名的所谓学者，是吃人的。

花费了许多口舌，又举办展览，演示讲解，史语所才让李庄人相信，人类遗骸是有学术价值的。

在董作宾的儿子董敏的记忆里，李庄尚能安居，但生活困

1　史语所档案：昆15—1—9，本所等函邮政总局；昆21—14，本所函昆明县政府及卫生实验处，函达筹设龙泉镇卫生院之经费已集有成数，拟于二月一日先行办门诊部，以便乡民，希查察见复；昆15—29b，昆明实验县第五区区立龙泉小学来函，承惠捐国币一千二百元，已照收讫；昆7—164，龙泉小学来函，函谢贵所第二次赠送抗战丛书及匣片一批。

苦，"大家在闹着营养不良，害'李庄热'，每一个人，都要减轻体重三五磅，甚至十五磅，二十磅。人是瘦了，而且个个面有菜色"。

"李庄热"加剧了他们的痛苦。1939 年，李济的二女儿在昆明去世。1942 年，他又在李庄埋葬了大女儿。李济家发生的悲剧，让体弱的陈寅恪望而却步。[1] 陈寅恪先投奔广西大学，后来又前往成都，接受了燕京大学的聘书。他不惜激怒老友傅斯年，也不肯前往李庄。

梁思永的身体每况愈下。他准备写《侯家庄》的第九章，分析西北岗出土的青铜器、石和玉器、骨、象牙和龟壳、蚌和贝类、陶器、礼器等各种遗物，然而，结核分枝杆菌迅速击垮了他。他长时间卧床不起，甚至几次病危。他的大哥梁思成给妹妹梁思庄写信，为了避免家中老人担心，只好用英语描述了医生的原话，"anything may happen any time"——随时都可能出事。所幸，梁思永努力挨了过去。但大后方物资紧缺，物价飞涨，生活雪上加霜。

傅斯年及时出现了。他决定从史语所医务室支取数千元，专门为梁思永买药。[2] 他又接连给各方写信，希望拨款接济梁思成、梁思永兄弟："思成之研究中国建筑，并世无匹，营造学社，即彼一人耳（在君语）……其夫人，今之女学士，才学至少在谢冰心辈之上。……思永为人，在敝所同事中最有公道

---

1 参见李光谟《从清华园到史语所：李济治学生涯琐记（修订本）》，第 217 页。
2 史语所档案：杂 23—10—25，傅斯年函朱家骅叶企孙，1942 年 11 月 28 日。

心,安阳发掘,后来完全靠他,今日写报告亦靠他。忠于其职任,虽在此穷困中,一切先公后私。"他当然知道,抗战情势紧迫,为了确保款项能及时到位,他同时托了朱家骅和翁文灏两个人。翁文灏不负所托,带着这封信去见蒋介石秘书陈布雷,十二天后,翁文灏收到了蒋介石亲自送给梁氏兄弟的两万元。[1]

傅斯年与梁氏兄弟算不上莫逆之交,他看重的是他们的才学。林徽因后来特地写信感谢傅斯年,盛赞他"存天下之义,而无有徇私"。这就是傅斯年。他几乎从来不会为自己的事情求人,他也极其清廉节俭,却见不得朋友受苦,尤其是那些他敬重的学者。他平日里脾气暴躁,然而,考虑朋友的问题时,却细致周到得难以想象。

"李庄热"令人窒息,史语所的同仁却仍然抓紧机会,前往宜宾、彭山、成都、理番等地,进行考古调查,吴定良前往贵州调查苗族,凌纯声率领芮逸夫和中央博物院的马长寿等人组成川康民族考察团,调查羌族、彝族和藏族,历史组的劳榦和考古组的石璋如加入西北史地考察团,夏鼐则加入西北科学考察团,前往甘肃、青海等地考察。

梁思永抱病继续写作,在石璋如的记忆中,他"在山上时,忙于工作,不分昼夜。虽然是研究室内的工作,但拼命的程度,不减田野工作的精神"。

董作宾同样不舍昼夜地推进着在昆明时未竟的研究,终于在 1943 年完成《殷历谱》,并于两年后通过石印手稿出版,

1　详见李学通《翁文灏与梁思成、林徽因》,《近代史研究》2009 年第 1 期。

该书被陈寅恪誉为"抗战八年，学术界著作当以尊著为第一
部书，决无疑义也"。[1]

学术研究取决于个人的兴趣和知识结构，也离不开群体的
相互激励与启发。李济发现彼特里在《史前埃及》里设定的分
类标准无法用于分析殷墟出土的陶器，于是考古组的同事们围
绕着体例原则进行了长时间的探讨，他也因此逐渐找到了方向。
李济完成殷墟出土陶器总报告细目时，卧病在床的梁思永率先
帮他审阅。董作宾同样从长期的讨论中获益，调整着甲骨研
究的思路。[2]确认一件史实发生的时间，需要进行复杂的运算，
和习惯于用钢笔蘸墨水写字的梁思永不同，董作宾就连计算
时也要用毛笔，这让他疲于应对。但是，史语所的许多年轻
人都乐于为他效劳。后来，董作宾半自嘲地表达了感激之情，
他说，史语所简直变成了数学所。

他们在苦中作乐，只要有新的学术发现，就仿佛忘记了窘
迫的生活。困居李庄，他们沉默着等待抗战胜利，却不知道，
命运还有更加叵测的安排。

1　他们的后辈许倬云则这样感叹："利用中国古代的干支纪日、置闰、日蚀、
　太阳太阴历所产生的月份与节气间关系以及时王的祭祀系统，把殷代的
　史事一段、一段排列起来，细致的地方竟可逐日排比。"
2　李济:《安阳》，第 146 页。

第五章 抉择

院士选举

抗战方休，内战又起。中央研究院第一届院士选举，也在此时举行。

在乱局中选举院士，傅斯年本是不同意的。他给胡适写信发牢骚："话说天下大乱，还要选举院士，去年我就说，这事问题甚多，弄不好，可把中央研究院弄垮台，大家不肯，今天只有竭力办得他公正、像样，不太集中，以免为祸好了。"

这次院士选举确实需要平衡各方利益，而其中的争议话题之一，则是郭沫若。郭沫若与罗振玉、王国维、董作宾一起，被誉为"甲骨四堂"。[1] 多年前，史语所考古组在殷墟第三次发掘中发现了"大龟四版"，远在日本的郭沫若闻讯，立刻写信

---

1 罗振玉，号雪堂；王国维，号观堂；董作宾，字彦堂；郭沫若，字鼎堂。

索取拓本。相关资料刚刚出土，尚未公开发表，原本不能外借，不过，李济、董作宾等人都认为，郭沫若流亡在外，依然愿意关注中国学术，精神可嘉，便将拓本全部寄给他。不料，郭沫若竟无视学界规矩，径自把资料引用在他的《卜辞通纂》里，对于史语所慷慨出借资料一事，几乎只字未提，还在后记里写道，"知我罪我，付之悠悠"。此举令傅斯年极为恼火，一度打算诉诸法律，但是李济劝他说，学术为天下之公器，这桩旧案最终才不了了之。

傅斯年一向爱憎分明。抗战后，他被任命为北京大学校长，却极力推辞，举荐胡适担任校长，自己愿意在胡适回国前代理校长职务。[1] 他坚决拒绝聘用做过汉奸的教授，而对于"苦苦守节"的孙子书、孙蜀丞、俞平伯等人，他则大有好感。[2] 这一次，尽管对郭沫若旧日的品行颇不以为然，更兼有政党之争，他还是选择尊重郭沫若的学术成就。

不过，仍有一些学者极力反对。评议会上，一个列席会议、没有评议资格的年轻人突然起身慷慨陈词，院士应当"以学术之贡献为标准，此外只有自绝于国人之汉奸，应取消资格。至于政党关系，不应以反政府而加以删除"。这个年轻人名叫夏鼐，是史语所的代理所长。[3]

1　1945 年 8 月 17 日，傅斯年致函蒋介石。参见王汎森、潘光哲、吴政上主编《傅斯年遗札》（第三卷），第 1226—1227 页。

2　1945 年 10 月 17 日，傅斯年致胡适。参见王汎森、潘光哲、吴政上主编《傅斯年遗札》（第三卷），第 1239 页。

3　罗丰：《夏鼐与中央研究院第一届院士选举》，《考古与文物》2004 年第 4 期。

　　三十多岁的夏鼐主持史语所一事，是傅斯年和李济全力促成的。1930 年代，夏鼐就读于清华大学时，二人共同做过他的导师，曾安排他参与殷墟第十一次发掘，在他留学英国读博士期间更是给予了巨大的支持。1945 年，夏鼐曾发掘齐家墓葬，确定仰韶文化早于齐家文化，彻底推翻了安特生的"中国文化西来说"。1946 年末，傅斯年准备去美国治病，对夏鼐进行了长达四个月的劝说，希望他代理史语所所长。史语所中前辈云集，夏鼐再三推辞，傅斯年却坚持认为，"所中的事，本来希望你们年轻人以后多负点责任，我当所长的时候比你们不年轻。现下所中的各研究院，不是书呆子、老学究，便是糊涂虫"。[1]傅斯年一向崇尚"拔尖主义"，不遗余力地培养有才华的年轻人，显然，他对夏鼐青眼相看，把他当成接班人来培养，而胡适、李济也都对夏鼐寄予厚望。

　　除了夏鼐，"大龟四版"风波的当事人更是不计前嫌，力排众议。董作宾在美国讲学，无法回国，但他专程给胡适写信："关于考古学方面，希望您选思永或沫若，我愿放弃。因为思永在病中，应给他一点安慰，沫若是外人，以昭大公，这是早想托您的。"由于史语所众人的努力，郭沫若最终当选院士。

　　这次选举还算是圆满收场。院士名单从最初提名的四百多人缩减到一百五十人，原定选举一百名院士，但是经过更严格的筛选，只确定了八十一人。人文组共选出二十八名院士，史语所的专任研究员傅斯年、陈寅恪、赵元任、李济、李方桂、

1　参见 1946 年 11 月 22 日的夏鼐日记。

梁思永、董作宾、吴定良当选，兼任研究员冯友兰、汤用彤和通讯研究员胡适、陈垣、梁思成、顾颉刚、翁文灏当选，超过半数。

1948年9月，"国立中央研究院成立第二十周年纪念会暨第一次院士会议"在南京召开，蒋介石也搁下东北战事，亲赴北极阁讲话祝贺。

出席首届院士会议的四十八名院士留下一张合影，他们绝大多数西装革履，穿长衫者则寥寥无几，所以前排的张元济和胡适最为显眼。这一天，也正是张元济和胡适作为院士代表分别致辞。耄耋之年的张元济开诚布公地呼唤和平："倘若再打下去，别的不用说，我恐怕这个中央研究院，免不了要关门。"胡适则希望中央研究院能够继往开来："中央研究院不是学术界的养老院，所以一方面要鼓励后一辈。我们可以够得上作模范，继续工作，才不致使院士制度失败。第二，多收徒弟。今天我们院士中，年纪最轻的有两位算学家，也是四十岁的人了。我想我们这一点经验方法已经成熟，可以鼓励后一代。再即希望以后二十年，二百年，本院这种精神发扬光大起来。愿互相勉励。"

他们试图心无旁骛地研究学问，希望将精神传承"二十年，二百年"，但时代转捩容不得他们心存幻想。不久，"中央研究院"再度南迁，目的地是海峡彼岸的台湾。在南京，物理所大楼已经落成，数学所和化学所也只需安装好门窗便可投入使用。那些用来制作门窗的木材，最终被赶制成木箱，装载着图书和仪器，去往跨海的旅程。

前夜

1949 年 1 月 19 日，傅斯年在枝丫斜刺的院墙上，看到一个支离破碎的月亮。他不知道，还要经过多少轮月圆月缺，他才能重新回来。

史语所的图书、仪器、标本、档案及其他资料，已经分两批运抵台湾。每个人都在频繁地计较得失，斟酌去留。李济抱定与文物共存亡的决心，押送第一批文物赴台，董作宾也已起程。被傅斯年寄予厚望的夏鼐，却直接拒绝了他的邀请，不肯押送文物前往台湾，决意留在大陆，多年后，夏鼐将成为大陆考古界最重要的主持者。

陈寅恪的态度最为微妙，他拒绝乘坐教育部长陈雪屏派出的专机，不过，当胡适出面邀请时，陈寅恪表示，"现在跟胡先生一起走，我心安理得"。[1] 但他没有前往台湾，而是从南京取道上海，最终前往广州。尽管傅斯年屡次催促，陈寅恪还是暂时不打算到台湾或香港，而是留在广州迟疑观望。其实，傅斯年早就看透了老友，抗战时他就曾毫不客气地责备陈寅恪："兄昔之住港，及今之停桂，皆是一'拖'字，然而一误不容再误也。"[2] 这一次，陈寅恪终究还是选择了"拖"，辜负了傅斯年的厚意。

北平围城时，傅斯年列出了滞留的著名学者名单，说服政

1　邓广铭的回忆。转引自汪荣祖《陈寅恪评传》，第 257 页。
2　王汎森、潘光哲、吴政上主编：《傅斯年遗札》（第三卷），第 988 页。

府派出两架飞机前去迎接。他四处奔走，帮学者们办理各种手续，到了中午，便和秘书在新街口随便吃一笼包子，始终闷闷不乐。[1]他已竭尽所能，然而，专机飞回南京，他等候在机场，却发现，走下舷梯的只有寥寥数人。大多数旧日的朋友拒绝了他的邀请，决定留在北方，迎接他们向往的新时代。

面对空荡荡的机舱，傅斯年失声痛哭。[2]现在，轮到傅斯年自己来做这样的抉择。

他所顾虑的不只是个人的生活，更要考虑如何安置同仁，为他们找一处稳妥的地方，有一份维持温饱的收入。但此时的傅斯年，早已不是十二年前那个风华正茂的青年，这一次，他感到前所未有的绝望。

他随身携带着大量安眠药，一度做好了自杀的准备。[3]二十二年前王国维在颐和园昆明湖殒命时，傅斯年并没有像陈寅恪那样饱受震动，但是现在，他却开始孤独地思考这个沉重的命题。

史语所的前途愈发黯淡。踌躇再三，傅斯年宣布，史语所可能会解散，他会竭尽所能帮助大家安排介绍工作。

听了他的表态，大家悲切不已，于是，他又不得不强颜欢笑，承诺自己必将尽一切可能，确保同仁们的生活与研究。[4]

1 那廉君：《追忆傅孟真先生的几件事》。
2 王汎森：《傅斯年：中国近代历史与政治中的个体生命》，第214页。
3 陶希圣：《傅孟真先生》，载蔡尚志编选《长眠傅园下的巨汉》，台北故乡文化，1979年，第144页。
4 陈槃：《师门识录》，载台湾大学纪念傅故校长筹备委员会哀挽录编印小组编《傅故校长哀挽录》，台湾大学，1951年。

面对这个承诺，听者五味杂陈，有的人无比感动，也有的人以为那不过是空头支票而已。但是，对傅斯年自己，这个承诺却重若千钧——他真的决定用残年去兑现它。

中国人向来安土重迁，这一代人偏生不同。他们先撞上一个国门洞开的时代，又逢上接踵而至的战乱与离合，从乡村到县城，从北京到欧美，从北方到南方，再从大陆到台湾，一步一步，不能回头。

去留之间，终见分晓。"中央研究院"只有"一个半"研究所迁台，包括史语所的全部文物和图书，以及数学所的部分资料和仪器；八十一名院士中，也仅有王宠惠、朱家骅、王世杰、吴敬恒、傅斯年、凌鸿勋、李济、董作宾、李先闻九人前往台湾，另有十二人寓居海外，剩下的则悉数留在大陆，拥抱他们期盼的未来。

许多年后，李济的得意门生张光直这样回望大陆时代的史语所：

> 三四十年代的历史语言研究所是一个人才荟聚的宝库。所长傅斯年先生雄才大略，学问眼光好，又有政治力量和手腕。他以"拔尖主义"的原则，遍采全国各大学文史系毕业的年轻菁英学者，把他们收集所里，专门集中精力做研究工作。所以三四十年代被他拔尖入所的学者多半是绝顶聪明、读书有成、性情淳朴、了无机心的书生……这批人才的储集，可以说是傅斯年先生对中国史学上最大的贡献。

傅斯年用二十多年精心布下这一局好棋，却无法等到收官的一日。

归骨于田横之岛

"半年多来，校外攻击斯年者，实不无人，彼等深以不能以台大为殖民地为憾。然彼等原不知大半为何物，故如遂其志，实陷本校于崩溃。鉴于一年来同事同学对斯年之好意，值此困难之时，决不辞职，决不迁就，决倍加努力，为学校之进步而奋斗！"

1950 年 1 月 23 日，傅斯年在台湾大学校刊上发表公开信——《致台大同事同学》，一连串"决不辞职，决不迁就，决倍加努力"，干脆决绝，霸气不减当年。这段话很容易让人想起几年前叱咤政坛的傅斯年，当时，他担任国民参议员，接连"炮轰"两任行政院长孔祥熙和宋子文，迫使这两个权倾一时的"国戚"被迫下台。

此时，傅斯年担任台湾大学校长，也仍是史语所所长，不过，压力未能稍减，反而成倍增加。

入主台大时，人们希望他题几个字以示喜庆和勉励，一向乐观的傅斯年却援笔发出不祥之音——"归骨于田横之岛"。

身体每况愈下，学术前景堪忧，都令他满腹伤感。来台之初，史语所的同仁们一度住在教室里，生活完全没有保障。搬迁费还没等用来盖房舍，很快就因货币贬值蒸发得所值无几。他通过台大和史语所合聘的形式，为同仁们争取到两份薪水，勉强维持日常生活，但是，对史语所的前景，他并不乐观。在写给朱家骅的信中，他再次严肃地探讨解散史语所、遣散众人的方案细节。

在台湾大学，他面对的是更加复杂的人际关系，更让他无奈的是，许多旧日的朋友都选择留在大陆，他无法像主持北大时那样自如地为学生延聘名师。但他仍努力设法增设教室和实验室，充实图书馆，试图推行德国的讲座教授制，并要求资深的教授也能给一二年级学生上课。[1] 他希望有朝一日能把台大建设得像柏林大学、剑桥大学或牛津大学一样。[2]

政府提供的有限的经费，他都用来扩建教室、宿舍，购置图书、仪器，努力聘请有名望的老师，改善学生的学习和生活环境。这些务实的工作，却频频遭人质疑。有人指责，政府给台大拨款，却根本看不出成绩。有一天，蒋介石的心腹干将陈诚问他，为什么不买点石灰，粉刷一下台大的墙。可是，傅斯年想要的"成绩"，并不是这些面子工程。他想让更多有才华的学生有读书的机会，可以衣食无忧，心无旁骛地学习。他时常会悄无声息地跑进学生宿舍，看学生们吃的是什么，倘若伙食不好，他就更加自责。[3]

台大只有校长和总务长有汽车，傅斯年的夫人俞大彩也在

1　王汎森、杜正胜编：《傅斯年文物资料选辑》，第160页。

2　王汎森：《傅斯年：中国近代历史与政治中的个体生命》，第216—218页。

3　傅乐成的回忆。参见韩复智编《傅斯年年谱》，《台大历史学报》1996年第20期。许倬云也有类似的回忆，参见许倬云口述，李怀宇撰写《许倬云谈话录》，广西师范大学出版社，2010年，第49页。

台大教书，但是每次往返学校，都只乘公共汽车。有一个假期，总务长开公车带着恋人外出，傅斯年闻讯后厉声斥责："你要知道，汽油是人民的血汗！"

他苦心经营台大之时，政治的阴霾正步步紧逼象牙塔。

1949 年 4 月 6 日，大批军警以逮捕共产党为名，闯入台大与台师大，逮捕了两百多名学生。"四六事件"令傅斯年拍案而起，他无法容忍政治干预学术。他公开宣布"学校不兼警察任务"，还对"警备总司令部副总司令"彭孟缉说："你今天晚上驱离学生时，不能流血，若有学生流血，我要跟你拼命！"[1]

1950 年 7 月，他宣布彻底整顿台大，"要在三至六个月之中清算台湾大学中一切败类"[2]，依稀仍是几年前"炮轰"行政院院长时的豪气干云——"我誓死要和这班败类搏斗"。[3] 可惜，他却等不到兑现诺言的一天。

这一年夏天，他因胆结石入院手术，出院后没有休养一天又开始工作，这样一直挨到 12 月 19 日那个寒冷彻骨的冬夜。他的夫人俞大彩后来回忆："我为他在小书室中升炭盆取暖。他穿着一件厚棉袍伏案写作。我坐在对面，缝补他的衣裤。因为他次日要参加两个会议，我催他早些休息，他搁下笔抬头对

1　赖泽涵、许雪姬访问：《彭孟缉先生访问记录》，《口述历史》1994 年第 5 期，第 338 页。

2　李东华：《光复初期台大校史研究（1945—1950）》，台湾大学出版中心，2014 年，第 276 页。

3　罗家伦：《元气淋漓的傅孟真》，《"中央"日报》1950 年 12 月 31 日。

我说，他正在为董作宾先生刊行的《大陆杂志》赶写文章，想急于拿到稿费，做一条棉裤。他又说，你不对我哭穷，我也深知你的困苦，稿费到手后，你快去买几尺粗布，一捆棉花，为我缝一条棉裤，我的腿怕冷，西装裤太薄，不足以御寒。"

他是台湾大学校长，史语所所长，但他的裤子甚至不足以御寒。

傅斯年说着忽又起身："这些书，还有存于史语所一房间的书，我死后留给儿子。我要请董作宾先生制一颗图章，上刻'孟真遗子之书'几个字。"他又絮絮叨叨地转向妻子说："你嫁给我这个穷书生，十余年来，没有过几天舒服的日子，而我死后，竟无半文钱留给你们母子，我对不起你们。"

这是傅斯年在家里的最后一个晚上。他就这样一步一步走向可以预期的将来。他留下的这许多叹息与叮嘱，并不是谶言，而是在心底早已做出的决定，早已拟好的安排。

次日，他整整一天都在各处奔波，开会，做长篇发言。下午5点40分，他原本已经回到座位休息，不料郭国基突然起身质询，傅斯年不得不第二次登台回应，苦口婆心地解释，台大需要帮助学生解决生活困难，给他们营造安定的环境，才好要求学生们认真读书。他越说越激动，不禁大呼："我对有才能，有智力而贫穷的学生，绝对要扶植他们。"半小时后，他疲惫地走下讲坛。陈雪萍发现他步履不稳，急忙上前搀扶，结果傅斯年已经突发脑出血晕倒在他身上。

蒋介石闻讯大惊，命令陈诚召集全台名医会诊，不惜一切代价抢救。尽管傅斯年曾一再攻击孔祥熙、宋子文，屡次让蒋难堪，尽管他甚至在蒋介石面前跷起二郎腿放肆地讲话，蒋介石还是非常敬重这个注定与自己不会同路的书生。蒋介石整晚守在电话前，要求陈诚每过半小时就向他汇报一次抢救进展，直到深夜。

夜里11点20分，五十四岁的傅斯年在台北去世。他曾天真地宣誓"决不辞职，决不迁就，决倍加努力"，但他敌不过死神夜以继日的追袭。

最痛切的悲剧，不是失败，而是出师未捷却先殒命。

和他的"丁大哥"丁文江相仿，傅斯年起初也可能成为第一流学者，却被纷扰烦琐的政事所误。他无疑是"中国现代学术界的设计师"，[1] 却又同时扮演着工兵般的角色——为了争取研究经费、为了帮助同仁解决生活问题，他消耗了太多精力。他的一生，几乎都在为他人作嫁衣。他其实也不是一个足够好的管理者，他做事过于事无巨细，亲力亲为。这是他的性格悲剧，却也正是他的人格光辉。

他甚至也不是一个"好导师"。"好导师"是胡适对他的评价。1947年，胡适曾在日记里感慨："史语所中很有人才。孟真确是一个好导师。"傅斯年去世后，蒋介石送的挽匾也是"国失师表"。但是，傅斯年崇尚的是"拔尖主义"，他只对他认可的年轻人青眼相看。他有时行事颇为霸道，无论对下属还是对

1　这是王汎森对傅斯年的评判，他认为，傅斯年"不专门的散漫治学方式也使他能够成为一个中国现代学术界的设计师"。参见王汎森《傅斯年：中国近代历史与政治中的个体生命》，第72页。

朋友，常有"家长作风"，[1] 有时也不容易控制脾气，盛怒之时，常有无辜的下属被莫名地"误伤"。傅斯年深知自己的缺点，却也只是感叹："叫我不二过可以，叫我不迁怒，我实在做不到。"[2]

傅斯年不是一个完美的人，但是，正因他的执拗、他的天真、他的桀骜、他的坦荡，他才让他的时代难以忘怀。

傅斯年去世的消息，大约在十天后传到大陆。[3] 陈寅恪悄无声息地写了一首诗《霜红龛集望海云〈一灯续日月不寐照烦恼不生不死间如何为怀抱〉感题其后》——

> 不死不伤最堪伤，[4] 犹说扶余海外王。
>
> 同入兴亡烦恼梦，霜红一枕已沧桑。

陈寅恪晚年作诗多用曲笔，这首也不例外。他兴的是时代更迭的喟叹，写的是明末清初的傅青主，却暗藏着对傅斯年的缅怀——悄无声息的缅怀。没有当年悼念王国维时那样酣畅淋漓的"独立之精神，自由之思想"，有的只是隐忍的深情。

没过多久，向达、邓广铭、周一良、傅乐焕、夏鼐等人都

---

1 "家长作风"是顾颉刚对傅斯年的评价。两人在北大同学时就成为好友，可惜十几年后"交谊臻于破灭"。顾潮编：《顾颉刚年谱》，中国社会科学出版社，1993 年，第 152 页。

2 那廉君：《傅孟真先生轶事》。

3 傅斯年于 1950 年 12 月 20 日去世，夏鼐在 12 月 30 日的日记中写道，他阅读 12 月 27 日出版的《大公报》，得知了傅斯年去世的消息。

4 陈寅恪传世诗集为"不生不死最堪伤"。

收到陈寅恪寄来的新作《元白诗笺证稿》，他们都是傅斯年同辈或学生辈的故人。在每本书的扉页上，陈寅恪都抄录下这四句诗，却并未言明原因。但他们自然看得出，双目已盲的陈寅恪努力将这些字句誊写得清楚工整；他们也看得出，藏匿在这些字句里的那个再也回不来的故人，以及那个再也回不去的时代。

命运的辑补者

傅斯年去世六年后，李济给远在美国的赵元任写了一封信。他想举荐"考古十兄弟"中的"老九"高去寻出国访学。李济写道："他进所虽不太早，但曾赶上安阳发掘，为思永所赏识。现在他整理侯家庄的工作及思永遗著，成绩甚佳。在考古组内中国书读得最好，英文及日文的阅读能力亦不差，现在日本的梅原末治教授来此，对他的渊博甚为敬佩。孟真在时久有送他出国之意，以时代非常，屡遭挫折，只能怨命了。此次若有成功的希望，亦算我们完成了傅公一未完之愿也。"

高去寻 1935 年从北大毕业时，胡适很想把他留在北大，他却坚持要跟随史语所参与考古发掘，被崇尚"拔尖主义"的傅斯年选中，又获得梁思永认可，聘入史语所。傅斯年认为他"很可造就"，"大有可为"，梁思永觉得"此人实好"，"可称难得"。[1] 参与殷墟发掘后，他也被梁思永视为接班人。

1　参见史语所档案：考 2—81，考 2—96，1935 年 7 月，傅斯年致李济的两封信。

　　1954 年，梁思永在北京去世。当年他对殷墟西北冈大墓的研究整理工作，刚刚起笔就因病搁下，也就此交到高去寻手上。

　　正如李济在信中所描述的那样，高去寻原本也有出国机会，却屡次被时局所误。未能送高去寻出国，也是傅斯年临终前的遗憾之一。1956 年这一次，或许是高去寻最后的机会。

　　经过李济和赵元任推动，高去寻终于成行，但他已经年近五十，最好的年华都被漫长的战争吞噬。三年后，他从美国回到台湾，决定心无旁骛地完成老师梁思永未竟的工作。

　　他所能凭借的，只是老师刚刚起笔的二十多万字的书稿《侯家庄》，以及库房里海量的文物和一摞摞厚重的《墓葬登记表》《田野记载表》以及发掘日记。他清楚地知道，如此庞杂的工作，他可能用尽一生都无法完成。

　　最关键的是，侯家庄并不是他的兴趣所在。

　　然而，看到扉页上老师的名字，他突然感到别无选择。

　　这个决定，耗尽了高去寻的整个余生。从 1959 年直到 1991 年去世，三十二年间，他都在重复着这件庞杂而烦琐的工作，"有时一件器物的找寻，或一件破断器物的接合，势须将西北冈甚至小屯的此类出土物全部清查一遍才能解决；有时一件田野登记号已失或模糊不清的器物，是否 1001 墓出土，需要翻阅全部《墓葬登记表》、《田野记载表》、附图、发掘日记、照片等等才能确定"。

　　就这样，在台北"中央研究院"的库房里，高去寻从清晨枯坐到黄昏。他再也无法回到安阳，回到殷墟，但他其实每时每刻都穿行在殷墟的每一个探方，打量着四面八方扑面而来的文物和不断被唤醒的回忆。三千年以降的光阴，数十年以来的梦想，就这样侵蚀着他的健康，蚕食着他的生命。

曾与他并肩进行田野考察的刘耀、夏鼐等人，成为大陆考古学界的扛鼎之人，[1] 比他年轻十多岁的张光直、许倬云、李亦园等人亦陆续前往美国，成为享誉国际学术界的大家，高去寻却孤独地在时代的夹缝中搁浅。

张光直后来感叹："高先生花这么大的力气写西北冈大墓的报告，完全是出于对史语所李济先生，尤其是对老师梁思永先生的义务感和责任，而他自己研究的主要兴趣并不在此。但是这番努力的结果，使中国近代考古学上最重要的一批原始资料公之于世，而且由于高先生的细心和负责的态度，使那些'枯燥无味'的'破烂东西'转化为价值连城的史料，这几本报告也成为中国近代考古报告中的精华楷模。"

《侯家庄》系列发掘报告一本接一本出版，每一本都重达十几公斤。高去寻几乎全凭一己之力编撰了三十二年。然而，在每一本发掘报告的扉页上，他都写上"梁思永遗稿，高去寻辑补"。

没有一个智者愿意重复别人走过的路，没有一个学者不在内心深处希望开创自己的时代，没有一个人甘愿放弃自己的年华去填补别人的遗憾。人生如寄，倏忽即逝，何况漫长的

1　高去寻曾感叹："近来中国大陆的学术崛起，至少考古组的工作已经不成为人家的对手了。"李卉、陈星灿编：《传薪有斯人：李济、凌纯声、高去寻、夏鼐与张光直通信集》，生活·读书·新知三联书店，2005 年，第 161 页。

三十二年。

在高去寻的有生之年，他终究没能完成《侯家庄》的全部报告，一些扫尾的工作，交给了他的"二哥"石璋如。他已经竭尽所能。

反刍大陆时代的记忆，也成为两代人难以逃避的命运。到台湾后，杨时逢同样用了很多年整理当年在湖南、四川等地所做的方言调查。《四川方言调查报告》出版时，距离当年的考察已经五十年之久，而他再也未能重返四川；石璋如直到临终前还忙于编写《殷墟百人传》，为所有参与殷墟发掘的人物逐一立传，他的老师们，他的兄弟们，以及那些朝夕相处的工人们……他们这样夜以继日地回顾着，书写着，仿佛生怕哪一天自己会突然丢了记忆，生怕哪一天中国会忘了那个时代和那一代人。

自由主义的创伤

1958 年，胡适即将返回台湾的消息不胫而走，终于为百废待兴的台湾学界注入了一剂强心针。

代理"中研院"院长职位长达十八年的朱家骅最终不容于蒋介石，被迫辞职。风雨飘摇的十八年里，朱家骅勉力完成了"中研院"的大迁徙，凭借迁台的"一个半"研究所，苦心经营，重新奠定了"中研院"的规模，并在台北南港找到一块容身之地。与此同时，史语所也进行了改组，民族学研究所、近代史研究所相继脱离史语所，独立成所。

朱家骅被迫辞职，据说是因为他在 1949 年时与李宗仁走得较近，令蒋介石一直耿耿于怀。何况，"中研院"直属"总统府"，不仅为当局提供智力支持，也是知识界的表率，如此，蒋介石更难容忍异己的存在。

听说朱家骅被迫去职，胡适愤愤不平。选举新任院长时，他专程写信委托王世杰代表他把选票再次投给朱家骅。大多数在欧美的评议员，也和胡适保持了同样的步调——无论如何也要把朱家骅再次推为候选人。

正如十八年前朋友们靠着一腔书生意气选胡适一样，这次他们同样为了他们的 stand for 做出一个 demonstration。第一次投票时，朱家骅获得八票。[1] 十八年就像一场轮回，选举似乎又陷入僵局。

与此同时，又像十八年前一样，一个据说是来自蒋介石的意见被传达给书生们——蒋介石希望大家选胡适为院长。尽管许多人确有此意，梅贻琦还是代表书生们义正词严地反击："胡先生如能当选，自会选出，我们并不奉他人的意见而选举。"

蒋介石此时尊崇胡适，其实别有深意。

1954 年，大陆开始批判胡适。从前在北平，许多人亲切地称他为"我的朋友胡适之"，然而此时，这个"好人"却被他的敌人、朋友甚至他的儿子集体鞭挞。他把许多批判文章都收集来看，并逐一加注反驳，最让他迷惑的是老友金岳霖的突然转向，他写道，"问岳霖何以不要自由"。

1　一说九票。

胡适毕生致力于寻求个人乃至整个国家的自由。没有一个统治者会喜欢自由主义者的立场，但是，由于大陆批判胡适，蒋介石决定反其道而行之。

选举结果最终皆大欢喜。胡适领先，获得十八票，时隔十八年，再度被指定为院长。

蒋介石对胡适充分示好。当听说胡适担心回台湾后找不到合适的居所，他就特地从自己写的书的外文译本版税中，拨出四十八万新台币，在"中研院"里为胡适择地造了一座房子。蒋介石知道该用什么样的方式来表达对文化人的尊重，他捐出的是自己的稿费，而不是政府拨款——他是站在一个书写者的角度而不是政治领袖的立场来向胡适致意，无论出于真心还是假意，都算不易了。

他还出席了胡适的就职典礼，但他没料到，自己竟会遭到胡适公开奚落。在开幕式致辞中，针对大陆的胡适批判，蒋介石特地赞扬胡适"个人之高尚品德"，并希望"中研院"能配合政府"反共抗俄"。不料，胡适登台却说："'总统'你错了。"这句话让台下掌声雷动。胡适继而说，自己之所以在大陆被批判，"并不是清算个人的所谓道德"，而是自己在青年们"思想上、脑筋里留下了许多'毒素'"。他又不厌其烦地讲起年轻时代的那些"新学问、新文化、新思想、新思潮、新的思想方法"，他还明确表态："我们做的工作还是在学术上，我们要提倡学术。"

胡适也没有按照蒋介石期待的那样与他共进退。次年，胡适就公开反对蒋介石连任"总统"，抗议他为了谋求连任而修改"宪法"。此后发生的"雷震案",更让两人心生芥蒂。

暮年的胡适,心脏病接连发作,然而,除了推动学术研究,他还打算再做些什么。他试图恢复学术的温情,希望在写给院士朋友们的公文上添上"吾兄"两个字,想把公文变得有人情味。他也时刻叮嘱大家,不要叫自己"胡院长",而改称"胡适之先生"。但他能带给学术界的影响与改变,早已不复当年。

1962年2月22日,他忽然想起他的学生、以"胡适的斗士"自命的傅斯年。胡适叫来秘书王志维,要求他帮忙找一处房子。这个要求让王志维大感迷惑,因为蒋介石用稿费帮胡适盖的房子,似乎并没有出什么问题。胡适并非对这座房子不满意,他说:"我太太打麻将的朋友多。我在南港住的是公家宿舍,傅孟真先生给'中央研究院'留下来的好传统之一,就是不准在宿舍打牌。我也不应该不遵守傅先生留下的规矩。"

他惦记着傅斯年当年留下的规矩,不想破坏了这个规矩和这些"好传统"。固然,是天才、勤奋和机遇塑造了这一代人的学术地位,但是,却正是对这些"传统"的尊重与坚守,成就了一个时代的精神高度。

两天后,"中研院"第五次院士会议上选出了新一届院士。这一天,胡适没有像1948年时那样穿长衫,而是换了一身西装,迎接从美国回来的学生们。对他而言,这一天意义非凡。"今天是'中央研究院'迁台十二年来,出席人数最多的一次院士会议,令人高兴的是海外四位院士也回来参加这次会议……十几年来,我们在这个孤岛上,可算是离群索居,在知识的困难、物质的困难情形之下,总算做出点东西。"

　　这一天,胡适和院士们被李济带领着,参观了古铜器展览。[1]晚上的酒会结束前,胡适再度上台,展望"中研院"的未来,也讲到自己四十年以来挨过的骂,说到激动处,他努力平静下来,走下台与客人们逐一握手告别。就在转身之际,他忽然脸色苍白,仰面摔倒,后脑撞上桌沿,随即重重地倒在地上。

　　胡适之死震动台湾,送行者达三十万人。蒋介石题写的挽联则颇有些五味杂陈:

　　　　新文化中旧道德的楷模,

　　　　旧伦理中新思想的师表。

　　胡适之后,一代人迅速凋零。次年 1 月 3 日,朱家骅去世;6 月 18 日,董同龢去世;11 月 23 日,董作宾去世。1969 年,避居广州的陈寅恪闭上了失明二十余年的双眼。

　　1984 年,胡适去世二十二年后,有一天,七十四岁的夏鼐翻开《胡适年谱长编》第五册,忽然百感交集。他读到的,是 1947 年的一段往事——那是夏鼐第一次见到胡适。那时,年轻的夏鼐正代理史语所所长,胡适对他大加赞赏,专门在日记中提起他,认为这个年轻人前途不可限量。

　　此时,曾被胡适、傅斯年、李济寄予厚望的年轻人,已经白发苍苍,他的老师们早已全部去世。夏鼐想起了老师们曾给他的鼓励与恩情,也想起了自己从 1950 年代起对老师们的批

1　李光谟:《从清华园到史语所:李济治学生涯琐记(修订本)》,第 270 页。

判。几十年过去了，记忆使他独自搁浅在人世的彼岸，不能回头。他蠕动着嘴唇，却好像有什么哽住了喉咙，遂默念起陈寅恪当年抄给他的诗句："同入兴亡烦恼梦，霜红一枕已沧桑。"[1]

时隔三十多年，他终于理解了这首诗真正的含义。

一生的迷城

"在我闭上眼睛以前，还打算写一本书。"1973 年，李济告诉来访的日本考古学家国分直一，他打算用英文写一本书，也希望出版日译本，至于中文版，他补充道，就不必了。[2]

这本书将要记录的，是他梦中的安阳。

南渡台湾之后，李济的日子同样不轻松。1949 年 7 月，经过几个月的郁郁寡欢，他终于重新拾起田野调查的兴趣，为瑞岩泰雅人做了身体测量。五十五岁的李济一路翻山越岭，但在行程的最后，他不得不依靠两个年轻的泰雅人的帮助才终于抵达目的地。他意识到，自己老了。半个月后，他在台湾大学创办考古人类学系，并定下极高的目标，"台大的学术标准与'国家'研究所是同一水平的"。

许倬云在大一时选修了李济的"考古人类学导论"。他没

1　夏鼐：《夏鼐日记》（卷九），华东师范大学出版社，2011 年，第 401 页。此外，1951 年 1 月 25 日，夏鼐也曾在日记中记录了向达曾和他谈起陈寅恪"分赠诸友"的这首诗。1982 年 3 月 6 日，他在读《胡适往来书信选》下册从 1945 年到 1948 年的书信时，也曾在日记中引陈寅恪的这句诗感叹。

2　李光谟：《前言》，载李济《安阳》，第 4 页。

有料到，老师居然布置了一门匪夷所思的功课：要求大家记忆四大人猿类体毛的密度。过了很久，许倬云才开始理解老师的苦心，"他只是要给学生严格的训练，正如同新兵入伍要踢正步一样"。李济还反复给学生们讲一个故事："假如你要在一片草地上找一个小球，最靠得住的办法，就是将草地画成一根一根的直线，循着直线来回走，走遍草地，你一定会找到这个小球。"这个方法看起来并不聪明，但一定很可靠。

李济希望学生们知道，学问没有捷径可走，必须安稳扎实，就像考古发掘一样，只有一铲一铲地挖下去，耐得住寂寞，经得起考验。

在许倬云的记忆中，李济的考古课上布满了无数把青铜小刀，它们像一条河那样蜿蜒排列着。文明就在这些符号中无声地涌动，沉默地传承，"看上去琐碎，然而它却真正教导了我们怎样从零碎的现象中归纳出文化演变的趋向"。

晚年的李济，也曾屡次被政务所扰。朱家骅辞职和胡适去世时，李济甚至两度代理院长，但他没有忘记学者的本分。从1964年到1972年，每隔两年，他便针对一种器形的青铜器发表一篇重量级的学术论文，古老的世界可以让他暂时忘记时代的隐痛和人世的离散。当时，他的儿子李光谟远在大陆，生死未卜。那可是他经历抗战劫难之后唯一幸存下来的孩子。1949年，李光谟原本已经随李济南渡台湾，但是，同济大学开学在即，李光谟坚持要回学校完成学业。回到上海后，他又希望留在大陆见证一个新时代的诞生。一家人从此天各一方。几年后，曾深受李济、董作宾恩惠的郭沫若宣称，李济们"或兢兢于古器物尺度轻重的校量，或则根据后来的历法推谱的'殷谱'，真可以说是捧着金碗讨饭了"，把他们比作蜥蜴之类的爬虫。李济最器重的弟子夏鼐，也成为批判他的急先锋。1959 年，李济和他的学术思想更是遭到《考古》杂志疯狂的批判。"文革"开始后，李济更加不敢想象儿子的处境，中断联系的许多年里，他和妻子强迫彼此相信，儿子或许早已死去。[1] 自然，还有一些事情，是他们更加难以想象的。离开大陆时，李济将女儿的遗骸托付他的学生、旧日的"考古十兄弟"之一尹焕章照管。尹焕章一直信守承诺，把遗骸藏在文物仓库里，悄然守护了十七年，不料，"文革"中却有人告密邀功，强迫他交出遗骸，当场砸烂。在这次浩劫中，尹焕章最终自杀身亡。

　　远在台湾，李济得以暂避这些人世的干戈，专注于学术研究。但是，在大陆所有的历史、考古学和人类学的教科书中，"中国考古学之父"李济的名字彻底消失了。一张 1930 年代的著名合影，更是清晰地反映出这种让人凭空消失的魔力——在这张鲁迅、李济和杨铨的合影中，李济被剪掉了，他的身影要一

1　根据李光谟的回忆，1959 年，他和父母其实在珠海秘密地见过分别后的唯一的一面。听说李济夫妇应邀前往美国访学，大陆方面与他"接触"，试图劝他留在大陆。李光谟因此得到一个多小时的时间，在珠海的一间会客室与父母见面。多年后，他写道："我跟父母的谈话也只能说些家常……彼此间的话题更多地集中在两方的一些亲友的状况……过边界线时，我真怕踩上那条被安保人员事先告诫多次的线；等我抬头一看时，两位老人已经过到'线'另一边的车旁了。我手里攥着的一串香蕉（本欲递给母亲途中用的）也没交到她手中。从此以后，父母亲就再也没有和我见过面了。"参见李光谟《从清华园到史语所：李济治学生涯琐记（修订本）》，第 375—376 页。

直等到 1980 年代末才能重新出现，被挂进鲁迅博物馆。[1]

即便在台湾，人文学科也不可避免地越来越边缘化。1970年代，当王汎森到台湾大学读书时，李济的名字已经在许多学生心中变得陌生起来。三十多年后，王汎森在"中研院"副院长办公室里回忆起李济的最后一次演讲，依然唏嘘不已。那时，年轻一代更热衷西方的新思潮，关心社会的民主与自由，没有多少人对考古学这门古老的学问感兴趣，以致系里不得不专门组织学生前去捧场。[2]

一切仿佛是一场轮回。李济在台湾大学的最后一场演讲，就像他 1920 年代在清华国学研究院开讲的第一堂课一样，执着，落寞，与时代格格不入。

晚年的李济，却仍攒足最后的气力，只为了回望安阳。那里不仅是中华文明的发源地之一，还是他这一代人的学术起点和人生最隆重的时刻。

命运却不断地对这个执拗的老人施以重创。他向国分直一讲出夙愿后没过几个月，就不慎摔伤了左腿。医生没有给他做手术，因为他还患有严重的糖尿病，只能保守治疗。

他却硬是在病榻上开始书写安阳。1977 年，*Anyang* 在美国出版。此时，距离殷墟第一次发掘已过去四十九年，当年与他并肩作战的史语所的朋友们，都已去世多年，甚至连年轻一辈也多已凋零。

1　参见李光谟《从清华园到史语所：李济治学生涯琐忆（修订本）》，第 87 页。
2　2010 年 9 月，我在台北拜访王汎森先生，他回忆起了这段往事。

这一代人生在苦难频仍的时代，却取得了空前的成就。他们忍受病痛和饥馑，饱尝离散与困苦，但似乎没有什么能够真正击倒他们。

除了死亡。

两年后，李济在台北去世。

他熄灭在安阳的梦中。这座重见天日的城市，就像一座永远无法走出的迷宫，他和他的朋友们的一生，都被它牢牢困住。无论重病在身还是白发苍苍，无论留在大陆还是去往台湾，无论握手言和还是反目成仇，无论隔着沧海回眸眺望还是任由泪水洒落信纸，人世代异，生死离合，那座城将他们召唤到一起，却又残酷地掳去了他们全部的年华，仿佛他们生来就该是孤独的守城人，注定要找到那座城，进入那座城，在三千年前混沌的光阴里，消磨掉自己寂寥的一生。

中国营造学社

被遗忘的“长征”

第一章 破译"天书"

"吾族文化之光宠"

1925 年的费城正在紧张地筹备美国历史上第一届世界博览会。为了迎接即将到来的第一百五十个"独立日",费城大规模兴建展馆,准备向全世界展示最新的科技与艺术成果。

宾夕法尼亚大学美术学院建筑系四年级学生梁思成,却忙于重新设计凯旋门。在课堂上,有时他被要求修复损毁的建筑,有时则需要规划一座未完成的教堂。这些作业都必须遵循一个原则——无论做出何种构想,一定要与当地环境相契合。[1]

父亲梁启超寄来的影印本《营造法式》,却让梁思成不知

---

1 费慰梅:《梁思成与林徽因》,第32页。

所措。透过微微颤动的纸张，纵横交错的斗拱与飞檐似乎都峙立起来，栩栩如在眼前；他认识纸上的每一个汉字，但他读不懂那些神秘的文字，它们以匪夷所思的方式组合在一起，像是另一个世界的语言。

这本"天书"的扉页上留着父亲的字迹："一千年前有此杰作，可为吾族文化之光宠。"

《营造法式》刊行于北宋崇宁二年（1103 年），由将作监李诫奉旨编修，原本是为了推出工程标准，杜绝贪污浪费，却也因此保留下中国营造的规则与智慧。不料，仅仅二十四年后，帝王便拱手让出汴梁，许多令人惊羡的技艺和美学，落进原木的裂隙间。历经千年，《营造法式》中记录的规则消磨在一代又一代工匠的口口相授中，流沙般渐次散佚，终被遗忘。

1919 年，《营造法式》突然重现人间。作为北方政府总代表，朱启钤南下议和，却在江南图书馆意外地发现了失传已久的《营造法式》。他做过交通总长和内务总长，主持过紫禁城的修缮与改造，对营造格外感兴趣，立刻意识到这部著作的独特价值。他发现的《营造法式》是钱塘丁氏家族的钞本，其间错误疏漏很多，绘图也较简陋，此后，藏书家陶湘将"丁本"《营造法式》与《四库全书》及民间钞本比对校勘，推出"陶本"《营造法式》。刚出版不久，梁启超就把它寄给长子梁思成，希望梁思成不要只关注西洋建筑，也应当反顾中国传统。

1920 年代的宾夕法尼亚大学建筑学专业正处于鼎盛时期，在瓦伦·莱尔德（Warren P. Laird）、保罗·克瑞（Paul Philippe Cret）等建筑名家主导下，长年包揽全美设计大赛近四分之一的奖项。一大批中国留学生也云集在宾大，杨廷宝、范文照、童寯、陈植、赵深等人后来都在建筑界或教育界成就卓著。他们的同学里，还有约翰·埃文斯（John Lane Evens）、罗兰·辛德尔（Rowland Snyder）以及未来的建筑大师路易·康（Louis Isadore Kahn），而这群才华横溢的中国留学生则被美国同学戏称为"中国小分队"（The Chinese Contingent）。[1]

父亲的礼物却把梁思成引向一条反顾东方的路。他想起刚到宾大读书时，建筑史教授阿尔弗莱德·古米尔曾问他中国建筑史的情况，他才突然意识到，中国从来就没有一部建筑史，并且，"中国人从来就不认为建筑是一门艺术"。[2]此刻，仿若从天而降的《营造法式》或许能帮助他回答这个问题，他也因此更加迫切地想要追溯中国的营造传统。

遥隔千年，相距万里，李诫的书写、朱启钤的搜寻、陶湘的考证、梁启超的期望……建筑之光曲折蜿蜒，最终汇聚在梁思成身上。纸面上的线条与图案，构造成他一生无法走出的佛殿与宫墙。

未婚妻林徽因也钟情建筑，梁思成到宾大学建筑其实是由林徽因促成的。然而，宾大建筑系不招收女生，林徽因自己只好暂时学美术，但一直旁听建筑系的课，还因为才华出众，一度在建筑系做助教，被当地的报纸誉为立志拯救祖国艺术的中

1　陈植：《学贯中西，业绩共辉——忆杨老仁辉、童老伯潜》。转引自童明《中国近现代建筑发展的基石：毕业于宾夕法尼亚大学的第一代中国建筑师群体》，《时代建筑》2018年第4期。

2　费慰梅：《梁思成与林徽因》，第31页。

国姑娘。[1]

两人成婚时，特地把婚期定在三月二十一日，就是为了纪念《营造法式》的作者李诫，因为那一天是宋代为李诫所立碑刻上唯一的日期。后来，他们又给儿子起名"从诫"，以示终生追随李诫研究中国古建筑的决心。

梁启超一直担心梁思成所学过于专精，曾写信规劝："思成所学太专门了，我愿意你毕业后一两年，分出点光阴多学点常识，尤其是文学或人文科学中之某部门，稍为多用点工夫。我怕你因所学太专门之故，把生活也弄成近于单调，太单调的生活，容易厌倦，厌倦即为苦恼，乃至堕落之根源。"梁思成没有辜负父亲的期望，他对美术、雕塑、音乐也很有兴趣，有时也会运用这些学科的知识比较分析建筑的特点。[2]林徽因的兴趣更广泛，由美术、戏剧、文学进入建筑领域，自然有不同的观察视角与心得，后来，她一直无私地为梁思成的考察报告做着各种润色工作，更以"建筑意"构建出中国式的建筑艺术美学，"无论哪一个巍峨的古城楼，或一角倾颓的殿基的灵魂里，无形中都在诉说，乃至于歌唱，时间上漫不可信的变迁"。

1　报道标题为"Chinese Girl Dedicates Self To Save Art Of Her Country"。转引自童明《中国近现代建筑发展的基石：毕业于宾夕法尼亚大学的第一代中国建筑师群体》。

2　例如，梁思成曾用舒伯特的"鳟鱼"五重奏中不断重复的"鳟鱼"主题、舞蹈中的重复动作、《清明上河图》和《放牧图》对"重复性的运用"，分析明清故宫的建筑格局。参见梁思成《拙匠随笔（三）：千篇一律与千变万化》，载《梁思成全集》（第五卷），中国建筑工业出版社，2001年，第379页。

人们很少能在建筑师笔下，见到这样隽永的文字。

两人的性格同样互补，林徽因总是思路发散，灵感迭现，而梁思成则擅长化繁为简，在最后时刻一锤定音，两人因此也时常争吵，却又合作无间。[1]

1927 年，梁思成前往哈佛大学人文艺术研究所，希望研究东方建筑，写作"中国宫室史"。东方艺术讲师兰登·华尔纳列出的书单，却完全无法让他满足。书单中充斥着西方世界对中国绘画、陶瓷、玉石、雕刻的理解乃至想象，关于建筑的记录却寥寥无几。只有瑞典艺术史家喜龙仁（Osvald Sirén）的《北京的城墙和城门》《北京的皇家宫殿》和德国建筑师恩斯特·柏石曼（Ernst Boerschmann）的《图画中国》《中国建筑》可以一读。[2] 但是后来梁思成还是认为，"这些作者都不懂中国建筑的'文法'。他们以外行人的视角描述中国建筑，语焉不详"。

他知道，自己注定无法坐在哈佛大学图书馆里理解中国古建筑的发展史，想要破解《营造法式》的秘密，回国，或许是唯一的选择。

伊东忠太的"挑衅"

1930 年 6 月，日本建筑学家伊东忠太的"挑衅"，如同平地惊雷，令中国建筑界五味杂陈。

1　费慰梅：《梁思成与林徽因》，第 31 页。

2　费慰梅：《梁思成与林徽因》，第 36 页。

他应邀到中国营造学社演讲，提出从文献和遗物两方面研究中国建筑，并建议两国学者合作。但他强调，中国学者应当以调查、研究文献为主，而对中国古建筑遗存的研究，则应由日本学者代劳。

一石激起千层浪。

中国营造学社成立于三个月前，[1] 创办人正是《营造法式》的发现者朱启钤。朱启钤坚信，《营造法式》不仅是工匠的技术指南，更承载着丰富的文化意义：国家贫弱，士人对西学趋之若鹜，对自身的传统却视若无睹，甚至弃之如敝屣；吊诡的是，中国古建筑的风貌，反而吸引着海外建筑学家纷至沓来，不断研究甚至竞相模仿。[2] 因此，朱启钤深感这门"数千年之专门绝学"的重要性，而要传承"绝学"，不仅要依靠工匠，士大夫也责无旁贷。

伊东忠太的态度当然令中国学人颇为尴尬，但是，不容否认的是，他揭示的正是中国建筑界的症结所在——自古以来，建筑在中国都被视为工匠之技，不受重视，而学者们习惯于钻研古籍，皓首穷经，不愿亦不屑进行田野考察。在《中国营造

1　1925年，朱启钤创办营造学会，致力于整理古籍，收集、制作古建筑模型，以及举办展览，几年之间，他屡遭变故，竟至负债累累。1930年3月16日，营造学会改组为中国营造学社。参见林洙《叩开鲁班的大门》，第15页。

2　1935年，梁思成在《建筑设计参考图集序》中也提及这股风潮："前二十年左右，中国文化曾在西方出健旺的风头，于是在中国的外国建筑师，也随了那时髦的潮流，将中国建筑固有的许多样式，加到他们新盖的房子上去。其中尤以教会建筑多取此式……但他们的通病则全在对于中国建筑权衡结构缺乏基本的认识的一点上。他们均注重外形的摹仿，而不顾中外结构之异同处。"

学社汇刊》创刊号上，史学家瞿兑之发表了一篇纪念李诫的文章，希望学界从六个方向研究中国营造：训诂解释、考据、考察制作流程、考察材料、社会经济状况和外来文化影响。[1]他的论述代表了中国学界研究古建筑的态度和取向，而他倡导的这六个方向其实正符合伊东忠太对中国学者的界定——"以调查、研究文献为主"。

与之形成鲜明对照的，是日本学者的探索与研究方法。关野贞、大村西崖、常盘大定等人的足迹遍及中国各地，伊东忠太更是如此。无论年龄、思想还是实践，他都是亚洲建筑史界的先行者。他是"建筑"这个译名的首倡者，早在1894年就提议把英语中的architecture一词翻译为"建筑"。1902年，梁思成一岁时，伊东忠太已经开始了为期三年，横跨中国、印度、土耳其和欧洲的考察之旅，并在四十六摄氏度的高温中重新发现了被遗忘多年的云冈石窟；等到1931年梁思成加入中国营造学社时，伊东忠太已经给自己长达二十多年的调查与研究理清了头绪，出版了《支那建筑史》。

从某种程度上说，当时对中国古建筑遗存的调查与记录，乃至对中国建筑史的总结与书写，确实都是由日本学者代劳的。

中国古建筑遗存的状况同样堪忧。日本不乏千年以上的木构建筑，其建造时间相当于中国的隋唐时期，而鉴真和尚东渡在日本留下的招提寺更被视为国宝；相形之下，20世纪初偌大的中国，却找不到一处幸存的唐代木构。基于多年的考察，

1　瞿兑之：《李明仲八百二十周忌纪念》，《中国营造学社汇刊》1930年第1期。

关野贞宣称,在日本还有三十多座建筑的历史长达一千年至一千三百年,而中国和朝鲜都不存在一千年以上的木构建筑。

这个判断同样刺痛着中国学人,可是,他们似乎无从反驳,只能感叹世事无常。

"科学"与"系统"

五十八岁的朱启钤努力尝试着把目光放得更远些。

在解释中国营造学社缘起时,他提出,必须"依科学之眼光,作有系统之研究",而他所期望的未来,不再只是"二三同志,闭门冥索",[1] 而是要让中国建筑学界能"与世界学术名家公开讨论",甚至进而"以贡献于世界"。[2]

他特别强调了"科学"和"系统"这两个词,尽管在他的认知里,这两个词真正的含义依然很模糊。

此前的几年间,朱启钤一直在用自己的积蓄招募名家一起整理古籍、制作模型、举办展览,然而世事叵测,生活中变故频发,竟让他负债累累。所幸,中华教育文化基金会和中英庚款董事会同意每年拨款资助,他的理想才得以延续。

然而,老派学者只能订正文字的正误,却无法破解工匠的"文法",无从理解一代代工匠口口相传的隐秘,于是,《营造法式》重现人间虽已十余年,却仍是一部"天书"。中国营造

---

1 不过,在提交给中华教育文化基金会的五年规划中,朱启钤考虑的仍是整理、注释和制图等问题。

2 朱启钤:《中国营造学社缘起》,《中国营造学社汇刊》1930 年第 1 期。

学社需要新鲜血液，尤其是在海外接受过现代建筑学教育的年轻人，去实现朱启钤对"科学"与"系统"的想象。

梁思成和刘敦桢相继进入朱启钤的视线。梁思成回国后，在东北大学创办建筑系。刘敦桢则毕业于日本东京高等工业学校机械科和建筑科，回国后在中央大学建筑系任教，两年前，他在《佛教对于中国建筑之影响》这篇论文中提出，宗教对建筑的影响远远大过政治，不仅在欧洲如此，印度和中国也不例外。这种跨文明的视野令人印象深刻。

1931 年和 1932 年，梁思成与刘敦桢相继辞去教职，加入中国营造学社，分别担任法式部主任和文献部主任。随着他们的到来，对《营造法式》的研究终于开始从"纸上"转移到地上。

刘敦桢比梁思成年长四岁。据说，两人第一次见面，刘敦桢就问梁思成，研究中国建筑应当从何处入手。他们突然童心大发，决定先心照不宣，各自在纸上写下答案。两相对照，答案竟惊人的一致，都只有两个字——"材"与"契"。[1] 这个传说真伪难辨，很容易让人想起"赤壁之战"前诸葛亮和周瑜对"火攻"的构想，而《三国演义》里虚构的瑜亮情结，似乎在梁思成和刘敦桢身上重演了。在外人看来，未来十几年间，他们的合作关系，既密切，又微妙。

不久，他们找到了各自的助手，十五岁的莫宗江和十七岁

---

[1]　林宣：《我在中央大学建筑系三年的学习生活》，载东南大学建筑学院编《刘敦桢先生诞辰 110 周年纪念暨中国建筑史学史研讨会论文集》，东南大学出版社，2009 年，第 199 页。该文作者对梁思成、刘敦桢第一次见面的时间记录不准确。

的陈明达。两个年轻人曾是小学同学,更巧的是,莫宗江和梁思成都是广东人,陈明达和刘敦桢都是湖南人。梁思成给他们预设了一个极富诱惑力的未来,"我们出的成果一定要达到世界的最高水平"。他把弗莱切尔(Banister Fletcher)写的建筑史交给莫宗江,书中的插图都由弗莱切尔的助手绘制完成,他希望莫宗江有朝一日也能画出这样的水准。在梁思成和刘敦桢的指导下,莫宗江和陈明达开始学画建筑图,整理测绘资料,并研读中国古典文献,以及欧洲、日本、印度的美术史和建筑史。几年之间,文献部招募了单士元、刘汝霖等人,法式部有邵力功和刘致平,负责测绘的则有刘南策、宋麟徽、王璧文、赵法参、纪玉堂等人。无论进行文本研究,还是外出考察,都有了充分的施展空间。

当然,中国营造学社绝非朱启钤的私人俱乐部,更不是这几个人的小团体。当时中国最负盛名的建筑师大都被吸纳为社员。和民国时期的诸多会社一样,这里也云集了政治、经济、科学、文化界的名流,诸如周诒春、任鸿隽、徐新六、朱家骅、杭立武、叶恭绰、钱新之、陈垣、李四光、李济、马衡等人。鼎盛时期,职员和社员一度达八十六人。[1]

《营造法式》这一线绝学,终于得以起死回生。

---

1 参见林洙《叩开鲁班的大门》,第 20 页。

第二章　河北：万里之行的序章

第一次漫游

车厢里人头攒动，遇到干涸的河流，就得下车，在鹅卵石和细沙上步行一阵；倘若开上泥泞的路，更要下来帮忙推车。这样走走停停，直到黄昏，梁思成一行才终于抵达目的地河北蓟县。

这是他平生第一次长时间在中国的农村漫游。[1]

此前的一年间，他一直沉溺于雍正十二年（1734 年）清工部颁布的《工程作法则例》。这部则例问世只有两个世纪，读来也如同"天书"一般。梁思成打算先破解清朝营造的规则，再尝试着去揣摩宋代的风貌。他把《工程作法则例》当成"课本"，将故宫的建筑作为"标本"，拜老工匠们为"老师"。跟随匠师

1　费慰梅：《梁思成与林徽因》，第 63 页。

杨文起，他学习了大木作内拱头昂嘴的做法；跟随祖鹤洲，他理解了彩画作的规矩。[1] 他的效率高得惊人，一边向老工匠们请教，一边勤奋地画图，二十多天就累积了一大摞。[2] 根据这些寻访与研究，他完成了《清式营造则例》——用现代科学方法研究总结古代营造，这部专著开了先河。

他也开始勘察北平的一些隐秘角落。他第一次发现，原来自己并不了解这座古都。每一条胡同、每一个院落甚至每块城墙砖，其实都暗藏玄机，并与他血脉相连。许多年后，他大声疾呼，试图保卫这座古城，正是因为这里埋葬着他一步一步丈量出的旧日时光。

前往河北，则是一次偶然而又必然的旅程。日本学者关野贞带着蓟县独乐寺的照片拜访朱启钤，提出中日双方合作考察，由日本团队负责测绘，中方研究文献，加以考证。关野贞相信，独乐寺或许是中国存世最古老的建筑。朱启钤没有正面回复，而是把这个信息告诉了梁思成。[3] 勘探过北平的明清建筑之后，梁思成自然不愿放过任何机会去寻找更古老的木构。

1932 年春天，梁思成带着在南开大学读书的弟弟梁思达，一起前往蓟县。独乐寺没有让他们失望。这座寺庙建于辽圣宗统和二年 (984 年)，比唐朝灭亡晚了七十七年，但比《营造法式》

1　梁思成：《〈清式营造则例〉序》，载《梁思成全集》（第六卷），中国建筑工业出版社，2001 年，第 6 页。

2　莫宗江的回忆。转引自林洙《叩开鲁班的大门》，第 57 页。

3　根据崔勇对傅熹年的专访。参见崔勇《中国营造学社研究》，东南大学出版社，2004 年，第 263—264 页。

刊行早一百一十六年。对观音阁和山门进行测绘时，梁思成发现，辽代的寺庙果然与他熟悉的明清建筑全然不同。他兴奋地写道，它"上承唐代遗风，下启宋式营造，实研究我国建筑蜕变上重要资料，罕有之宝物也"。

尽管观音阁是辽代遗构，但其形制更像敦煌壁画中描绘的唐代建筑。它的斗拱和柱式都与寻常所见的明清建筑不同，尤其是斗拱，大而结实，而各种斗拱还承担着不同的作用；相形之下，清代的斗拱越变越小，失去了原本的功能，彻底沦为装饰物。梁思成早年骑摩托车时曾遭遇车祸，右腿和脊椎的伤困扰了他一生，但他还是毫不犹豫地爬上山门，兴奋地测量每一个斗拱的尺寸，逐一记录。他还发现，山门脊饰的变化，特别是上段的鸱尾和下段的吻，都清晰地展示出从唐到宋建筑风尚的演变。

不久，他完成了《蓟县独乐寺观音阁山门考》。这是中国人写的第一篇古建筑调查报告，起笔即开宗明义："近代学者治学之道，首重证据，以实物为理论之后盾，俗谚'百闻不如一见'，适合科学方法。"因此，他断言，"研究古建筑，非作遗物之实地调查测绘不可"。

独乐寺可以帮助他解开《营造法式》的一部分奥秘，而他希望通过更多的实地寻访，对照辽金遗构，对《营造法式》进行比较研究。他更想打破古籍记载中所谓"隐约之印象，及美丽之辞藻，调谐之音节"，而要寻找更精确的"于建筑之真正印象"。他深信，那些散落在中国大地上的建筑遗构，能够帮助他洞悉失传千年的隐秘，让他曲折地抵达消逝的年代。

独乐寺之行以后，梁思成等人的工作重心逐渐转向实地考察、测绘和研究，这实际上也促使中国营造学社开始了真正的蜕变。

他们相信，这条路是走得通的。

辽代的一块木头

独乐寺的考察，还带来意外之喜。与蓟县乡村师范学校教员王慕如闲谈时，梁思成得知，王慕如的家乡宝坻县有座西大寺，其结构和独乐寺有些相似，或许也是辽金时代的遗构。

回到北平，梁思成找到了西大寺的照片，他断定，它应该也建于辽代。他迫不及待地准备出发，然而，六月已是雨季，前往宝坻县的长途汽车突然停运，考察计划被迫延宕了一个多星期。

终于盼到雨停，长途车重新开通。出发那一天，清晨五点不到，朝阳尚未升起，一行人就抵达了东四牌楼长途汽车站。车站在猪市里，两千头猪的哀号声此起彼伏，陪着他们等候晚点长达两小时的长途车。沿路遇到桥梁或者沙滩，依然要不断地下车步行。八个小时后，笼罩着宝坻县南大街的臭咸鱼味和滚滚飞扬的尘土，裹住了这群满怀憧憬的客人。

西大寺却让他无比失望。天王门变成了"民众阅报处"，完全是一座现代建筑。配殿、钟楼、鼓楼也明显是明清以后修建的。三大士殿倒确实是辽代遗构，可是殿前堆满稻草，工人们在给城里的骑兵团轧马草，四十五尊神像都被尘土笼罩。摆在供桌前的一口棺材，冷冷地等候着这几个不速之客。

梁思成无比失望，然而，抬头仰望的瞬间，头顶的景象却让他大吃一惊。后来写《宝坻县广济寺三大士殿》时，他依然难以掩饰狂喜的心情，"抬头一看，殿上部并没有天花板，《营造法式》里所称'彻上露明造'的。梁枋结构的精巧，在后世建筑物里还没有看见过，当初的失望，到此立刻消失。这先抑后扬的高兴，趣味尤富。在发现蓟县独乐寺几个月后，又得见一个辽构，实是一个奢侈的幸福"。[1]

他们急忙开始测量，在堆积如山的稻草间爬上爬下。三大士殿的内部梁枋结构精妙绝伦，"似繁实简，极用木之能事，为后世所罕见"。瓦饰，尤其是正吻和四角的"走兽"，也让他印象深刻，它们都和他所熟悉的清代风格完全不同。

根据殿内的碑文，他尝试着还原出这座寺庙的历史演变。它建于辽太平五年（1025年），虽然比独乐寺晚四十一年，但仍比《营造法式》刊行早了七十八年，无疑又是一处难得的实物证据。

参考《营造法式》和《工程作法则例》，他尝试着分析三大士殿的建筑结构和特点，从平面到立面，从柱、梁枋到斗拱，从外檐到内檐，及至墙壁、装修、塑像、匾、碑碣、佛具等细节，都进行了详细的测量、拍摄、描述、解析；对于难解释的特征，则做了假设与推论。他试图通过比较辽代、宋代和清代建筑的

1　梁思成：《宝坻县广济寺三大士殿》，载《梁思成全集》（第一卷），中国
　　建筑工业出版社，2001年，第256页。

异同之处，寻找"其间蜕变的线索"。考察得越细致，他越发
惊叹古人的智慧，"没有一块木头不含有结构的机能和意义的"。

辽金遗构从此令他魂牵梦萦。

他们满怀欣喜地工作了四天，才告别宝坻县。他并不知道，
有生之年他再也无法重见这处古迹。十几年后，这座辽代遗构
将被拆毁，一千年前的木头被用来造了桥。那时，他无能为力，
只有哀叹："我也是辽代的一块木头！"他对古代匠人与遗构
所有的敬意和歉疚，都藏在字里行间，无法化解。

先抑后扬的幸福

经过在河北的几次漫游，梁思成一行不仅目睹了一些辽金
时期古建筑的风貌，更坚定了田野考察的决心。

尽管梁启超曾鼓励梁思成关注中国建筑，但他在世时并
不认为调查研究中国古建筑是明智之举。梁启超觉得，百分之
九十的古代建筑已经被毁，何况中国正四分五裂，军阀混战，
很难外出进行田野考察。[1]大概只有北京周边可以做一些调研。[2]
不过，梁思成像父亲一样执拗而天真，终究要把脚步迈向更远
方；何况，他也别无选择。

梁思成怀着更大的野心。

破解《营造法式》的最终目标，是要书写一部中国建筑史，

1　费慰梅：《梁思成与林徽因》，第 39 页。
2　丁文江、赵丰田编：《梁启超年谱长编》，第 1174 页。

但他深知，"由于在文献中极少或者缺乏材料，我们不得不寻找实例"。[1] 他不可能坐在书斋里考证出《营造法式》中每个术语的来历与意味，更不可能生造出一部中国建筑史。那些散落在大地上的古建筑遗存，却能为他理解《营造法式》和书写中国建筑史提供大量直观的证据。

通过河北之行，他逐渐摸索出一套调查、研究古建筑的方法：首先在图书馆里研读史书、地方志和佛教典籍，筛选一些可能存世的古建筑，整理出名录作为参照，以便拟定行程。[2] 有时，民间俗语也能带来不少线索，比如，正是因为民间流传的"沧州狮子定州塔，正定菩萨赵州桥"，他们才踏上了寻访之路。[3] 为了节省成本，他们会先设法找到建筑的照片，初步预估其建造或重修的年代，再判断是否值得实地考察。

他们每次外出都会背一个电工式的背包，方便攀爬，包里放着绳子、伸缩杆，以及测绘和摄影器材。除此之外，并没有太多高级的仪器，胶卷也不多，需要省着用。一些辅助性的工具，则大多是根据经验自己设计的。[4]

正式出发前，他们往往会和省政府联络，以获得必要的支持。不过，有时当地的向导过于热情，也会带来麻烦。比如，当向导听说梁思成一行对文物感兴趣，就会自作主张，带他们

1　梁思成：《中国最古老的木构建筑》，载《梁思成全集》（第三卷），中国建筑工业出版社，2001年，第365页。

2　梁思成：《华北古建筑调查报告》，载《梁思成全集》（第三卷），第333页。

3　参见梁思成《赵县大石桥即安济桥——附小石桥、济美桥》，载《梁思成全集》（第二卷），中国建筑工业出版社，2001年，第225页。

4　梁思成：《华北古建筑调查报告》，载《梁思成全集》（第三卷），第334页。

去看碑刻，而不是建筑。当地人觉得，碑刻才有文物价值，而建筑不过是木匠的手艺活。[1] 中国社会对手艺的偏见，以及传统金石学的影响之大，根深蒂固，难以撼动。

在后人想象中，梁思成等人的旅程仿佛诗意盎然。比如，史景迁在为《梁思成与林徽因》写的前言中，就这样写道："思成和徽因一道，乘火车、坐卡车、甚至驾骡车跋涉于人迹罕至的泥泞之中，直至最终我们一同攀缘在中国历史大厦的梁架之间，感受着我们手指间那精巧的木工和触手既得的奇迹，以及一种可能已经永远不可复得的艺术的精微。"

事实上，诗意只是苦尽以后的回甘，考察之路其实无比艰辛。

长途汽车总是不准时，暴雨又时常不期而至。天灾或者人祸，都可能影响考察行旅。因为战乱，他们耽搁了半年才得以前往蓟县。在宝坻县结束工作后，回北平的长途车却因大雨停运了。他们乘着一辆骡车，从凌晨三点一直奔波到下午四点，冒雨辗转了几个地方，才终于赶上一班开往北平的车。[2]

他们逐渐习惯了在寺庙中投宿，连续多日吃素，梁思成还为此大发感慨："我们竟然为研究古建筑而茹素。"[3] 有时连喝水都是奢望，干渴难耐时突然发现一口井，可是，看到水面上漂

1　参见费慰梅《梁思成与林徽因》，第 79 页。

2　梁思成：《宝坻县广济寺三大士殿》，载《梁思成全集》（第一卷），第 249—286 页。

3　例如，在正定，他们连吃了一个星期的"豆芽，菠菜，粉丝，豆腐，面，大饼，馒头，窝窝头"，梁思成忍不住发出感叹。参见梁思成《正定古建筑调查纪略》，载《梁思成全集》（第二卷），第 3 页。

浮着的微生物，他们只好忍一忍，宁愿冒着高温继续奔波。[1]

在河北遭遇的这一切，只是漫长旅途的开端。未来的路上，能找到食物都是幸运的事。他们将不得不忍受突如其来的变故，以自己的健康为代价，不懈奔走，只为了他们所期望的"先抑后扬的幸福"。

基于这些考察，他们也逐渐摸索出撰写调查报告的形式与结构：首先描述行旅的遭遇，因为他们深信，"旅行的详记因时代情况之变迁，在现代科学性的实地调查报告中，是个必要部分"；随后进入正式的调查报告，先介绍建筑兴建与修葺的历史，以及建筑与城市的关系，诸如其在城市中的位置、地位和影响，然后对建筑结构进行细节呈现与分析，最后再对未来的保护提出建议。[2]作为接受过现代学术训练的建筑学家，他们也会在调查报告中列举数据、图表和公式，计算梁的承重量等细节。

不同时代对古建筑的修葺，可能会改变建筑的风貌和细部。在考察现场，他们很关注这些"篡改"的痕迹。为了弄清建筑的历史渊源，他们会参考古籍、地方志和碑碣，也会询问乡绅与当地的老人。但梁思成并不深信二手资料，即便是古籍中的记载，他往往也会考证一番再做判断。《日下旧闻考》在描述

1　梁思成：《正定古建筑调查纪略》，载《梁思成全集》（第二卷），第 4 页。
2　朱涛认为，梁思成、林徽因的研究思路与傅斯年不同。他把梁、林的方法总结为"填充"策略，"用后来的实证材料来填充预先搭设好的体系"，傅斯年的方法则被他总结为"扩张"，"不预设结论，而是尽力'扩张'研究工具和'扩张'研究材料"。参见朱涛《梁思成与他的时代》，广西师范大学出版社，2014 年，第 37 页。

独乐寺的历史时，号称引用了《盘山志》中的记载，梁思成为
此特地查阅了同治十一年李氏刻本的《盘山志》，结果发现并
没有这段记录。[1]

　　不过，梁思成并不排斥民间传闻，甚至会把它们写进考察
报告。清末曾有盗贼潜藏在独乐寺观音阁，历时多年才被发现。
据说，盗贼是沿着东梢的柱子爬上阁顶的，于是，梁思成特地
观察了一下盗贼攀爬的地方，确实"摩擦油腻、尚有黑光"。但是，
对于那些与营造有关的传闻，他却保持着审慎的态度。各地长
年流传着一些所谓的"口头神话"，譬如，只要年代久远的建筑，
人们就相信是尉迟敬德在唐朝贞观年间兴建的；[2] 又或者，尽管
大量典籍和碑刻都证明赵州桥是隋代工匠李春修建的，当地人
却宁愿相信，修建赵州桥的是鲁班。对此，梁思成从不惮于澄
清事实。

　　北平、河北一带的考察，是万里之行的起点，更像是预演
与序章。中国营造学社逐渐找到进行田野调查、测绘和研究的
方法与节奏，直到能自如地运用它们，去开启更多震撼人心的
旅程。

1　梁思成：《蓟县独乐寺观音阁山门考》，载《梁思成全集》（第一卷），第
　　171 页，注释 1。
2　梁思成在观音阁和华严寺等地都听到类似的传说。华严寺有万历九年的
　　碑文称是"唐尉迟敬德增修"，梁思成认为无从证实。

第三章 山西：木构的温床

巨刹

1933年，当梁思成、刘敦桢、林徽因、莫宗江等人在秋雨中抵达大同，曾经的北魏故都、辽金陪都，竟找不到一间可以借住的旅馆。

所幸，大同车站站长李景熙与梁思成是旧相识（两人在美国留学时是同学），李景熙与车务处的王沛然各自在家中让出房间，一行人这才有了住处。一日三餐也是大难题，最终由大同市政府官员出面，一家酒楼答应供应三餐，每人每餐一碗汤面。

尽管早已在书中看过上华严寺的局部照片，然而，在现场见到它的全貌，一行人还是忍不住"同声惊讶叹息为巨构"。[1]

1　梁思成、刘敦桢：《大同古建筑调查报告》，载《梁思成全集》（第二卷），第49页。

他们不厌其烦地对照着《营造法式》，与华严寺中的每个细节逐一比对印证：薄伽教藏"如《营造法式》之制"，殿内的辽代壁画"与《营造法式》及奉国寺大殿多有相同者"，浓缩了真实建筑模型的佛龛建筑部分"即《营造法式》所谓天宫楼阁壁藏者，足为研究当时建筑形制之借鉴"，梁架颇为简单的海会殿"即《营造法式》所谓'八架椽屋前后乳栿用四柱'者"，等等。《营造法式》里各种繁杂的细节以及令人困惑的解释，在他面前逐渐清晰起来。华严寺如同一把钥匙，开启了尘封千年的《营造法式》。华严寺作为一个"活体"标本，更让他们发现，1920 年代刊行的《营造法式》的彩画图样着色，其实存在很多谬误，需要修订再版。[1]

辽代盛极一时的善化寺，则回荡着驻军操练的呐喊声，孩童们在殿堂间奔跑，爬上一千年前竖起的柱子，掏梁上的鸟蛋，但这座暮色中的古刹还是让梁思成"瞠目咋舌"，"愉快得不愿忘记那一刹那人生稀有的，由审美本能所触发的锐感"，刘敦桢则惊呼："如果元明以后有此精品，我的刘字倒挂起来了。"[2] 他们忙于测绘、记录，为了每一处新的发现而欣喜若狂。

从辽代的华严寺到金代的善化寺，两座建筑相隔一个多

1　他们认为："民国十年本《营造法式》彩画图样着色颇多错误之处，不足为例，尚有待于更改再版。至于实例，唯义县奉国寺，大同薄伽教藏尚略存原形，但多已湮退变色，或经后世重描，已非当时予人之印象矣。"

2　梁思成致林徽因的信。参见林徽因《闲谈关于古代建筑的一点消息》，载《梁思成全集》(第一卷)，第 317 页。

世纪，清晰地呈现出辽金之间建筑变迁的痕迹，他们对此尤为好奇。[1]

当时，中国人沿用了常盘大定和关野贞在《支那佛教史迹》中的记录，一度以为，华严寺薄伽教藏是当时中国存世的最古老的木构建筑。[2] 但是，通过此前在河北的考察，梁思成已经证实，蓟县独乐寺和宝坻广济寺都比华严寺年代更久。他深信，中国一定还存在着更古老的木构，甚至是唐代的木构。

或许，它就在山西。

空白的一章

云冈石窟的生活更加艰苦。

一位农户让出了一间没有门窗、只有屋顶和四壁的房子给他们栖身。这里昼夜温差很大，三餐只有煮土豆和玉米面糊糊。但他们还算幸运，用半打大头钉，从一个驻军排长那里换来了几十克芝麻油和两颗卷心菜。[3] 尽管条件艰苦，他们还是待了两个晚上，北魏高逸的微笑让他们难以忘怀。

几年前，梁思成曾在东北大学讲授中国雕塑史，他认为，"艺术之始，雕塑为先"，"此最古而最重要之艺术，向为国人

---

1 梁思成、刘敦桢：《大同古建筑调查报告》，载《梁思成全集》（第二卷），第 154 页。

2 参见梁思成《蓟县独乐寺观音阁山门考》，载《梁思成全集》（第一卷），第 162 页，傅熹年所做注释。

3 梁思成：《华北古建筑调查报告》，载《梁思成全集》（第三卷），第 347—349 页。

所忽略"。他向学生描述过两个唐人迥异的命运。吴道子和杨惠之都师从张僧繇，所谓"道子画，惠之塑，夺得僧繇神笔路"。吴道子被尊为"画圣"，杨惠之被誉为"塑圣"，然而，在中国历史上，雕塑终究被视作雕虫小技，匠人也因此默默无闻，于是，吴道子名扬天下，杨惠之却鲜为人知。

那时，梁思成依据的主要是日本学者的著作，以及他在欧美博物馆游历的见闻。此刻，当他终于站在北魏皇家造像面前，仰望十四个世纪以前的古老面容，激动之情难以言表，盛赞云冈石窟为"后魏艺术之精华——中国美术史上一个极重要时期中难得的大宗实物遗证"。

自伊东忠太重新发现云冈石窟以来，日本学者关野贞、法国汉学名宿沙畹（Édouard Émmannuel Chavannes）以及中国学者陈垣，都研究过这片石窟，不过，梁思成一行不只是想观瞻北魏艺术，更希望寻找石刻的"建筑的"（architectural）价值。[1] 石窟中呈现出的门楣、栏杆、塔柱等丰富的古代建筑细节，令他们叹为观止。通过这些实地考察，他们更加相信，中国建筑拥有特殊的"独立性"："云冈石窟所表现的建筑式样，大部为中国固有的方式，并未受外来多少影响，不仅如此，且使外来物同化于中国。"

在云冈石窟的见闻，也让他们更加关注其他洞窟、石刻和壁画中呈现的建筑细节。存世的唐宋木构极为稀缺，他们只

---

[1]　梁思成、林徽因、刘敦桢：《云冈石窟中所表现的北魏建筑》，载《梁思成全集》（第二卷），第179页。

能另辟蹊径，不放过任何潜在的证据。壁画和雕塑，其实悄无声息地留存了"从北魏至元数以千计的，或大或小的，各型各类各式各样的建筑图"，"无异于为中国建筑史填补了空白的一章"。它们虽然不是建筑实体，却是"次于实物的最好的、最忠实的、最可贵的资料"。[1] 从龙门石窟、敦煌莫高窟等洞窟中，他们也获得了大量线索，尤其是莫高窟，更将在未来引导着他们走上梦寐以求的唐代木构之路。

1933 年，这是第一次山西之行，未来梁思成等人还将一次次重返山西，甚至把山西视为"木质古构的富饶温床"。[2] 山西有着深厚的历史根基，曾受到几个王朝的青睐，又是佛教与道教文化的胜地；更重要的是，这里气候干燥，群山苍莽，许多古建筑因此躲过了战乱与人祸，侥幸地得以保全。

"他所倾心的幸而不是电影明星"

大同并不是这次考察的终点站。9 月 9 日，林徽因提前返回北平，八天后，梁思成继续南下，前往梦想许久的圣地——应县。

自从他得知，应县可能有一座辽代的木塔，这塔就变成了他的一桩心病。在北平时，他总是有意无意地对林徽因念叨着，"上应县去不应该是太难吧"，或者暗示，"山西都修有顶好的

1　梁思成：《敦煌壁画中所见的中国古代建筑》，载《梁思成全集》（第一卷），第 129 页。

2　梁思成：《华北古建筑调查报告》，载《梁思成全集》（第三卷），第 351 页。

汽车路了"。林徽因忍不住自嘲："我只得笑着说阿弥陀佛，他
所倾心的幸而不是电影明星！"

　　但他无法确定的是，这座传说中的古塔究竟是不是辽代
的原作。

　　后来，他竟想出一个听起来有些迂腐的办法，寄了一封信
到应县，信封上写着"探投山西应县最高等照相馆"，希望收
信人能帮他拍一张木塔的照片。他不知道谁会收到这封信，收
信人又会如何作答，他甚至不知道，这封信能否如期抵达应县。
他能做的，只有等待。没过多久，这个天真的愿望居然实现了，
应县宝华斋照相馆的店主拍了佛宫寺释迦塔的照片给他寄来，
店主并不想要金钱酬劳，只希望得到一点北平的信纸和信笺，
因为应县没有南纸店。[1]

　　尽管林徽因没能陪同梁思成前往应县，但他在信中向她原
原本本地描述了他所"倾心"的这座千年木塔。第一眼见到
它，他的狂喜就难以掩饰，"由夕阳返照中见其闪烁，一直看
到它成了剪影，那算是我对于这塔的拜见礼"。等到正式去拜
见，"好到令人叫绝，喘不出一口气来半天！"在另一封信中，
他更加毫无保留地连声赞叹："这塔真是个独一无二的伟大作
品。不见此塔，不知木构的可能性到了什么程度。我佩服极了，
佩服建造这塔的时代，和那时代里不知名的大建筑师，不知
名的匠人。"

1　林徽因：《闲谈关于古代建筑的一点消息》，载《梁思成全集》（第一卷），
　　第316页。

　　几天前在华严寺和善化寺发现的三十多种斗拱，已经让他无比震惊，感叹"可谓尽意匠变化之能事"，[1] 而与它们相比，应县木塔简直是一座斗拱博物馆。

　　刘敦桢另有安排，抵达应县后就匆匆离开。梁思成则带着助手莫宗江，迫不及待地爬上爬下，开始测绘、拍摄。

　　秋日的山西，天气瞬息万变。一个晴朗的午后，梁思成正在塔顶专注地工作，突然凭空一声炸雷，吓得他险些松开手中的铁链，从两百英尺（约 61 米）的空中掉下来。[2] 又有一天，他和莫宗江在木塔最上层的梁架上，一直测量到下午五点，又是毫无征兆地狂风暴雨，雷电交加。他们急忙向下爬，不料，测量记录的册子却被风吹开了，有一页甚至飞到栏杆上，所幸他们追赶得及时，如果再晚半秒钟，十天的工作就全都白费了。[3]

　　与应县木塔朝夕相处的这段日子，后来成为他一生的牵挂。多年后，在抗战流亡的路上，他用英文撰写《华北古建筑调查报告》（*In Search of Ancient Architecture in North China*），又想起古塔之上寂寥而神秘的世界——黑夜来临时，他的目光久久地落在一盏"长明灯"上，木塔"如黑色巨人般笼罩全镇，但顶层南侧犹见一丝光亮，自一片漆黑中透出一个亮点。后

1　梁思成、刘敦桢：《大同古建筑调查报告》，载《梁思成全集》（第二卷），第 163 页。
2　梁思成：《华北古建筑调查报告》，载《梁思成全集》（第三卷），第 352 页。
3　林徽因：《闲谈关于古代建筑的一点消息》，载《梁思成全集》（第一卷），第 318 页。

来我发现，那是'长明灯'，自九百年前日日夜夜地亮到如今"。[1] 他始终没弄明白，当地贫瘠，为什么这盏灯却可以燃烧九百年，并可能一如既往燃烧下去，即便一代又一代人灰飞烟灭，灯火也不会熄灭。

梁思成在应县工作了一个星期，直到 9 月 26 日才回到北平。[2] 不料，第二天，《大公报》却给了他一份特殊的"问候"。从 9 月 27 日开始，《大公报》文艺副刊分几期刊发了冰心的万字长文《我们太太的客厅》。明眼人都知道，这篇文章影射的是林徽因。林徽因好客，她和梁思成在北总布胡同的家里，常常云集着文化界的名流，显然，冰心对此颇为不屑。在她笔下，林徽因是"当时社交界的一朵名花，十六七岁时候尤其嫩艳"，梁思成则是"满身疲惫、神情萎靡并有些窝囊的先生"，自然，冰心更不会放过"白袷临风，天然瘦削"的徐志摩，尽管徐志摩已经在两年前去世。

林徽因大约在第一时间就看到了这篇文章，因为她的诗歌《微光》也刊登在 9 月 27 日文艺副刊的同一版，并且被《我们太太的客厅》环绕着。林徽因也是《大公报》文艺副刊的常客，但她对此未做任何文字回应。十天后，她在《大公报》上发表了《闲谈关于古代建筑的一点消息》，记录了梁思成寻访、测绘应县木塔的过程，描述了他们"几个死心眼的建筑师，放弃了他们盖洋房的好机会，卷了铺盖到各处测绘几百年前……的

1　梁思成:《华北古建筑调查报告》，载《梁思成全集》(第三卷)，第 352 页。
2　参见林洙《叩开鲁班的大门》，第 66 页.

伟大建筑物"的旅途。她没有诉诸文字，但她恰好从山西带回来一坛陈醋，便派人送给了冰心。[1]

星空与斗拱

　　滹沱河在山西中部蜿蜒奔流，据说十个世纪以前，宋太宗的战马奋蹄踢出了这股清流，不仅拯救了麾下的士兵，还从此滋养着沿线的村庄和数十家磨坊。十个世纪之后，石磨坊已经被现代机器取代，但其中一些仍在倔强地继续运转，这个山清水秀的所在吸引着传教士们纷至沓来，造起别墅，逐渐成为山西有名的避暑胜地。

　　1934 年夏天，梁思成、林徽因收到了费正清（John King Fairbank）、费慰梅 (Wilma Cannon Fairbank) 夫妇的邀请，结伴前往晋中。

　　未来的国际汉学领袖、中国问题权威费正清，此时仍在牛津大学读博士，这次是为了写论文到中国收集资料。费慰梅则毕业于拉德克利夫学院（Radcliffe College）艺术史专业，多年前，梁思成和她曾先后师从兰登·华尔纳，但两人并不认识。不过，在北平，这两对夫妇却成为亲密的朋友。前往山西之前，费慰梅去过山东嘉祥，考察了汉代的武梁祠，正是因为与梁思成、林徽因的频繁交流，她格外注意其间的"建筑物构

1　林徽因送醋一事，来自李健吾的回忆。

建"。[1] 多年后,《武梁祠建筑原型考》(*The Offering Shrines of "Wu Liang Tz'u"*）将成为她的代表作。

考察过大同、应县以后,梁思成正打算向山西中部进发,于是,这个夏天,四人决定沿着汾河南下调查古建筑。一路上,梁思成甚至教会了费正清和费慰梅帮忙做一些基本的测量工作。

从介休到赵城,好几段公路都毁掉了。当地正在炸山修铁路,于是,大半的行程只能依靠步行,沿途风餐露宿。[2] 梁思成的卡其布衣服和林徽因的蓝衬衫、白裤子,[3] 在尘土飞扬的乡村格外扎眼。后来,费慰梅在回忆录中感叹:"考察旅行意想不到的后果是体力上的筋疲力竭。特别是对于徽因本来就很坏的健康和思成的瘸腿。我和费正清很快就恢复了,但对他们两人的长期影响如何就很难说了。"但这些体力上的消耗与损伤,他们早就习以为常。

一路上,风景时而枯燥乏味,时而惊心动魄。从赵城前往广胜寺的路上,起初都是土崖,走起来十分无趣,突然之间便山势起伏,村落也显得"幽雅有画意",树林越来越繁茂,最粗壮的那些古树下都供着树神,依稀仍能看到烟火痕迹。临近黄昏,踏着满地碎石前行,广胜寺上寺的琉璃塔陡然从干涸的河床上出现,而"霍山如屏,晚照斜阳早已在望,气象仅开朗

1　费慰梅:《梁思成与林徽因》,第 87 页。
2　林徽因、梁思成:《晋汾古建筑预查纪略》,载《梁思成全集》(第二卷),第 297 页。
3　参见费正清《费正清中国回忆录》。

宏壮，现出北方风景的性格来"。[1]

攀登飞虹塔令人心惊。在昏暗的通道里，每一级台阶都高达六七十厘米，坡度则达到惊人的六十度。到了每一段的终点，并没有休息板让人歇口气，而是需要马上反转身，隔空攀住北面墙上的阶梯，才能继续向上攀爬。[2]

那段时间，深山中的广胜寺正名声大噪，这里发现了一套金代版本的《大藏经》，轰动一时。最初，梁思成他们也正是被这套经书吸引，决定到这里看看，不过，他们很快就倾倒于广胜寺的建筑风貌。梁思成不禁感叹："山西赵城县霍山广胜寺上下两院建筑两组，在结构上为我国建筑实物中罕见之特例。"最震撼他们的是屋顶的梁枋结构，七百多年前的建筑师并没有沿袭正统的规范，而是巧妙地运用了出挑深远的斜昂。"设计师的巨大原创力和天才"让梁思成他们大感惊讶，连连赞叹这种"对木结构如此灵活有机的运用在我们的旅途中尚属初见"。可惜，古人的天才已被时间掩埋，"国人只知藏经之可贵，而不知广胜寺建筑之珍奇"。[3]

回程路上途经晋祠，这座建筑实在声名显赫，他们并不报太大期望，甚至不打算停留。在梁思成和林徽因看来，凡是被

1　林徽因、梁思成：《晋汾古建筑预查纪略》，载《梁思成全集》（第二卷），第 327 页。

2　林徽因、梁思成：《晋汾古建筑预查纪略》，载《梁思成全集》（第二卷），第 334 页。

3　林徽因、梁思成：《晋汾古建筑预查纪略》，载《梁思成全集》（第二卷），第 327 页。另见梁思成《华北古建筑调查报告》，载《梁思成全集》（第三卷），第 352—354 页。

称为"名胜"的地方，大多经历过后世以重修为名进行的"大毁坏"，不值得前去考察。不过，从公共汽车的车窗望见殿角的侧影，尤其是"雄大的斗拱，深远的出檐"，他们马上决定改变行程，从行李堆里翻出行李跳下了车。[1] 他们意识到，晋祠显然是古迹，自己不该对任何建筑心存偏见。

这个夏天，他们走访了太原、文水、汾阳、孝义、介休、灵石、霍县、赵城八个县，调查了三四十处元明时期的古建筑。一路上辗转奔波却又惊喜连连。山西的日子仿佛永远也过不完。费正清夫妇要求睡在露天平台，以便抬头就能看见满天星斗。梁思成和林徽因却谢绝了他们的邀请，为了醒来就能望见纵横的斗拱，坚持睡在寺庙的大殿中。古人的智慧覆盖着他们的睡梦，他们阅尽了沿途的寺庙道观，却仍心存奢望。

他们想要证明，在中国大地上仍存在着唐代木构建筑，但它依然远在天边。

古代的"美德"

一次又一次在深山、荒野、市镇中与古老的木构相遇，有时梁思成会下意识地运用自己更熟悉的西方建筑知识和观念，来理解中国古建筑的一些特征，并进行比较分析。正定大悲阁须弥座上的半圆拱龛，让他想到"罗马教堂宫苑中的大松球龛

1　林徽因、梁思成：《晋汾古建筑预查纪略》，载《梁思成全集》（第二卷），第 343 页。

(Nich of the Pine Cone)"；[1] 看到安济桥的大券，他想起了诞生于同一时代的君士坦丁堡圣索菲亚教堂的大圆顶；[2] 而广胜寺中供奉的一尊僧像，则让他感受到埃及风味。[3]

但他也在摸索，究竟该如何观察并理解中国古建筑。研究西方建筑，必须先学习柱式（order），由此类比，他认为，研究中国古建筑，必须先熟悉木构的体系。[4] 他逐渐习惯于从三个方面，即柱、斗拱、梁枋来分析建筑结构，而斗拱作为柱与梁枋之间连接与过渡的部件，尤为重要。在他看来，斗拱之于中国古建筑，恰如柱式之于古希腊、古罗马建筑，他甚至提出，"斗拱之变化，谓为中国建筑制度之变化，亦未尝不可"。[5]

考察的建筑遗存越多，眼光也变得越精准。没过几年，梁思成、林徽因等人就宣布，仅仅看一看斗拱，就有七八成的把握，可以判断一座建筑的营造年代。[6]

他们常会在考察报告中不厌其烦地描述斗拱，对"雄大"的斗拱尤为痴迷，甚至崇拜。他们很幸运地在古建筑考察之初，就接连遇到了诸多经典巨构，而山西之行更让他们大开眼界。

1　梁思成：《正定古建筑调查纪略》，载《梁思成全集》（第二卷），第2—3页。

2　梁思成提出，尽管圣索菲亚教堂的大圆顶的半径更大，但安济桥的券是"弧券"，如果能完成整券，就能超过古代其他国家的任何大券。参见梁思成《安济桥》，载《梁思成全集》（第二卷），第232页。

3　林徽因、梁思成：《晋汾古建筑预查纪略》，载《梁思成全集》（第二卷），第329页。

4　梁思成：《华北古建筑调查报告》，载《梁思成全集》（第三卷），第333页。

5　梁思成：《蓟县独乐寺观音阁山门考》，载《梁思成全集》（第一卷），第168页。

6　林徽因、梁思成：《平郊建筑杂录（上）》，载《梁思成全集》（第一卷），第307页。

独乐寺观音阁云集了二十四种不同类型的斗拱，华严寺、善化寺的斗拱则超过三十种，应县木塔更是数不胜数。根据建筑风貌的演变，尤其是斗拱的变化，他们愈发坚定地认为，唐宋辽金时期是中国建筑史的高峰，而到了明清时期则不断退化，而且"其退化程度已陷井底，不复能下矣"。

对于辽宋时期的遗构，他们从来不吝溢美之词，动辄会用"无上国宝"[1]或者"如对高僧逸士，超然尘表"[2]这些语词大加赞赏。一些辽宋遗构曾在明清时期遭到近乎破坏性的修复乃至篡改，他们对此极为愤慨，从不掩饰鄙夷之情。在正定隆兴寺慈氏阁，梁思成一看到"上檐斗拱没有挑起的后尾"，就立刻"大失所望的下楼"，至于山门上清代匠人重修的痕迹，他更加认为是画蛇添足，"可谓极端愚蠢的表现"。[3]对七佛殿，他们甚至动用了"在美术上竟要永远蒙耻低头"这样残酷的评价，因为他们发现，匠人弄巧成拙，虽然雕工技艺精妙绝伦，其实却害了建筑——"以建筑物作卖技之场，结果因小失大"。[4]在孝义东岳庙，他们也几乎愤恨地点评道，"劣匠弄巧的弊病，在在可见"。[5]至于霍县北门桥的铁牛，尽管在当地非常有名，却

1　梁思成：《蓟县独乐寺观音阁山门考》，载《梁思成全集》（第一卷），第221页。

2　梁思成、刘敦桢：《大同古建筑调查报告》，载《梁思成全集》（第二卷），第50页。

3　梁思成：《正定古建筑调查纪略》，载《梁思成全集》（第二卷），第3—4页。

4　林徽因、梁思成：《晋汾古建筑预查纪略》，载《梁思成全集》（第二卷），第303—306页。

5　林徽因、梁思成：《晋汾古建筑预查纪略》，载《梁思成全集》（第二卷），第315页。

和他们见过的无数明代铁牛一样"蠢笨无生气"。[1]善化寺是金代遗构，他们对大雄宝殿中的佛像大加赞叹，却仍不忘顺势贬斥一下明清的审美，于是又信笔补了一句，"明清二代塑像中，绝难觅此佳作"。[2]

当然，这些贬斥大多就事论事。尽管对七佛殿繁缛的雕塑颇为不满，他们对建筑本身却没有太多异议——它虽然是一座明代建筑，却"尚保存着许多古代的美德"。"美德"，是他们颇愿意采用的词语。山西有许多像七佛殿这样的明清建筑，仍然承袭古制，只是可惜雕饰太繁，过犹不及，就连用来做装饰的琉璃瓦也是如此，这让他们不禁感叹："制瓦者往往为对于一件一题雕塑的兴趣所驱，而忘却了全部的布局，甚悖建筑图案简洁的美德。"[3]汾阳龙天庙的斗拱也是如此，乍看之下具有宋元时期的特征，细看却发现，拱头的雕饰动辄被做成龙头或者象头，太过光怪陆离，完全没有"古代沉静的气味"。[4]显然，"简洁"与"沉静"，才是他们所追求的古建筑的"美德"。正因如此，他们才会对唐宋辽金木构如此心驰神往。

1　林徽因、梁思成：《晋汾古建筑预查纪略》，载《梁思成全集》（第二卷），第 323—324 页，

2　梁思成、刘敦桢：《大同古建筑调查报告》，载《梁思成全集》（第二卷），第 121 页。

3　林徽因、梁思成：《晋汾古建筑预查纪略》，载《梁思成全集》（第二卷），第 354 页。值得一提的是，并非所有的明清风格或者繁复的雕饰都会引发他们的致意，例如，对于广胜寺上寺正殿中佛帐上剔空浮雕花草隆兽几何纹，他们就赞叹"精美绝伦，乃木雕中之无上好品"，参见林徽因、梁思成《晋汾古建筑预查纪略》，载《梁思成全集》（第二卷），第 336 页。

4　林徽因、梁思成：《晋汾古建筑预查纪略》，载《梁思成全集》（第二卷），第 301 页。

中国建筑史，一部侦探小说

中国建筑史如同一部侦探小说，这是林徽因做的比喻。[1]

千年营造，谜团重重，考验着书写者的判断力和内心的定力。他们梦想着，有朝一日能代表中国建筑界写出第一部中国建筑史，不料，却有人捷足先登。

1934 年，乐嘉藻出版了中国人写的第一部《中国建筑史》。他和梁启超是一代人，参与过"公车上书"和"辛亥革命"。他从未接受过建筑学训练，只是凭着兴趣四处收集资料，写出了三册建筑史。听说这部作品出版的消息，梁思成形容自己"像饿虎得了麋鹿一般，狂喜大嚼"，但随即大失所望。他写下《读乐嘉藻〈中国建筑史〉辟谬》，刊登在《大公报》上。他认为，作者"既不知建筑，又不知史"，而他之所以要耗费笔墨"辟谬"，是因为"良心上的责任"——当西方和日本的建筑学家仍在孜孜不倦地研究中国建筑时，国人却写出"连一部专书最低的几个条件都没有做到"的书，并以中国建筑史为名，这让他尤为痛心。[2]

梁思成仍然坚定地把希望寄托在《营造法式》上。他相信，唯有先破译《营造法式》，才能有"相当的把握"写一部中国

1　林徽因：《闲谈关于古代建筑的一点消息》，载《梁思成全集》（第一卷），第 315 页。

2　李芳、庞思纯在《一份湮没了八十余年的争辩文献》一文中提出，乐嘉藻看到梁思成的质疑后，曾写下答复文章寄给《大公报》，但并未刊登，从此石沉大海。参见李芳、庞思纯《一份湮没了八十余年的争辩文献》，《贵州文史丛刊》2018 年第 2 期。

建筑史；而为了"翻译"出《营造法式》，破解诸多失传的谜题，他就不得不一次次启程，到深山荒野中辗转，在不知名的乡村市镇间奔波，面对当地人或警惕或困惑的目光，在失望与希望之间，与光阴沉默对弈。

残留在大地上的千年遗构，不动声色地给他们提供着各种暗示。独乐寺山门的十二根柱子，就是《营造法式》中记载的"直柱"，其山门柱头铺作则是所谓的"偷心"。正定隆兴寺的宋代建构大多已被毁掉，但在转轮藏殿上部，竟然奇迹般依然留存着和《营造法式》完全相同的斗拱，这令他们"高兴到发狂"。[1]《营造法式》第三十一卷中绘制的"八架椽前后乳栿用四柱"，他们在华严寺海会殿的梁架上找到了极其相似的证据。[2] 在善化寺的山门上，他们则发现了同在《营造法式》三十一卷中出现的所谓"四架椽屋分心用三柱"。[3] 在广胜寺上寺，他们第一次看到了《营造法式》中记录的"勾头搭掌"在现实中的做法。[4] 晋祠正殿的斗拱彩画，虽是后世重做的，却与《营造法式》的"五彩遍装"很相似[5]……

当面前的建筑细节与纸上的描绘逐一暗合，谜底一个接一

1　梁思成：《正定古建筑调查纪略》，载《梁思成全集》（第二卷），第3页。

2　梁思成、刘敦桢：《大同古建筑调查报告》，载《梁思成全集》（第二卷），第90页。

3　梁思成、刘敦桢：《大同古建筑调查报告》，载《梁思成全集》（第二卷）第147页。

4　林徽因、梁思成：《晋汾古建筑预查纪略》，载《梁思成全集》（第二卷），第334页。

5　林徽因、梁思成：《晋汾古建筑预查纪略》，载《梁思成全集》（第二卷），第344页。

个被解开。古建筑遗存帮助他们一点一滴"翻译"出《营造法式》这部"天书"。每次田野调查都能解决诸多疑难，但与此同时又留下更多困惑。尽管有些问题一时无法找到答案，但建筑实物至少给了他们合理的想象空间，他们会在考察报告中加以推测，再用括号或问句标注出自己的疑惑。他们就这样，在惊喜与失落间跋涉，距离真相越来越近，却似乎永远无法真正抵达。

可是他们知道，留给他们的时间并不多。梁思成把田野调查称为"与时间赛跑"，因为西方建筑以石材为主，而中国建筑以木构为主，无时无刻不在遭受风雨侵袭和后世的肆意改造。意外也常在不经意间发生，"一炷香上飞溅的火星，也会把整座寺宇化为灰烬"。[1] 进入民国后，情况变得更为复杂。政府常常以"破除迷信"为名，拆毁古建筑；与此同时，军阀混战，日军步步紧逼，战争的威胁越来越近。这一切，都催促着他们不断启程。"孤例"这个词，开始在梁思成的文章中频繁地出现。能目睹这些"孤例"，他的狂喜跃然纸上，可是，"孤例"又意味着这些古建筑多么脆弱，而这次发现何其侥幸。狂喜背后，更藏着沉痛的悲哀。与时间赛跑，其实终究是与自己较量。

他们的努力当然也被民族主义激情驱动着。国人都在热切地拥抱西化的生活，却对自身的传统心怀偏见甚至鄙夷。此情此景下，他们试图让人们重新认识自身辉煌的传统。经

1　梁思成：《华北古建筑调查报告》，载《梁思成全集》（第三卷），第333页。

过实地考察与测绘，他们掌握了大量的一手证据，更积累了丰富的经验，进而找到独特的观察与判断视角，有底气回应乃至纠正一些海外学者的判断，真正在国际建筑学界发出属于中国的声音。

关野贞和常盘大定曾以为，华严寺薄伽教藏殿是中国存世最古老的木构，梁思成却通过测绘与研究后澄清，蓟县独乐寺和宝坻广济寺都比华严寺年代更久远。伊东忠太认为，华严寺薄伽教藏殿是金代建筑，然而，梁思成一行经过仔细调查后认定，无论是斗拱的结构、屋顶的坡度、平棋、藻井、彩画、壁藏、佛像等的式样，都足以证明它是辽代建筑，绝非金代以后所造。[1]倒是华严寺的大雄宝殿，有好几位日本学者以为是辽代建筑，梁思成他们却从传世的碑文记录和建筑风格判断出，这是一座典型的金代建筑。[2]广胜寺的建筑结构法与他们在中国各地所见的许多古建筑都不同，却和日本飞鸟奈良时期的建筑风格有些相似，因此，有一些建筑家曾怀疑，日本的这些建筑结构法并非自创，而是师承中国宋代以前的规则，只不过这些规则在中国反而失传了。对广胜寺进行勘测与研究后，梁思成他们相信，这种判断应该是准确的。[3]

田野考察最大的收获，不仅仅在于发现了许多被遗忘的建

1　梁思成、刘敦桢：《大同古建筑调查报告》，载《梁思成全集》（第二卷），第 87 页。

2　梁思成、刘敦桢：《大同古建筑调查报告》，载《梁思成全集》（第二卷），第 105—106 页。

3　林徽因、梁思成：《晋汾古建筑预查纪略》，载《梁思成全集》（第二卷），第 329 页。

筑遗迹，或者驳斥了外人的偏见与误解，更重要的是，沿途的所见所闻所感，为中国古建筑的发展勾勒出一条隐约可辨的轨迹，终有一天，在路上的时光将落在纸上，化为《中国建筑史》的骨骼与肌理。[1]当然，这一天还很遥远。

其实，他们还怀着更深的愿景，更大的野心。他们不仅要访古、寻古、存古，事实上，更试图改写自己的时代。

1933 年，林徽因曾把梁思成、刘敦桢他们称为"几个死心眼的建筑师"，"放弃了他们盖洋房的好机会，卷了铺盖到各处测绘"。[2]这样的身份定位，听起来自然颇为崇高、动人，然而，两年后，梁思成就在《建筑设计参考图集序》中做了自白：他深信，自己正身处"中国新建筑师产生的时期"，问题在于，许多建筑师根本不了解中国古代建筑的特性，就像写作的人读书太少，写字的人没有见过大书法家的碑帖，纵然天资再高也无济于事。因此，他提出，航海家需要地图，而他和中国营造学社同仁们希望做的，就是为建筑师们"定他们的航线"。[3]

所以，这几个"死心眼的建筑师"其实并不迂腐。他们不辞辛劳地奔波，是为了理清过去，进而眺望未来。他们希望通过调查、研究古老中国的营造传统，最终影响当下建筑界的实

1　早在 1930 年 7 月的《中国营造学社汇刊》上，朱启钤也曾提出，既应该"研究中国固有制建筑术"，更要"协助创造将来之新建筑"。

2　林徽因：《闲谈关于古代建筑的一点消息》，载《梁思成全集》（第一卷），第 315 页。

3　梁思成：《建筑设计参考图集序》，载《梁思成全集》（第六卷），中国建筑工业出版社，2001 年，第 235—236 页。

践，甚至制定新的规则。[1] 这几个"死心眼的建筑师"不是要给建筑做设计，而是要为整个中国建筑界做设计——他们要重塑建筑界的格局。

尽管这愿望最终未能实现。

大唐微尘

唐朝，仍是梁思成的执念所在。未能发现唐代木构建筑，让他一直耿耿于怀。在给林徽因的一封信中，他写道，但凡有一点关于唐朝的痕迹，"则一步一磕头也要去的！"[2]

1937年6月，他们再度启程，第四次前往山西，寻找梦中的唐朝。

短短五年之间，梁思成、刘敦桢等人一直在各地奔波，考察了一百九十个县市，二千七百三十八处建筑，绘制了

---

1 多年后，梁思成在《为什么研究中国建筑》中做了更详细的解读。他的目的不仅仅是保护古建筑，更希望有助于"将来复兴建筑的创造问题"。他要把当年"无名匠师不自觉的贡献"，演化为"近代建筑师的责任"。他强调"新科学的材料方法"，但要塑造的则是"中国特有的作风及意义"。他希望这些研究可资参照，让建筑师们"创造适合于自己的建筑"。因此，他执着于破解宋朝的《营造法式》和清朝的《工程作法则例》，要把晦涩的称谓和元素转化为现代人能够理解的直观的形式。从某种程度上说，这也是一种"翻译"。借由这种"翻译"，建筑师们可以更清晰地看到中国历代建筑风貌与作法的变化，最终迸发出新的创造力。参见梁思成《为什么研究中国建筑》，载《梁思成全集》（第三卷），第378—380页。

2 林徽因：《闲谈关于古代建筑的一点消息》，载《梁思成全集》（第一卷），第318页。

一千八百九十八张测绘图。[1] 梁思成重点调查了京郊、河北、山西一带的古建筑，参与了杭州六和塔与曲阜孔庙的修葺计划。刘敦桢虽是文献部主任，也并未放弃田野考察，最初聚焦于北平与河北周边，后来又走访了河南、山东、江苏和陕西等地。此外，两人还联手拟出了故宫文渊阁、景山万春亭的修复计划。

但梁思成从未忘记自己的夙愿。

四年前抵达大同时，他就深信，在华严寺和善化寺的一些建筑细节中，一定潜藏着唐代的痕迹。他猜测，有一些与《营造法式》规则不符的细节，或许就是残留下来的唐代手法。[2] 只是，这一切还只能停留于猜测。

山西赵城县的女娲庙，曾让他心存幻想，因为庙志宣称它是唐朝天宝六年重修的，然而，仅仅看一眼正殿的斗拱，梁思成一行就已经知道，它的建造年代不会早于元末明初。[3] 赵城兴唐寺也号称是唐代建筑，尽管需要绕很长的路进山，他们还是决定前往探查一番。一路走了十三个小时，中途又在霍山的山神庙中借宿了一晚，次日才终于抵达兴唐寺。可惜，他们所见到的，却只是几座清式的小殿和西洋式的门面，古建筑早已

1　需要说明的是，这些数据包括了 1937 年梁思成、林徽因的第四次山西之行，以及刘敦桢在河南、山西的考察。参见林洙《叩开鲁班的大门》，第 120 页。

2　梁思成、刘敦桢：《大同古建筑调查报告》，载《梁思成全集》（第二卷），第 170 页。

3　林徽因、梁思成：《晋汾古建筑预查纪略》，载《梁思成全集》（第二卷），第 324 页。

被拆除殆尽。[1]

　　但是 1937 年的这个夏天与往常不同。这一次，他们有了新的线索。在法国汉学家伯希和的《敦煌石窟图录》中，莫高窟 61 窟的佛龛背后，有一面巨幅壁画《五台山图》，长 13.45 米、高 3.42 米的空间里描绘了唐代五台山的寺庙群，从河北镇州到山西五台山，数百里山川、寺庙、风土、民情，历历在目，[2] 而其中有一座寺庙，名为"大佛光之寺"，根据壁画上呈现的方位来判断，它应该不在五台山的中心地带。

　　于是，梁思成、林徽因、莫宗江和测绘员纪玉堂一行，从太原到东冶，换了骡车以后，没有进入寺庙云集的台怀镇，而是向北走，沿着偏僻的山间小路向南台外围一路搜寻。[3] 终于，二十多棵古松沉默地迎接他们，单是看一眼佛光寺的斗拱，就带给他们极大的震撼，它"巨大、有力、简单，出檐深远"，他们下意识地想到蓟县独乐寺观音阁——那是他们曾经寻访过的最古老的木构建筑。

　　佛光寺大殿中的佛像，与敦煌石窟中的塑像相仿，他们深信，这些应该都是晚唐的塑像。在庄严的佛像群里，角落处有一尊小小的女子像，一副世俗装扮，与周遭的环境格格不入。僧人告诉他们，那是邪恶的武则天。

1　林徽因、梁思成：《晋汾古建筑预查纪略》，载《梁思成全集》（第二卷），第 342 页。

2　樊锦诗、刘永增编：《敦煌鉴赏》，江苏美术出版社，2007 年，第 111 页。

3　梁思成：《记五台山佛光寺的建筑》，载《梁思成全集》（第四卷），中国建筑工业出版社，2001 年，第 367 页。

第二天，他们开始勘察建筑的每个角落，从斗拱、梁枋到平暗、石雕柱础，都显示出晚唐的风格。最让梁思成震惊的是屋顶梁架的做法，这样的梁架只在唐代壁画中有过描绘，而在多年的考察历程中，他从未见过。蒙着面罩，在厚厚的积尘上，他们借助手电筒的微光开始测绘、拍摄。几千只蝙蝠一齐扑扇着翅膀，驱逐着这些不速之客，顶棚积了千年的浮土纷纷落下，横梁上陈列着蝙蝠干瘪的尸体，挡住了他们的视线。黑暗中，数以万计的臭虫从横木中探头张望，钻进他们的衣襟。几个小时后，到檐下呼吸几口新鲜空气，他们才发现遭到了臭虫叮咬，还有无数只臭虫已经钻进睡袋和笔记本里。

有大量的蛛丝马迹显示着这应该是一座唐代建筑，但他们仍然期望能找到更直接的证据。第三天，林徽因在一根梁下发现了淡淡的墨迹，它被尘土覆盖，又被后世涂抹的淡赭色涂层遮蔽，难以辨识。她在空中努力变换着身形，试图分辨梁上记录的官职和人名，终于，她发现了这样一行字："佛殿主上都送供女弟子宁公遇。"她猛地想起曾在殿外的石经幢上看到过一些关于官职的记录，决定重新读一读经幢上的文字。在经幢上，她发现了一行相仿的字——"女弟佛殿主宁公遇"。经幢是唐朝大中十一年立的，那一年是公元857年。

佛光寺的真实历史，终于揭晓。直到此刻，他们这才领悟到，那尊坐在角落里的世俗女子像，并不是武则天，而是宁公遇。把供养人安置在佛像下的角落，在敦煌壁画中也非常普遍。

虽然佛光寺已是晚唐风格，并且梁思成根据其规模断言，在晚唐它也并不是一流的寺庙，但它毕竟给他们的想象画出了一个全貌，"斗拱雄大，出檐深远"。他尤为兴奋地感叹，佛光寺云集了唐代的绘画、书法、雕塑和建筑，"此四者一已称绝，而四艺集于一殿更属海内无双"。[1] 他从来不吝于用最华美庄严的字句来描述他发现的建筑——他的建筑。

其实，十二年前，关野贞曾经见过佛光寺的照片。当时，关野贞和常盘大定一起辑录《支那佛教史迹》，收录了日本僧人小野玄妙和太原美丽兴照相馆为佛光寺拍摄的九张照片。可惜，他们关注的是大殿里的三尊佛像，认为它们是"五台山中唯一杰作"，却对建筑几乎视而不见，并且断言，"佛光寺之寺院规模、伽蓝并不雄伟"。

最终，是田野考察澄清了历史的真相。

梁思成一行拊掌疾呼，忘了连日来的劳顿与疲惫。他们只看见，一千年后的夕阳残照，如约倾覆在这座被遗忘的建筑上。它来自遥远的盛世大唐，而它所象征的繁华喧嚣，原本就敌不过光阴积下的一粒微尘。

---

1 梁思成：《华北古建筑调查报告》，载《梁思成全集》（第三卷），第355—360页。

第四章　何处是归程

向南方

与佛光寺的长老道别时，梁思成承诺，一定会向政府申请基金，来年修缮寺庙。他们又在五台山中游荡了几天，但并没有发现更多重要的建筑遗迹，于是辗转离开山区。1937 年 7 月 15 日，他们见到了从太原运来的报纸。因为发洪水，报纸投递耽搁了。躺在行军床上阅读过期的报纸，他们才得知，日军已经在八天前开战，全面抗战爆发了，而他们身在山中，浑然未觉。

刘敦桢也在外地考察，战争爆发后，才从中原匆匆赶回北平。一个月后，他们栖身的城市也沦陷了。中国营造学社被迫南迁，六十六岁的朱启钤送走他们，自己选择留守故都。未来的七年里，他将一次次装病，被迫搬迁，拒绝与日伪合作；他还将指导留下来的旧日职员，在艰难的环境里，为远在南方的梁思成、刘敦桢等人提供支持，抢救、整理、寄送研究资料。

　　被朱启钤寄予厚望的这些年轻人，将迎来另一种叵测的命运。林徽因回忆，他们"把中国所有的铁路都走了一段"，"上下舟车16次，进出旅店12次"，才终于取道天津抵达长沙。但长沙也非久留之地，他们被日军追袭，继续南下。路上，林徽因生了肺炎，这病症困扰着她的整个后半生。所幸，有过多年田野考察经验，她和梁思成配合默契，能快速打包行李，带着年幼的儿女，随时动身。他们还随身带着一小盒酒精棉，每次吃饭前取出一点，给碗筷消毒。这一幕，让九岁的女儿梁再冰难以忘怀。她从未想象过常在客厅里笑语盈盈的母亲，面对如此艰苦的环境，竟这样从容干练。

　　人在湖南，刘敦桢决定顺路回故乡探亲。渡船异常颠簸，风浪很疾，樵夫的歌声与纤夫的号子声此起彼伏，他却独坐在船上读书，对两岸的风光与险滩均视而不见。[1] 战火使他的研究与调查计划搁浅，他也只能依靠这点滴努力，来弥补人生的遗憾。

　　他无法容忍自己停下脚步，回到新宁没多久，就开始考察附近的民居、宗祠和廊桥。他深信这些田野考察同样拥有特别的意义，因为他的故乡位于湖南西南部，地理位置偏僻，不容易受到外来影响，因此，一些古老的营造方法应该也没有被完全遗忘。[2] 他对山涧之间、平原之上隐约出现的廊桥尤其感兴趣，

1　刘叙杰：《创业者的脚印——记建筑学家刘敦桢的一生》，载东南大学建筑学院编《刘敦桢先生诞辰110周年纪念暨中国建筑史学史研讨会论文集》，东南大学出版社，2009年，第188页。

2　刘敦桢：《中国之廊桥》，载《刘敦桢文集》（第三卷），中国建筑工业出版社，1982年，第450页。

测绘了故乡的江口桥，并在几年后写下《中国之廊桥》，分析总结中国古代桥梁的嬗变。这是一次意外的收获，尽管背后代价惨重。

抵达昆明后，中国营造学社又被迫从城内的循津街迁往郊外的麦地村兴国庵。生活愈发困苦，他们却依然好奇地打量着周遭的一切，寻找新的研究方向。

多年以来，中国营造学社的考察与研究其实一直存在一大盲区。梁思成、刘敦桢等人更关注宫廷建筑和佛教建筑，对民居不够重视，刘致平却希望为这种"用最少的钱造出很合用又很美观的富有地方性的建筑艺术"正名。他钦佩民居背后体现的民间智慧，匠人们"只是老老实实地用最经济的方法，极灵活简洁的手法造出很美好的住宅，它那优美生动的式样是很可爱的，而且是各地不同，花样百出，美不胜收的"。[1]他在昆明寓居的房子，是云南中部典型的四合院建筑——"一颗印"，顾名思义，它的外观如同印章，两层住宅环绕着天井，有三间正房，左右各有两间耳房，即所谓"三间四耳"。刘致平对这座房子进行了测绘和研究，并在几年后完成了《云南一颗印》。后来，他又沿着这个方向继续深入下去，在四川各地考察了二百多座民居建筑，测绘了其中六十多座，它们成为他写作《四川住宅建筑》的基本素材，终于填补了这一研究领域的空白。

战火蔓延，他们却从未稍忘学人的本分，甚至比从前更加

---

1 刘致平著，王其明增补：《中国居住建筑简史：城市、住宅、园林》，中国建筑工业出版社，1990年，第124页。

迫切地考察、研究。他们无力扭转战局，改变时代，却也习惯了苦中作乐，随遇而安。

苦难催人肝肠，但也能砺人心志。

悬崖上的佛国

1939 年秋天，热闹的兴国庵突然安静下来，梁思成、刘敦桢、莫宗江、陈明达等人从昆明出发，前往四川与西康考察古建筑。兴国庵里，只剩下母亲们陪伴着孩子们，后来，刘敦桢的儿子刘叙杰自嘲道，"这倒也符合尼寺的清规"。

悬崖下面，汹涌的江流不断变化着名称——长江、青衣江、岷江、嘉陵江……水随山势，莽林无边。它们看起来并无二致，只有路在脚下不断延展。

从 1939 年 9 月到 1940 年 2 月，他们从秋天一直走到春天。抗战流亡，却也给了他们前所未有的机会，审视西南地区的建筑遗存。那些散落在山野之间的古迹，在仿若旷古的黑暗里等待着他们。

西南考察是北方之旅的延续。四川保存下来的木构建筑以明清两代为主，七曲山大庙建筑群中的盘陀殿兴建于元代，已属罕例。这些不同形制的木构建筑和壁画，拥有明显的西南地域文化特征，为他们的研究提供了诸多新的素材和启迪。

四川的佛国，更让梁思成发现了一个震撼人心的世界。

东方建筑，木构之间，大美无言，顽石之中，亦有苍凉。他在北方踏勘过云冈石窟、龙门石窟、天龙山石窟，对四川一带的摩崖石刻则所知甚少，不过，早年在东北大学任教时，他还是颇有些神往地对学生们说："摩崖造像，除北数省外，四川现存颇多。广元县千佛崖，前临嘉陵江，悬崖凿龛，造像甚多。多数为开元天宝以后造。"

时隔九年，他终于在大江荒山之上，亲眼看见了散落在四川深山之中的汉阙、崖墓和摩崖石刻。多年后，他将在《中国建筑史》中继续回顾这一幕："四川多处摩崖，则有雕西方阿弥陀净土变相，以楼阁殿宇为背景者，如夹江县千佛崖，大足县北崖佛湾，乐山县龙泓寺千佛崖皆其例也。"

星星点点的石窟，是佛祖散落在大地上的足迹。它们从长安入蜀地，沿着金牛道，一路蔓延。"安史之乱"以后，中原地区再也没有进行过大规模的石窟造像，星星之火却在四川燎原。

但时代正遭遇巨变，曾被视为不朽的石头同样难逃一劫。梁思成抵达广元时，千佛崖几乎面临灭顶之灾。1935年修建川陕公路，大半造像被毁。梁思成百感交集地写道："千佛崖在县治北十里，嘉陵江东岸，大小四百龛，延绵里许，莲宫绀髻，辉濯岩扉，至为壮观。唯近岁兴筑川陕公路，较低之龛，剜削多处，千载名迹，毁于一旦，令人痛惜无已。"[1]

其实，外国学者们早就踏勘过四川的摩崖造像。20世纪初，柏石曼、谢阁兰（Victor Segalen）和伊东忠太都曾造访四川，

1　梁思成：《西南建筑图说（一）——四川部分》，载《梁思成全集》（第三卷），第206页。

不过，谢阁兰认为，四川的造像艺术价值不高，"只能供宗教之证明，而其造像不足以供审美者之鉴赏也"。

然而，梁思成一行关注的不只是造像优美与否，佛国之中，其实别有洞天。在这些佛龛中，他惊喜地发现了一些关于古建筑的线索。夹江千佛岩99窟、128窟、137窟的背景是三座楼阁，中间通过阁道连接，佛像两旁有佛塔和经幢，128窟呈现的更是典型的唐代密檐式塔造型……它们都为他研究《营造法式》提供了直观的证据。日后，他将兴奋地揭示这一点："龙门唐代石窟之雕凿者，对于建筑似毫不注意，故诸窟龛鲜有建筑意识之表现。然在四川多处摩崖，则有雕西方阿弥陀净土变相，以楼阁殿宇为背景者，如夹江县千佛崖，大足县北崖佛湾，乐山县龙泓寺千佛崖皆其例也。"

1940年春天，风尘仆仆的父亲们终于回到昆明。他们在半年里考察了四川和西康的三十一个市、县，一百零七个重要古建筑、石刻及其他文物。守候在兴国庵的母亲们和孩子们早早地等在村口，梁思成从人力车上跳下来，立刻与林徽因拥抱在一起。这一幕，让习惯了农村生活的孩子们目瞪口呆。[1]

百感交集的梁思成还在期待下一次考察，却并不知道，四川之行，竟是中国营造学社主要成员最后一次结伴长途跋涉考察古建筑。

一个时代行将落幕。

1　参见刘叙杰《创业者的脚印——记建筑学家刘敦桢的一生》，载东南大学建筑学院编《刘敦桢先生诞辰110周年纪念暨中国建筑史学史研讨会论文集》，第190页。

古远的梦

1940 年的一天，梁思成忽又想起佛光寺雄大的斗拱。在报纸上，他发现了一个熟悉的名字——豆村，据说中日两国军队都准备以豆村作为据点，发起进攻与反攻。时隔三年，重新看到这个名字，恍如隔世。但佛光寺，他心心念念的佛光寺，就藏匿在那里，藏匿了一千多年。但梁思成不知道，佛光寺又能否熬得过这一场炮火。

他只能面对图稿上描绘的线条，怀想那座恢宏的遗构，以及自己从未消退的狂喜和无尽的悲哀。其实，就连他们绘制的这组佛光寺的图稿，都历经坎坷才得以保全。它先是被从北平带到天津，又从天津带回北平，朱启钤请社员把它们复制下来，托人送到上海，又从上海邮寄到西南，才终于辗转交到梁思成手上。[1]

佛光寺前途难卜，而他自己，也如同一叶浮萍，在汹涌的巨浪中无处栖身。[2]

用英文写作《华北古建筑调查报告》时，他坐在昆明龙头村的家中，[3] 或许在壁炉前。这是他和林徽因一生中为自己设计的唯一的房子。他们在靠近金汁河畔造起这座八十平方米的平

1 梁思成：《记五台山佛光寺的建筑》，载《梁思成全集》（第四卷），第 369 页。
2 梁思成：《华北古建筑调查报告》，载《梁思成全集》（第三卷），第 360 页。
3 《华北古建筑调查报告》是梁思成用英文所做的演讲，此前未发表过。根据《梁思成全集》编著者的考证，该文应写于 1940 年身在昆明时。参见梁思成《梁思成全集》（第三卷），第 322 页，注释 1。

房，三间房坐西向东，两间坐东向西，中间构成一个小庭院。在这座中式宅院里，壁炉是唯一与众不同的构建。这房子耗尽了他们的积蓄，他们"不得不为争取每一块木板、每一块砖，乃至每根钉子而奋斗"。[1]后来，林徽因用煤油箱做书架，拿废布做成窗帘，于是，这个临时的家又焕发出别样的生机。

他们曾经希望在古建筑的骨骸上，生出血肉，再造新的建筑规则，但他们自己设计的建筑其实很少，只有吉林省立大学礼堂图书馆、北京仁立地毯公司铺面改建、北京大学地质馆和北京大学学生宿舍这几处。[2]在昆明，他们却设计了两座房子。另一座是西南联大的校舍，设计稿一改再改，不断缩水，因为大后方根本没有资金能承载他们的构想，最终造起来的，是铁皮屋，不科学，不美观，更没有呈现出"中国建筑的构架，组织，及各部做法权衡"，每逢雨季，教授便不时地要停课听雨。那时，雨声敲击在铁皮屋顶，密如鼓点，与日军铁蹄践踏在中国土地上的声音，何其相似。

流寓昆明的日子里，林徽因仍在写诗，有一首名叫《小楼》："瓦覆着它，窗开一条缝，夕阳染红它，如写下古远的梦。"可惜，房子落成不久，他们又要被迫启程，向四川的深山迁徙。他们的那些"古远的梦"，仍遗留在遥远的北方——不知何时才能回归的北方。

1　费慰梅：《梁思成与林徽因》，第137页。

2　参见梁思成《梁思成全集》（第九卷），中国建筑工业出版社，2001年，第5—20页。

第五章　李庄：沙漠中的金鱼

战时中国文化中心

江声浩荡。

1940 年冬天，几尊神像从李庄东岳庙里被抬出去，再也没有抬回来。

在抗战的隆隆炮火中，同济大学第六次迁徙，最终落地李庄。乡民们请走神像，放进桌椅黑板，东岳庙做了同济大学工学院的校舍。作为回报，工学院架起电线，李庄人用上电灯，比南溪县城还要早十多年。

同济大学迁校，最初看中的是南溪县，却遭到婉拒。县城里的乡绅们担心，人口激增会导致物价上涨，甚至危及民风。举棋不定之际，一纸十六字电文却从偏僻的李庄发出："同济迁川，李庄欢迎；一切需要，地方供应。"电文起草者，是李庄的乡绅领袖罗南陔。他和张官周、张访琴、杨君惠、李清泉、江绪恢等乡绅、袍哥的抉择，让名不见经传的小镇李庄成为战时中国的文化中心之一，也让饱经摧残的华夏文化，得以留存一线生机。

与同济大学一起来到李庄的，还有中央研究院史语所、社会科学研究所、中央博物院、金陵大学文科研究所，以及中国营造学社。梁思成、刘敦桢、林徽因等人也随着人潮来到李庄。从昆明到李庄，山路蜿蜒崎岖。每家人只允许携带八十公斤行李，从古稀之年的老人到刚出生的婴儿，三十一个人挤在卡车里，一路颠簸。随即，他们如同蒲公英一般四散进李庄的土地，同济大学占据了镇中心的各种古建筑，史语所去了板栗坳，中国营造学社则搬到上坝。几个月间，李庄人口就从三千六百人激增到一万五千人。

从前，绝大多数中国人都不知道李庄的名字，后来，从世界各地寄出的信件，只需写上"中国李庄"四个字，就可以顺利抵达。

小小的李庄，成了这一代学人的挪亚方舟，载着他们迎向未知的命运。

最奢侈的味道

总有一条狗要抢先叫起来，像个蓄谋已久的指挥家。吠声乍起，四邻的狗立刻纷纷应和，远远近近，高高低低，曲折绵长。穿过农田就是梁思成、林徽因、刘敦桢等人当年寓居的房子，他们在哪里，中国营造学社就在哪里。

院子里有棵大桂圆树。梁思成一住下来，就往桂圆树上拴一根竹竿，每天不辞辛苦地带着年轻人反复爬竹竿。到野外测绘古建筑时，攀爬是基本功，一天也不容荒废。

小小的院落里，梁家与刘家的住所占据两侧，中间是长长的办公室，几张旧桌椅摆放得挺整齐，每走一步，木地板也会随着吱呀作响，仿佛时光沉闷的回声。

中国营造学社又壮大了些，招募了几名年轻的工作人员，卢绳、王世襄和罗哲文等人，多年后都将成为中国建筑界与文物界的泰山北斗。

1940 年，罗哲文考入中国营造学社做练习生时，只有十六岁。刘敦桢对这个好奇的年轻人说，中国营造学社是一个纯粹的学术团体，大家都是读书人，做学问的，不是当官的，不是衙门。[1] 最初，罗哲文帮刘敦桢抄写、整理《西南古建筑调查概况》，后来又随梁思成学习绘图、整理历史文献，梁思成手把手地教他使用绘图板、丁字尺、三角板和绘图仪器。

川南多雨，房间里永远潮湿、阴暗，老鼠和蛇时常造访，臭虫更是成群结队从床上爬过。病中的林徽因受到特殊优待，有一个帆布床，其他人都只能睡光板和竹席。有时，林徽因连续几个星期高烧达到四十摄氏度，李庄缺医少药，梁思成自己学会了给她打针。

物资紧缺，物价仍在飞涨。每个月收到薪金，就得立刻买

1　罗哲文：《难忘的教诲　永远的怀念——纪念刘敦桢师诞辰 110 周年》，载
　东南大学建筑学院编《刘敦桢先生诞辰 110 周年纪念暨中国建筑史学史
　研讨会论文集》，第 14 页。

米买油，稍有延迟，它们就可能变成一堆废纸。刘敦桢一家五口，除夕之夜的年夜饭只有五块小小的麻饼，唯一与往常不同的是，在这个特殊的夜晚，几根小蜡烛暂时取代了桐油灯，插在一块萝卜上。

梁思成开始学习蒸馒头、做饭、做菜、腌菜，林徽因则学会了针线活儿，每天强撑着病体给孩子们缝补那几件小得几乎穿不下的衣服，她自嘲"这比写整整一章关于宋、辽、清的建筑发展或者试图描绘宋朝首都还要费劲得多"。

倘若生计还是难以维持，梁思成就得去宜宾，把衣服当掉，换些食物回来。被当掉的还有他钟爱的派克笔和手表，那时他就会开玩笑说，把这只表红烧了，把那件衣服清炖了吧。

住在李庄的孩子不少，父辈们偶尔会信手在小本子上画几笔，给孩子们玩。梁思成画过一幅小画，是一个精致的小碗，盛着番茄蛋汤。他在旁边写道：等到抗战胜利了，要喝上这么一碗。[1]

这就是梁思成最想念的味道，在那个时代，已是奢望。

在林徽因眼中，儿子梁从诫曾是"一树一树的花开，是燕在梁间呢喃"，[2] 几年之间，他却长成了"一个晒得黝黑的乡村小伙子，脚上穿着草鞋。在和粗俗的本地同学打交道时口操地道的四川话"，[3] 不知林徽因有没有想起《呼啸山庄》里的哈里顿，

---

1 2014 年 10 月，我在成都拜访岳崚峻先生，感谢他讲述了梁思成这幅画作的故事。

2 林徽因：《你是人间的四月天》。

3 费慰梅：《梁思成与林徽因》，第 160 页。

命运如此阴差阳错。

旧报纸上登的永远都是旧闻，所幸，想读书可以去史语所借。这也是中国营造学社从昆明迁往李庄的原因之一。[1] 简陋的家里竟还有一台留声机，几张贝多芬、莫扎特的唱片，慰藉着困窘的时光。[2] 从史语所借来几张莎剧唱片，就能让林徽因兴奋得像个孩子，她会模仿劳伦斯·奥利弗（Laurence Olivier）的语调，喃喃地讲着哈姆雷特那经典的念白："To be, or not to be: that is the question." 生存还是死亡，根本不是问题。梁思成与林徽因心中，其实早有答案。

何处是李庄？

流亡之中，所幸故人并未失去联系。

费正清、费慰梅夫妇时常收到李庄的来信，信封上贴满邮票，里面的信有厚厚的好几封，署着不同的日期。因为邮资昂贵，寄信都是一种奢侈的行为。信纸大多极薄极脆，往往大小不一，形态各异，有的可能包过菜或肉，留着细微的印痕。纸张的每个角落都满满地填着字。在李庄，纸同样来之不易。

怎样向别处的朋友们解释李庄这座偏僻的小镇，梁思成颇费思量。

1　早在寓居昆明时，中国营造学社就开始向史语所借阅藏书。根据史语所档案：昆 7—131，中国营造学社来函，函达敝社近迁居龙泉镇麦地村，社员梁思成等六人拟借阅贵所图书，希惠准并祈赐覆。1939 年 6 月 16 日。
2　费正清：《费正清中国回忆录》。

　　李庄地处长江上游，上承宜宾，下接泸州，流向重庆。清人翁霖霖在《夜宿李庄》中写道："入境依然泊夜航，人烟最数李家庄。地沿僰道寻孤驿，江合戎城记一塘。别渚蒹芦秋淡荡，隔堤牛马水苍茫。双渔藉手劳相问，深愧扶筇父老行。"当年行客们沿江直下，夜泊李庄时，每每也会在百感交集中望向江岸边连绵起伏的炊烟。倘若登岸造访，则会与无数神灵狭路相逢，东岳大帝、龙王、玄武祖师、关公、佛祖、观音，以及耶稣，在各自的门扉里等候前来许愿的人们。其实，梁思成他们并不是李庄的第一批流亡者，明清两代，"湖广填四川"，李庄就迎来过各地移民，四方杂处，形成"九宫十八庙"的古镇格局。王爷庙的后山门，石坊上有一副对联，"江客来从幽径入，羽流归向小门敲"，描述的正是典型的李庄风土，大江奔涌，山径深幽，风波迭现，万物静默。

　　1942 年，费正清再度来到中国，担任美国国务院文化关系司对华关系处文官和美国驻华大使特别助理。虽然他是中国通，费氏夫妇还曾与梁思成、林徽因结伴走过山西的穷乡僻壤，然而，梁思成还是无法向他们准确地描述李庄，最终，他只能模糊地写道，李庄在"长江上游一条不太吸引人的支流旁"。[1]

　　听说费正清准备到李庄一聚，梁思成兴奋地把李庄的位置标注得更详细了些。"从重庆坐一艘破轮船到李庄，上水要走三天，回程下水要走两天。没有任何办法可以缩短船行时间或改善运输手段。然而我还是要给你一张标出我们营造学社位置

1　费慰梅：《梁思成与林徽因》，第 146 页。

的地图，以备你万一在李庄登岸而又没人在码头接你时之用。船是不按班期运行的。每一次到达在这里都是突发事件。但你仍然可以用电报通知我们你搭乘的船名和日期。电报是从宜宾或南溪用信函寄来，两地离此都是 60 里（约 20 英里），它可能在你来到之前或之后到达。"[1]

他之所以对重庆与李庄之间的水路了解得如此清楚，是因为他也时常这样往返奔波。中国营造学社早年依靠"庚款"维系，"二战"开始，"庚款"难以为继，梁思成只能设法四处寻求支持，去陪都重庆，就是为了向行政院和教育部申请经费，最终，由中央研究院史语所和中央博物院负责发放营造学社主要成员的薪资，而讨来的研究经费往往也只是杯水车薪。

这一年的 11 月，费正清来到李庄，他生了重病，一直卧床，傍晚五点半就要点起菜油灯和蜡烛，天黑得早。李庄的艰苦远远超出费正清的想象，他感叹："如果美国人处在此种境遇，或许早就抛弃书本，另谋门路，改善生活去了。但是这个曾经接受过高度训练的中国知识界，一面接受了原始纯朴的农民生活，一面继续致力于他们的学术研究事业。学者所承担的社会职责，已根深蒂固地渗透到社会结构和对个人前途的期望中间。"这是中国文化人的宿命，近代以来更被频仍的国难烘托得愈发悲怆。

几年后，费慰梅也有机会从空中俯瞰李庄。她和梁思成搭乘一架美军的 C-47 运输机，从重庆起飞，四十分钟后，在长

---

1   费慰梅：《梁思成与林徽因》，第 154 页。

江的转弯处，她看到一片城墙。梁思成告诉她，那就是上水行舟第一天最后到达的地方。[1]就是在这片深山中的小镇，梁思成与林徽因伴着昏暗的菜油灯，度过了各自的四十岁——对学术研究与艺术创造而言，那本该是一生中最宝贵的时光。

与命运暗自较量

梁思成的体重降到四十七公斤，他的背比从前更驼了。回望北平的时光，时常有恍若隔世之感，他在信中写道："有时候读着外国杂志和看着现代化设施的彩色缤纷的广告真像面对奇迹一样。"

所幸，流亡的日子里，他见到了另一种奇迹——那些散落在深山之中的古老建筑，精美绝伦的石刻造像，逃过了千百年光阴的侵袭，大美无言，遗世独立。即便在最黑暗的时代，也总会有丝缕微芒，能够照亮一隅，慰藉人心。

刘敦桢忙于整理《西南古建筑调查概况》。从1940年7月到1941年12月，他代表中国营造学社，与中央博物院筹备处合作，走访了云南、四川、西康的四十四个县，调查了一百八十多处古建筑及附属艺术遗物。但他深知，自己所见的不过是九牛一毛，只有"云南十分之一，四川五分之一，西康十九分之一"。他和同事们正在面对的，是极其复杂的建筑形态，一个与北方全然不同的世界。尽管西南地区的建筑可以笼统地

1　费慰梅：《梁思成与林徽因》，第168页。

分为"汉式"和"藏式",但"因地理、气候、材料、风俗及其他背景之殊别,产生各种大同小异之作风。每种作风又随时代之递嬗,而形成若干变化。故吾人欲于短期内完成详尽而系统之调查,殆为事实所难许可"。[1]

他也开始兴致勃勃地写《云南古建筑调查记》,梳理了云南古建筑的历史演变,并计划针对自己在昆明及昆明之外各地域调查的古建筑情况,分别写两篇论文,[2]可惜,这篇文稿最终只完成了不到一半。

尽管研究经费极其微薄,中国营造学社还是考察了李庄周边的古迹。莫宗江、卢绳测绘了李庄旋螺殿和宜宾旧州坝白塔,莫宗江、罗哲文和王世襄测绘了李庄宋墓,刘致平则调查了李庄的民居和成都的清真寺。此外,作为中国营造学社的代表,陈明达参与了中央博物院在彭山的崖墓发掘,莫宗江则参与了对成都王建墓的发掘。抗战胜利看起来依然遥遥无期,工作可以消解每一天的焦虑与失望。

梁思成则开始写作《中国建筑史》,莫宗江负责绘制插图,卢绳帮忙收集元、明、清的文献资料,病中的林徽因除了收集辽、宋的文献资料并执笔之外,还校阅补充了《中国建筑史》的全部文稿。

脊椎组织硬化症一直困扰着梁思成,他不得不套着一件用钢铁制作的马甲才能工作。为了减轻脊椎的压力,他用一个花

---

1 刘敦桢:《西南古建筑调查概况》,载《刘敦桢全集》(三),中国建筑工业出版社,1982年,第320—321页。

2 刘敦桢:《云南古建筑调查记》,载《刘敦桢全集》(三),第379页。

瓶抵住下颌，作为支点，支撑头部的重量。他笑着宣称，这样可以把线画得更直些。[1]

他们每天工作到深夜，在昏暗的菜油灯下，与命运暗自较量。写作让他们短暂地忘记了现实的苦厄，一次次重返那些传说中的黄金时代。许多年后，人们会发现，梁思成、林徽因与刘敦桢开创的时代，同样曾是中国的黄金时代。

黎明之前

1943 年初夏，英国科学史家李约瑟来到李庄，在梁家受到"煎鸭子的款待"。[2]他在李庄发表演讲，探讨为什么科学在中国的发展速度比不上欧洲。[3]然而，眼前的现实又让他百感交集。

当时童第周在同济大学任教，李约瑟对这位蜚声海外的中国科学家同样心生好奇，执意要看看他的实验室。不料，他只看见一台旧显微镜，以及几尾金鱼。那台德国造的显微镜是从旧货店买来的，花了童第周夫妇两年的工资。童第周没有额外的实验设施，像农民一样靠天吃饭，天晴时到阳光下做实验，下雪时则借助雪地的反光。李约瑟不禁感叹，童第周解剖金鱼做研究，但童第周自己又何尝不是一条困在沙漠中的金鱼。

1　吴良镛：《前言》，载《梁思成全集》（第一卷），第 18 页。
2　林徽因在写给费正清的信中这样描述。参见费慰梅《梁思成与林徽因》，第 158 页。
3　李济：《安阳》，第 137—138 页。

　　中国营造学社同样被困在沙漠中。李约瑟离开几个月后，刘敦桢也向学社的同仁们辞行。1943 年秋，他决定回归阔别十一年之久的国立中央大学建筑系。离开的前夜，他与梁思成促膝长谈。两人因中国营造学社而相遇，合作十一年。抗战之初，中英庚款董事会曾表示，即便中国营造学社的社员们因战火流落各地，只要梁思成和刘敦桢在一起，董事会就愿意承认学社的存在。他们熬过了最艰难的岁月，却终究难逃一别。

　　刘敦桢的离开，似乎颇有隐情，[1] 但其中一个重要原因，是中国营造学社已经失去经济来源。尽管费正清努力向哈佛燕京学社争取了五千美元赞助，也无济于事。学社成员们无法领到工资，生活朝不保夕。刘敦桢给营造学社做过会计，更是深知其中的艰难。[2]

1　关于梁思成与刘敦桢之间的微妙关系，存在许多争议。吴良镛先生有过一些回忆与评判，"关于梁先生和刘先生之间，有着种种传说。例如 1988 年，我在波士顿 MIT，那时费正清夫人费慰梅正在整理《梁思成和林徽因》，她邀请我去她的别墅，问了好多问题，连带了些史实的部分，最后她当面问我梁和刘的问题，我并没有回答她，她就说：'你是儒家。'现在，我仍然认为我未回答她是对的，因为我难以把握她会如何在文章中发挥。'文化大革命'后，我主持编纂《梁思成文集》，童先生也曾经跟我提过，在两位之间要持平，否则的话他们在九泉之下要 turn around，当然我是遵从童老的意见的……与其有种种传说，不如深入地研究二位先生的治学理念，在学风、方法或学术观点上的不同。这样的研究可以让人们更深刻地了解当时的时代背景，也可以更深入地了解前人做学问是那么的不容易。他们真是披荆斩棘来从事这样的学问。"参见吴良镛《回忆沙坪坝时代的刘敦桢先生》，载东南大学建筑学院编《刘敦桢先生诞辰 110 周年纪念暨中国建筑史学史研讨会论文集》，第 18 页。

2　刘敦桢之子刘叙杰的回忆。根据崔勇在 2000 年 8 月 24 日对刘叙杰的专访，刘叙杰时任东南大学建筑研究所教授，参见崔勇《中国营造学社研究》，第 228—229 页。

离开李庄后，刘敦桢前往重庆沙坪坝，并于次年担任中央大学建筑系系主任。他终于从一个风尘仆仆的考察者，重又变成"身穿长衫，手持茶杯，缓缓步入教室，讲话如数家珍"的儒雅学者。[1] 可是生计并没有获得太大的改善，为了维持生活，他被迫变卖了珍藏多年的《辞源》，纵然如此，依然无从挽救小女儿，她被脑膜炎夺去了生命。

陈明达也在同期离开李庄，前往西南公路局。抗战带给他致命的精神打击。他留在北平的母亲和妹妹相继去世，未婚妻在地下抗日活动中牺牲，未成年的弟弟妹妹突然又杳无音信。能慰藉他的，只有杯中酒，以及杜甫的诗句——"烽火连三月，家书抵万金"。他用无穷无尽的工作麻醉自己，工作之余就酗酒痛哭。命运无常，灾难接踵而至，但《营造法式》仍是他唯一的精神支柱。他强迫自己每天待在小房间里，手抄了整本《营造法式》和全部的手绘建筑图。离开中国营造学社后，他也从未放弃对应县木塔和《营造法式》大木作的探究。在他的余生里，他一直在研究并注释《营造法式》，并且坚信，通过这部北宋的"天书"，可以一条一条地还原出"一个与西方建筑学体系迥异其趣的中国建筑学体系"。

中国营造学社只剩下四人，林徽因写信向费慰梅哀叹："现在刘先生一走，大家很可能作鸟兽散。"

中国营造学社并没有作鸟兽散。1944 年，梁思成甚至恢

1　参见吴良镛《回忆沙坪坝时代的刘敦桢先生》，载东南大学建筑学院编《刘敦桢先生诞辰 110 周年纪念暨中国建筑史学史研讨会论文集》，第 17 页。

复了停办七年多的《营造学社汇刊》。在昏暗的房子里，他们把论文编排好，在药纸上誊抄、绘图，再用石印印在土纸上，自己折页、装订。梁思成在复刊词中描述了同仁们所做的努力："在抗战期间，我们在物质方面日见困苦，仅在捉襟见肘的情形下，于西南后方作了一点实地调查"，而这"一点实地调查"其实包括"云南昆明至大理间十余县，四川嘉陵江流域、岷江流域，及川陕公路沿线约三十余县，以及西康之雅安芦山二县"，他们寻访的遗迹包括寺观、衙署、会馆、祠、庙、城堡、桥梁、民居、庭园、碑碣、牌坊、塔、幢、墓阙、崖墓、券墓以及雕塑、摩崖造像、壁画，等等。两期汇刊中有多篇文章正是他们在四川的考察成果，有莫宗江的《宜宾旧州白塔宋墓》、刘致平的《成都清真寺》、卢绳的《旋螺殿》，以及王世襄的《四川南溪李庄宋墓》，而战前梁思成在山西五台山佛光寺的发现，以及费慰梅对山东武梁祠的考察，也都在这两期汇刊中有所交代。

在复刊词中，梁思成不厌其烦地对各大机构在抗战中给予中国营造学社的支持表达着谢意，来自中华教育文化基金会和中英庚款董事会的补助，来自教育部和行政院的特别补助与追加预算，来自史语所、国立中央博物馆、国立编译馆、中央大学、江西建设厅的合作或委托，都让中国营造学社得以勉强运转。对此，他深怀感激。[1]

然而，《营造学社汇刊》复刊后只出版了两期，就被迫永

---

1. 梁思成：《复刊词》，载《梁思成全集》（第四卷），第 223—224 页。

久停刊。在最后一期汇刊上，梁思成写道："每一个派别的建筑，如同每一种的语言文字一样，必有它的特殊'文法''辞汇'……此种'文法'，在一派建筑里，即如在一种语言里，都是传统的演变的，有它的历史的。"他一生执着于破译这些"文法"，而探索《营造法式》、写作中国建筑史，正是他的尝试。他为此奔波多年，寻访，考察，测绘，也因此幸运地与不同时代的古建筑狭路相逢。他做了充分的准备，只是没有料到，起笔时已然国难当头。

1945 年，他建议清华大学校长梅贻琦创立建筑系，为战后重建培养人才。他踌躇满志，试图重新规划中国的建筑教育。对于中国许多大学建筑系沿袭的法国 Ecole des Beaux-Arts 课程体系，他颇为不满，认为"过于着重派别形式，不近实际"，他自己则对包豪斯兴趣盎然，希望以此规划建筑系的课程，培养"富有创造力之实用人才"。带着中国营造学社剩余的几名成员，梁思成启程前往清华。

中国营造学社存世十五年，自此悄然落幕。这十五年里，有八年是在战火、流离与极度困窘中度过的，纵然如此，他们依然努力取得了空前的成就。他们彼此扶持，熬过了抗战，却决定在黎明来临前做出新的选择。

当年梁思成离开美国后，格罗皮乌斯（Walter Gropius）、密斯·凡德罗（Mies Van der Rohe）等现代主义建筑师开始引导建筑界，包豪斯风潮异军突起，对此，梁思成多少有过一些遗憾，当然，只有面对知交好友时，他才会偶尔慨叹一番，觉得自己不小心错过了现代建筑学的盛宴。[1]不过，当他在 1947 年短暂地重返美国，前往耶鲁大学和普林斯顿大学讲学，并参与设计联合国大厦时，一位年轻的美国建筑师感叹，尽管美国建筑界"很少有人知道他（梁思成）或他的事业"，但是"他给我们的会议带来了比任何人都多的历史感，它远远地超越了勒·柯布西埃所坚持的直接历史感"。[2]

阴差阳错之间，许多中国古建筑随着梁思成、刘敦桢、林徽因等人的脚步，得以重现人间，《营造法式》不再是无人能懂的"天书"，中国建筑史得到相对系统的书写。他们走出书斋，合力拓展出一个新的领域，成了开创者而不是追随者。于是，当初的错过，也便拥有了仿若命定般的意义。

1　根据费慰梅回忆，梁思成曾多次表示，自己"刚好错过了建筑学走向现代的大门口"。参见费慰梅《梁思成与林徽因》，第 31—32 页。

2　费慰梅：《梁思成与林徽因》，第 184 页。

第六章　寻求新"意义"

1945 年春天的两三个月间，梁思成一直待在重庆的一个小房间里。他被任命为战区文物保存委员会副主任，负责用中英文为美国第十四航空队编制华北及沿海各省文物建筑表，并在军用地图上做出标注，以免战机误炸这些古迹。[1] 三年多以后，北平解放前夕，他又应中共之邀，编写了《全国重要建筑文物简目》。1949 年 10 月 1 日，他应邀登上天安门城楼观礼，他感到无比振奋，次日又带着全家人，在院子里席地而坐，高唱《义勇军进行曲》。他相信，他和他所钟爱的北京城，正一起迎来新生。

当初中国营造学社的两位领袖，一南一北，分别主持着清华大学建筑系和南京工学院建筑系。无论外界怎样众说纷纭，

---

[1] 参见梁思成在 1945 年编写的《战区文物保存委员会文物目录》(*Chinese Commission for the Preservation of Cultural Objects In War Areas List of Monuments*) 以及在 1968 年 11 月 5 日所写的说明材料。

他们依然保持着友好的关系。两人见面时仍会相互恭维，刘敦桢也会把自己的学生送到清华，请梁思成指导。[1]有一次，梁思成为《中国古代建筑史》写了一篇序言，然而，当他得知刘敦桢也写了一篇，就把自己那篇悄悄收了起来，至死都未曾示人。[2]

但时代不同了。面对接踵而来的政治运动，哪里还有君子风度的容身之地。

梁思成的后半生，是在写检讨中度过的。1935 年，他曾野心勃勃地期望用自己对古建筑的研究，帮助建筑师们"定他们的航线"，尽管他的理想根本没有实现，但是二十年后，他还是不得不在《大屋顶检讨》中批评自己"严重地影响了许多建筑师的设计思想，引导他们走上错误的方向"。毛泽东希望从天安门上望出去到处都是烟囱，梁思成却和年轻的建筑师陈占祥一起不合时宜地提出了"梁陈方案"，想让北京保持历史风貌，成为"像华盛顿那样环境幽静、风景优美的纯粹的行政中心"。于是，所有关于城市和建筑的专业探讨，最终都将被定性为政治问题。

他仍惦念着佛光寺，他所发现的最古老的木构建筑。但佛光寺，仅仅作为一座罕见的唐代建筑是不够的，他不得不为它寻求更高尚的意义。于是，1953 年，在《记五台山佛光寺的

---

1 刘先觉：《纪念恩师刘敦桢先生》，载东南大学建筑学院编《刘敦桢先生诞辰 110 周年纪念暨中国建筑史学史研讨会论文集》，第 22 页。

2 参见吴良镛《回忆沙坪坝时代的刘敦桢先生》，载东南大学建筑学院编《刘敦桢先生诞辰 110 周年纪念暨中国建筑史学史研讨会论文集》，第 18 页。

建筑》中，他补充道："解放以后，我们知道佛光寺不唯仍旧存在，而且听说毛主席在那里还住过几天。这样，佛光寺的历史意义更大大地增高了。"[1]他也开始笨拙地使用各种新的术语，来描述他的建筑大发现。讲起佛光寺的供养人宁公遇时，他提醒读者们注意宁公遇与宦官的关系，"看看他们的权富怎样反映于宗教遗物，留到一千一百年后的今天，就可以证明当时的宗教是服务于封建统治阶级，用来麻痹人民的"。[2]多年前，他对宁公遇的评价其实截然相反，那时他称她为"功德主"，"谦卑地坐在坛梢"，他还曾兴致勃勃地给林徽因和宁公遇拍摄过一张合影——林徽因一手叉腰，一手搭在宁公遇的塑像肩上，仿佛失散了十几个世纪的姐妹。[3]

1955年，林徽因在风暴来临前病逝。人生中的最后六年，她参与设计了国徽、八宝山革命公墓主体建筑和人民英雄纪念碑。林徽因的墓碑，是由梁思成设计的。他在碑上留下七个字——"建筑师林徽因墓"——为爱人的一生盖棺定论。在林徽因复杂的身份标签中，他只选择了建筑师这一个身份。可惜，哪怕这菲薄的、完全无害的七个字，也在"文革"中被红卫兵毁去了。

许多年后，人们记住了梁思成与林徽因在北平北总布胡同

1　梁思成：《记五台山佛光寺的建筑》，载《梁思成全集》（第四卷），第369页。

2　梁思成：《记五台山佛光寺的建筑》，载《梁思成全集》（第四卷），第375页。

3　梁思成：《华北古建筑调查报告》，载《梁思成全集》（第三卷），第358—359页。

的家，记住了"我们太太的客厅"，记住了种种绯闻与情感的暗涌，却大多不记得，有许多时间，林徽因与梁思成并没有留在那间舒适的客厅里，而是宁愿去荒野与山村间辗转，把自己交付给古老的建筑遗存，交付给那些消逝已久的时光。

梁思成留在人间，继续小心翼翼地拿捏措辞，不断做着各种看似深刻的检讨，甚至陷入自我怀疑。为《宋〈营造法式〉注释》作序时，他反复斟酌，修改了三次。他写道："另一方面，我们又完全知道它对于今天伟大祖国的社会主义建设并没有什么用处。"但他后来把"用处"划掉，改成了"直接关联"。最后，他又划掉"直接关联"，留下了生前最后的未定稿——"另一方面，我们又完全知道它对于今天伟大祖国的社会主义建设并没有什么现实意义。"从"用处"到"直接关联"，再到"现实意义"，他竭力迎合，却又显然心有不甘，他试图用一种迂回的方式去证明，他和中国营造学社同仁们从前的探求、辗转奔波的时光，并非全无意义。

这些检讨并不能保证他在一次次风暴中全身而退。1967年，他被打成"反动学术权威"。在病中，他依然主动阅读大量揭发材料，希望能跟上群众的步伐，把自己视作尘芥一般，他写道："如果真是社会主义建设的需要，我情愿被批判，被揪斗，被'踏上千万只脚'，只要因此我们的国家前进了，我就心甘情愿。"

刘敦桢并不比梁思成幸运。当梁思成致力于保卫老北京，刘敦桢则对南京、苏州、扬州一带的园林与城市绿化等问题提出了许多中肯的建议。然而，1966年，风暴乍起，他就开始遭受批判，他对中国古典园林的研究，转而成为他的罪证。当年 9 月 21 日，由于日本建筑代表团来访，他得以短暂地"复出"，奉命接待外宾，带着他们游览了明孝陵和中山陵。日本代表团离开后，等待他的是变本加厉的批判。1968 年 4 月 30 日，刘敦桢因病不治去世。四年后，梁思成孤独地闭上了眼睛，在城墙倒塌的尘埃中，他所钟爱的故城早已面目全非。

1959 年冬，刘敦桢曾作为中国代表团的一员，访问印度，在一个半月里参观了印度的大批文明遗迹。有一天，一家招待所的总管理员好奇地问他，有没有参加过两万五千里长征。[1]这个印度管理员当然不知道，刘敦桢、梁思成他们考察中国古建筑走过的路，远远超过两万五千里。只是，这些往事不再被提起，也不便被提及罢了。

1　刘敦桢:《访问印度日记》，载《刘敦桢全集》(四)，第 171 页。

结语　走出书斋以后

明天就死又何妨！

只拼命工作，

就像你永永不会死一样。

——丁文江

急起直追

"半年多未到田间，忽然又得浴日吹沙，精神为之一爽……"。[1]1932 年春天，李济重返安阳，主持殷墟第六次发掘，忍不住发出这样的感叹。他和他的同事们已经越来越适应田野生活，热爱并享受着考古发掘带来的惊喜，沉埋已久的地下世界令他们魂牵梦萦。

不过，这一年是李济最后一次主持殷墟发掘。[2]从 1933 年开始，这项任务将彻底交给年轻的梁思永以及更年轻的石璋如等人，李济终要为政务牵绊，而史语所也需要传递薪火。

考古队正不断壮大，甚至形成梯队，这种情形在八九年前

1　史语所档案：元 168—14，李济致函傅孟真，1932 年 4 月 18 日。
2　殷墟发掘一般分春秋两季进行，这一年秋天，李济还将主持殷墟的第七次发掘，也是他最后一次在现场直接主持殷墟发掘。

都是难以想象的。九年前，李济自己也只是科学考古的门外汉，凭借在美国习得的人类学知识，勉力到河南新郑进行第一次发掘，积累了一点经验。八年前，如果历史老师在课堂上讲"石器时代"或者"铜器时代"，仍会引起哄堂大笑，因为学生们觉得这些史前时代听起来实在过于荒诞。[1] 所幸，从 1920 年代末开始，随着各地考古发掘的推进，大量出土文物终于改写了国人的观念与认知。

他们生活在一个无比迷恋"急起直追"的时代，[2] 然而，田野考察的这一场转捩却显然并非猝然降临，而是经历了漫长的探索与铺垫。

近代中国的田野考察，从 1910 年代发端，几乎与民国同龄；而考古学蓬勃之势，则与"北伐"后形成的国家统一局面相始终。20 世纪上半叶的所谓"黄金十年"，不只是经济、文化发展或生活方式升级，其实也是田野考察与大发现的黄金时代。无论是开采矿产，勘探煤炭、石油，发掘古生物、古人类化石，还是寻找古文明和古建筑遗存，都是国家实力的体现乃至民族形象的缩影。一个重生的国家或者说新兴的政府，需要解释自身的合法性，证明自己代表着民族文化的正朔，于是，田野考察与考古发掘或多或少也成为这种政治叙事的一部分。在这十余年间，尽管东北三省被日军步步紧逼，内忧外患从未消弭，但是，相对统一、安定的环境，经济的发展，国家对科学的倡导，对文

1　李济：《中国考古学之过去与将来》，载《安阳》，第 300 页。
2　梁启超、蔡元培、胡适、陈独秀、李大钊、罗家伦、翁文灏、林徽因等人乃至蒋介石都习惯于一次次使用这个词自我敦促或激励同仁。

化教育的重视，都为田野考察提供了空间，形成了助力而非阻力。

饱经离乱的中国人也愿意相信，在东方大地上始终存在着足以与西方并驾齐驱甚至超越西方的文明——从数十万年前的"北京人"时代，到仰韶文化、龙山文化代表的新石器时代，再到殷商时代，莫不如此。新闻业的发达更提供了舆论环境，学界的新发现得以在民间迅速传播、发酵、轰动，而在民族主义情绪日渐高涨的 1930 年代，这些大发现还带有"雪耻"的意味，就更能引起共鸣，成为古老民族残存的慰藉。中国早已不是旧日想象里的天朝上国，国土沦丧之际，国人却对天下中心依然心存执念。这当然是长期贫弱状态下的一种心理上的反弹，其实也有救亡图存的意味——人们首先需要重拾自信，才有勇气奋发图强。

从"感佩"到"翻案"

发轫于这个特殊的时代，中国的田野考察与考古发掘背后，藏匿着复杂的情愫。

19 世纪末，中亚和远东逐渐成为世界考古学界的重心所在，海外学者和探险家纷至沓来，而在中国大地上，一系列考古和矿藏大发现最初都是由海外学人代劳的。即便地质调查所是由中国学人创立并主持，海外学者同样起到了不可替代的作用。葛利普和安特生都在国际学术界享有盛誉，安特生、梭尔格、德日进等人更是身体力行地为年轻的中国学人展示着田野考察的方法和研究规范。地质调查所能够异军突起，成为蔡元培眼中中国"第一个名副其实的科研机构",离不开葛利普、安特生、梭尔格、德日进、步达生等海外学人的贡献。因此,章鸿钊借用春秋战国时的称谓,亲切地把他们称为"客卿"。[1]中国地质学会创建之初,章鸿钊更是明确表态:"新地质学和民国同时产出之后,十年以来,外国的有名地质学家,常常在我们左右和我们共事,这正是使我们得到一种不能不发展的机会……这是极可感佩的。"作为这场巨变的主导者之一,他的总结可谓一语中的,而所谓的"不能不发展"更是生动地展现出中外学人之间微妙的关系——海外学人给中国学人带来了压力,更赋予了动力;而中国地质界的发展,有被动应激的一面,但更多仍是主动的选择。

随着一大批拥有田野考察能力和经验的年轻人成长起来,天平开始倾斜,"感佩"之外掺杂了更复杂的情绪。中国学者越来越能独当一面,也逐渐有呼声要求海外学者不要再继续"染指"中国人力所能及的领域,[2]此外,也有中国学者因为自己的发现未被海外学者认同而颇感愤怒。[3]但是,整个中国地质学

1　章鸿钊:《中国地质学发展小史》,商务印书馆,1937年,第5页。

2　在《世界日报》1931年1月26日的那篇《驱除斯坦因事件经过——徐炳昶傅斯年之谈话》中描述的中国学人的态度,可谓一例。"且此时吾国考古学已甚发达,古迹应尽国人先作,尤不便任外人匆忙掘取,致损古迹。"

3　例如,从1920年代到1930年代,李四光宣布在太行山和庐山发现冰川遗迹,而安特生不认同。当时李四光这样评价安特生的质疑:"他所持的怀疑态度是严肃的。"但是,等到1950年代,李四光的回忆发生了变化:"他用一种轻蔑的态度,把那些材料很轻视地置之一笑,使我大吃一惊……那些外国人为什么这样做呢? 就是要维持他们在中国的威信。"对于李四光的转变,详见樊洪业《李四光"庐山论冰"真相》,《南方周末》2014年3月13日。

界其实未能真正摆脱对西方学者的依赖，举世瞩目的周口店发掘即是一例。五个"北京人"头骨化石固然都是中国学人发掘出来的，但是，正如李济后来的评价，"周口店发掘是一个国际合作的实例，参加发掘的除中国人外还有来自美国、加拿大、瑞典、法国、英国和德国的许多著名科学家"。[1] 周口店能进行大规模发掘，最初由安特生和步达生促成，新生代研究室则由步达生和魏敦瑞实际主持和规划，他们还充当着中国学界与国际学界沟通对话的桥梁。步林和李捷等人摸索出发掘方法，德日进则和杨钟健一起分析了地层分布，这些具有奠基意义的工作，让裴文中、贾兰坡的发掘有路可循。

合作需求其实一直都是双向的——海外学者需要考察机会和研究素材，中国学者则需要与海外学者切磋，甚至在某些特定问题上获得他们的认可——无论是对"北京人"牙齿归属的评判，还是对"北京人"用火遗迹的论证，仍然需要海外权威专家一锤定音。

对于扎根中国十余年、与大家亦师亦友的安特生，中国学人的情感最为微妙。作为地质调查所顾问，安特生虽是外国人，却也在某种程度上代表着中国学术界。中国第一次加入世界地质学大会，提交的四篇论文中就有一篇出自安特生之手，而他还和丁文江、翁文灏等人通力合作，共同开创了中国地质学和史前考古的规范与格局。在他的一系列大发现中，最引人瞩目的仰韶遗址与周口店遗址，由于事关中华民族起源，对中国人

1　李济：《安阳》，第 51—52 页。

而言，其意义更是非比寻常。

　　然而，安特生根据仰韶村出土的彩陶提出"中国文化西来说"，却又深深刺痛了中国学人。袁复礼曾在1921年和安特生一起发掘仰韶遗址，不过，五年后，当他和李济结伴完成西阴村的发掘，立刻宣布他们要依靠西阴村的出土文物来"翻案"。"中国文化西来说"始终让李济耿耿于怀，后来他一次又一次试图用西阴村发现的精美彩陶、龙山文化出土的黑陶，以及与西方截然不同的俯身葬法来质疑安特生的假说。当然，还要一直等到1930年代梁思永在后冈发现"三叠层"的证据，再等到1940年代夏鼐在齐家墓葬的发掘过程中明确仰韶文化早于齐家文化，中国学人才算联手完成了致命一击。不过，尽管如此，李济仍然能理性地评价安特生的贡献，把他视为"第一个通过自己的成就在中国古生物调查中示范田野方法的西方科学家"。[1]当然，这也并非誉过其实。

　　如果说学人们对安特生"中国文化西来说"的反击主要还是基于学术层面的切磋，那么，与日本学界的对抗则带有更强烈的爱国情感和民族主义情绪。地质界曾有人要求把许多专用名词都废弃，重新命名，因为这些名词大多是从日文转译成中文的。所幸，丁文江、翁文灏等人冷静地呼吁："科学界必须求节省时间，最宜免各分门户。日本名词为中国所无者中国自宜应用，中国名词为日本所未有者日本亦必接受。所以中国用日文寒武，日文亦必用华文之奥陶。谊尚往来最便实用。"1930

1　李济：《安阳》，第45—46页。

年代，中国被日本侵略者步步蚕食，书生无力投笔从戎，只好以学术研究对阵日本学界和政界。傅斯年派梁思永调查昂昂溪遗址，他本人又在"九一八事变"后赶写《东北史纲》，正告侵略者，东北自古就是中国的一部分，与日本无关。中国营造学社也因梁思成和刘敦桢的坚持，从此"驱逐"了全部日本社员。1932 年 6 月，林徽因在信中毫不客气地说，梁思成正在宝坻县考察古建筑，"我们单等他的测绘详图和报告印出来时吓日本鬼子一下痛快痛快，省得他们目中无人，以为中国好欺侮"。[1] 后来，他们对唐代木构建筑满怀执念，自然是为了学术研究，但在很大程度上，也未尝不是想"吓日本鬼子一下痛快痛快"。可惜，当他们终于如愿以偿，全面抗战却爆发了，一个时代的期望与绝望，都浓缩进 1937 年芒种前后那个大喜大悲的戏剧性时刻。

当然，他们并非圣人，不可能全知全能，有时也失之草率。傅斯年在《东北史纲》中的一些论断被证明存在错误，而李济的得意弟子、后来的国际考古学界领袖张光直也对 1950 年代以前的中国考古学有所反思，认为其最主要的特征是民族主义。[2] 无论是地质学界、考古学界还是建筑学界，都有过一些难以解开的心结，执迷于回应甚至刻意对抗海外学界的某些判断，这几乎变成了一种本能反应。这些思维惯性显然都是"民

---

1 1932 年 6 月 14 日，林徽因致信胡适。

2 张光直：《二十世纪后半的中国考古学》，载《考古学专题六讲》，生活·读书·新知三联书店，2013 年，第 170 页。

族情感压倒了学术规范"的体现,[1] 会直接影响研究的客观性和价值。如果回到1930年代中国的语境下,这一切似乎情有可原,但它们无疑又是危险的。当这些复杂的情绪经年累月不断淤积,形成思维惯性,终至变调乃至失控。

"借镜"

与地质调查所相比,史语所和中国营造学社一直保持着高度的自主性,但这并不意味着盲目排外。史语所创办之初,傅斯年就明确提出"外国人之助力断不可少",并陆续邀请伯希和、米勒(F. W. K. Müller)、高本汉、[2] 史禄国、钢和泰、步达生、德日进等海外学人担任通信研究员或专任研究员。中国营造学社也有八名社员分别来自日本、德国和美国。[3] 两家机构都与海外学界交流频仍,往来紧密。

固然,中国学人始终心存纠结。胡适、陈垣、傅斯年等人一次次誓言要把汉学中心从巴黎、柏林、东京夺回北平,又频频哀叹梦想遥遥无期。陈寅恪给毕业生作诗留念,也大发感慨,大家蜂拥着到日本去研究中国历史,"神州士夫羞欲死",他希望学生们能够努力,"要待诸君洗斯耻"。[4] 这种"夺嫡"与

---

1 这是王汎森的判断,他认为,傅斯年在写作《东北史纲》时出现的问题,体现出"民族情感压倒了学术规范"。王汎森:《傅斯年:中国近代历史与政治中的个体生命》,第169页。

2 高本汉的名字当时被译为珂罗倔伦。

3 林洙:《叩开鲁班的大门》,第20页。

4 陈寅恪:《北大学院己巳史学毕业生赠言》。

雪耻的渴望，在史语所创立后似乎终于迎来了曙光。1932 年，因伯希和大力推荐，安阳殷墟发掘报告获得"儒莲奖"，而历史组和语言组也都有不小的成就，当年年底，傅斯年就迫不及待地向蔡元培宣布："此时对外国已颇可自豪焉。"[1] 蔡元培的回信则直接点破了傅斯年内心真正所想："'中国学'之中心点已由巴黎而移至北平，想伯希和此时亦已不能不默认矣。"尽管两人都知道，这个论断下得太过草率，中国学界要走的路还很长，何况，即便是这个奖项也仍是西方学术界在决定游戏规则。当然，对于创办只有四年的史语所而言，这已是不菲的成就。

1933 年，伯希和再度访华，史语所以欧美同学会的名义举行欢迎会，傅斯年、梁思成、林徽因等人都在场。傅斯年致辞，盛赞伯希和的学术功底与见地，希望他能"对吾人有些同情而不客气的批评"，与此同时，傅斯年又倡议中国学人发愤图强，挑战西方汉学界，"应存战胜外国人之心，而努力赴之"。不过，这并不意味着中国学界要闭门造车，而是"应借镜于西方汉学之特长，此非自贬实自广也"，因为学术的进步"甚赖国际间之合作影响与竞胜"。所谓的"借镜"，既是学习和借鉴，更是一种多元、开放的治学态度，并非示弱，而是借此获得新生的力量。

欢迎会召开之前的几个月，梁思成曾与伯希和有过书面往来。伯希和辑录的《敦煌石窟图录》中有几张建筑照片，引起了梁思成的兴趣，他与伯希和联络，询问是否有更清晰的照片

1　史语所档案：III：81，1932 年 12 月 26 日，傅斯年致蔡元培。

或相关材料，得到了伯氏热情的回应，因此，梁思成用"惠然不惮繁屑的指导我们"这样的溢美之词公开表达谢意，尽管事实上他并不需要伯希和帮他做出任何判断或给予任何指点，他需要的只是一些照片、资料以及翻印照片的授权。[1]

那场宴会上，傅斯年提醒伯希和注意中国学界的新迹象，"北平的中国学人，在这几年中已大大地扩充了他们的范围，勇敢地尝试些新方法"，两年后，当伯希和再度访华，适逢梁思永主持殷墟第十一次发掘，规模空前，出土文物繁多，傅斯年兴奋地把伯希和带到安阳发掘现场，后者惊叹不已。傅斯年自然想借伯希和之口向世界传播殷墟的重要价值，但他其实更是在自信地展示着中国学人独立取得的成就。果然，两年后，伯希和就在哈佛大学三百周年演讲中盛赞殷墟发掘"是近年来全亚洲最重大的考古发掘"。

相形之下，中国营造学社对日本建筑学家怀着很高的警惕心。关野贞曾向朱启钤提出联合调查独乐寺，朱启钤不置可否，却把这个信息透露给梁思成，促成了梁思成第一次真正意义上的田野考察。近年有观点认为，梁思成、林徽因等人或许未能突破伊东忠太对中国建筑史的界定，[2] 但是，毋庸置疑的是，他

1　参见梁思成《伯希和先生关于敦煌建筑的一封信》，载《梁思成全集》(第二卷)，第45—48页。当然，有一点值得注意。常盘大定和关野贞认为，中国存世最古老的建筑是大同华严寺薄伽教藏，而伯希和提出，敦煌有一处檐廊比薄伽教藏还要早数十年。他在给梁思成的信中驳斥了常盘大定和关野贞的论断，这反映出他的学术功底与视野，而且显然也引起了梁思成的共鸣。

2　朱涛在《梁思成与他的时代》一书中，对此做了详尽的论述。

们在田野考察的过程中掌握了大量一手资料，运用现代建筑学的方法加以观照；更对《工程作法则例》和《营造法式》进行了深入研究，因此，他们可以自信地宣布，他们比所有外国人（当然也包括本国人）更理解中国营造，他们才是这个领域的权威，有足够的资格回应并纠正海外学人对中国古建筑的种种误读。

当然，中国学人在考察和研究过程中，运用的仍是西方的地质学、地层学、古生物学、考古学、人类学、建筑学等领域的知识和方法。大多数学术领袖从海外留学归来，即便是自学成才者如裴文中、贾兰坡，也都有着各自视作"圣经"般的西方学术典籍——《古生物学教程》和《哺乳动物骨骼入门》，而当梁思成打算培养莫宗江绘图时，交给他的也是一部西方经典——弗莱切尔的建筑史。

既然能成为所谓的"圣经"，它们提供的当然不只是基础知识，更是视野和方法论。在这些"圣经"中，唯一的例外大概就是《营造法式》了——这部"天书"由中国人书写，而且诞生于千年以前。梁思成、刘敦桢、陈明达等人都相信，依靠它可以架构起与西方截然不同的建筑史系统，甚至可以推动当下的建筑实践。这部北宋的"天书"激励着他们一次次踏上寻访古建筑的旅程，尝试揣摩古人的深意。不过，尽管他们试图别开通途，通过考察梁、柱尤其是斗拱，摸索研究中国古建筑的独特角度，但是，无论是调查、测绘，还是撰写考察报告，他们运用的仍是现代建筑学的方法，并遵循其学术规范。学术为天下之公器，中国学人不可能不学习这些知识，不依赖这些工具，不借鉴海外学人的思维方式与方法。故步自封注定无路可走。他们固然希望复兴中国学术乃至民族精神，但他们的目标是要融入世界，而不是自绝于世界。

消逝的星河

地质调查所是在实业救国的语境下建立起来的，但其主持者丁文江构思的却是更大的学术版图，涉及矿产、岩石、古生物、地理、气候甚至人类学等诸多领域，以雄阔的视野塑造了地质调查所乃至中国地质界的格局。他的构想，与其说是一种预言，毋宁说是一种极具前瞻性的判断。对煤与铁的寻找，不可避免终将触及在大地深处沉睡无数个世纪的远古生物化石和史前人类遗骸，地质调查所的工作注定会从勘探矿藏，助力实业，扩展到古生物学乃至史前考古领域，而古生物学甚至后来居上，成为一时的显学。跨领域研究渐成趋势，并持续加速。仅仅周口店的发掘，就在短短十余年间经历了从古生物学到人类学再到考古学的跨越，[1] 而安特生、步达生等学人也都在中国找到了新的研究空间，与这个大发现的时代相互成全。

当然，地质勘探与古生物研究都很重要，并无高下之分，但这种转变至少意味着地质调查所逐渐脱离了成立之初政府施加给它的界定（何况，地质调查所也很难依赖微薄的政府拨款维持运作），田野考察与研究变得更加多元而独立。

地质学和古生物学的探索，为中国的田野调查布下恢宏的

1　裴文中：《龙骨山的变迁》，《中国科技史料》1982 年第 2 期。

开局，考古学的发展也变得顺理成章。傅斯年创办史语所，是以地质调查所为榜样的，而李济也从不否认，"做考古学工作的人亲自跑到野外去收集材料，则完全是受了近代科学的影响，尤其是地质学、古生物学的影响。安阳发掘也可以说就是这种影响所及的一个发展"。[1]当然，考古学也"反哺"地质学和古生物学，尤其是李济等人运用的"探沟法"，同样影响着周口店的发掘实践，而德日进、杨钟健、裴文中、梁思成等人都曾到访殷墟，或给予建议，或受到启发。中国营造学社社长朱启钤为地质调查所图书馆捐过款，[2]丁文江与梁家则有多年私谊。中国营造学社在抗战期间陷入困境，是史语所和李济主持的中央博物院出面为梁思成、刘敦桢等人支付薪资，傅斯年和翁文灏更全力为梁氏兄弟和林徽因争取资助。[3]中国营造学社与史语所结伴从昆明一路迁徙到李庄，当然不仅因为梁思成和梁思永的血缘关系；史语所丰富的藏书，以及傅斯年、李济等人对梁氏兄弟的关爱，都将这两家机构紧密地联结在一起。流寓西南的日子里，刘敦桢与董作宾合作调查了周公测景台，而营造学社与史语所、中央博物院还联合组成川藏古迹考察团，冒着战火，调查不辍。这一切，正如李济评价的那样："近代的学

1　李济：《〈安阳发掘〉日文版序言》，载张光直主编《李济文集》（5），第154页。

2　1922年8月5日，丁文江组了一场饭局，邀请胡适参加。他请的都是给地质调查所图书馆捐款的人，其中就有朱启钤。这是胡适第一次见朱启钤，他在日记中写道："他是近十年内的第一个能吏，勤于所事……交通系的重要分子，以天资的聪明论，自然要推叶恭绰；以办事的真才论，没有可比朱启钤的。"

3　翁文灏在这件事中起到的作用，详见李学通《翁文灏与梁思成、林徽因》。

术工作大半都是集体的。每一件有益思想的发展，固然靠天才的领悟和推动，更要紧的是集体合作的实验、找证据以及复勘。只有在这类气氛中，现代学术才有扎根生苗的希望。"

这几家学术机构的主事人也大多身兼多职，彼此密切关联。丁文江创办地质调查所，后来又担任中央研究院总干事，而他和翁文灏都是史语所的特约研究员；李济由清华国学研究院加入史语所，同时也是中国地质学会会员和中国营造学社理事；梁思成作为中国营造学社法式部主任，还在史语所兼任研究员。事实上，丁文江和傅斯年不只是地质调查所和史语所的创始人，他们实际上还充当着当时中国学术界的"设计师"，两人同样格局开阔，精力充沛，同样豪气干云，急人所难。在他们背后，还站着杨铨、任鸿隽、翁文灏、朱家骅、王世杰这些横跨学界和政界的知交，以及蔡元培和胡适两代精神领袖，所有的力量最终凝聚成学术的共同体。不世出的天才涌进同一个时代，合力造就时势，自此，中国学界出现脱胎换骨的蜕变，其实已经毫无悬念。

作为前所未有的一代人，他们既是"赛先生"的门生，又是"德先生"的信徒，在时代夹缝里，努力维系思想的独立与尊严，试图让学术超然于政治之上，不断碰壁，却屡败屡战。他们比此前许多时代的士人都更有爱国意识，更渴望复兴，迷恋富强之术，愿意为之付出任何代价，但这种爱国热忱基本是清醒的，没有被极端民族主义情绪彻底污染。

他们不再盲目地沿袭前人，或迷恋所谓权威，而是宁愿放下成见，走向田野，以科学的方法求索、实证，探寻地球的隐秘或还原历史的真相。他们保持着开放、理性的态度，愿意跨领域协同，跨国界合作，纸上的世界与地下的世界交汇，终于建构起新的格局；而当灾难降临，他们又彼此扶持，相互砥砺，挨过无尽长夜。他们缔造的时代固然传奇，但归根结底，无他，其实就是尊重常识，相信科学，保持开放的心态。

无论怎样的时代都有落幕的一日，星河终将消逝，人们各奔前程乃至生死陌路，过往种种都被时间稀释。街市永是流驶，世事不断轮回，他们经历的困惑，未来的世代仍要面对并做出抉择——是信仰科学还是迎合权力，是融入世界还是闭门自守，是努力恪守"独立之精神，自由之思想"，还是甘做附庸，究竟该如何选择，似乎不言而喻，但在现实中，所望与所求常常相悖。许多事情听来都是常识，可惜，当人们真的需要做出选择时，最先舍弃的往往就是这些最基本的准则与常识。

参考书目

"中央研究院"八十年院史编纂委员会主编:《追求卓越:中央研究院 80 年》,台北"中央研究院",2008 年。

卞僧慧纂,卞学洛整理:《陈寅恪先生年谱长编(初稿)》,中华书局,2010 年。

陈存恭、陈仲玉、任育德访问,任育德纪录:《石璋如先生口述历史》,九州出版社,2013 年。

陈洪波:《中国科学考古学的兴起:1928—1949 年历史语言研究所考古史》,广西师范大学出版社,2011 年。

陈明达:《营造法式大木作研究》,文物出版社,1981 年。

陈明远:《文化人的经济生活》,陕西人民出版社,2010 年。

陈平原:《触摸历史与进入五四》,北京大学出版社,2010 年。

程光炜:《文人集团与中国现当代文学》,人民文学出版社,2005 年。

崔勇:《中国营造学社研究》,东南大学出版社,2004 年。

岱峻:《发现李庄》,福建教育出版社,2015 年。

岱峻:《李济传》,江苏文艺出版社,2009 年。

岱峻:《民国衣冠:风雨中研院》,北京联合出版公司,2012 年。

丁文江、赵丰田编:《梁启超年谱长编》,上海人民出版社,1983 年。

丁文江:《漫游散记》,云南人民出版社,2008 年。

东南大学建筑学院编:《刘敦桢先生诞辰 110 周年纪念暨中国建筑
　　史学史研讨会论文集》,东南大学出版社,2009 年。

窦忠如:《王国维传》,百花文艺出版社,2007 年。

杜正胜主编:《来自碧落与黄泉——中央研究院历史语言研究所文
　　物精选录》,台北"中央研究院"历史语言研究所,1998 年。

费慰梅:《梁思成与林徽因》,曲莹璞、关超等译,中国文联出版公
　　司,1997 年。

费侠莉:《丁文江:科学与中国新文化》,丁子霖、蒋毅坚、杨昭译,
　　杨照明校,新星出版社,2006 年。

费正清:《费正清中国回忆录》,熊文霞译,中信出版社,2013 年。

高星、裴申主编:《不朽的人格与业绩——纪念裴文中先生诞辰
　　100 周年》,科学出版社,2004 年。

高星等主编:《探幽考古的岁月:中科院古脊椎所 80 周年所庆纪念
　　文集》,海洋出版社,2009 年。

格里德尔:《知识分子与现代中国:他们与国家关系的历史叙述》,
　　单正平译,广西师范大学出版社,2010 年。

葛兆光:《宅兹中国:重建有关"中国"的历史论述》,中华书局,
　　2011 年。

耿云志:《胡适年谱(1891—1962)》,福建教育出版社,2012 年。

胡慧君:《抗日战争时期的胡适》,浙江大学出版社,2013 年。

胡适著,曹伯言整理:《胡适日记全编》,安徽教育出版社,2001 年。

胡适著,欧阳哲生编:《胡适文集》,北京大学出版社,1998 年。

贾建飞:《文明之劫——近代中国西北文物的外流》,人民美术出版

社，2004 年

江勇振：《舍我其谁：胡适（第一部：璞玉成璧，1891—1917）》，
　　新星出版社，2011 年。

蒋天枢撰：《陈寅恪先生编年事辑（增订本）》，上海古籍出版社，
　　1997 年。

解玺章：《梁启超传》，上海文化出版社，2012 年。

李方桂：《李方桂先生口述史》，王启龙、邓小咏译，李林德校订，
　　清华大学出版社，2003 年。

李光谟：《从清华园到史语所：李济治学生涯琐记（修订本）》，商
　　务印书馆，2016 年。

李济：《安阳》，河北教育出版社，2000 年。

李学通：《幻灭的梦：翁文灏与中国早期工业化》，天津古籍出版社，
　　2005 年。

李学通：《书生从政：翁文灏传》，兰州大学出版社，1996 年。

梁启超：《梁启超全集》，北京出版社，1999 年。

梁思成：《梁思成全集》，中国建筑工业出版社，2001 年。

林志宏：《民国乃敌国也：政治文化转型下的清遗民》，中华书局，
　　2013 年。

林洙：《叩开鲁班的大门——中国营造学社史略》，中国建筑工业出
　　版社，1995 年。

刘敦桢：《刘敦桢文集》，中国建筑工业出版社，1982 年。

刘梦溪主编：《中国现代学术经典：赵元任卷》，河北教育出版社，
　　1996 年。

刘致平著，王其明增补：《中国居住建筑简史：城市、住宅、园林》，
　　中国建筑工业出版社，1990 年。

鲁迅：《鲁迅全集》，人民文学出版社，2005 年。

陆键东：《陈寅恪的最后 20 年》，生活·读书·新知三联书店，
　　2013 年。

罗斯玛丽·列文森采访：《赵元任传》，焦立为译，河北教育出版社，
　　2010 年。

罗志田：《再造文明的尝试：胡适传（1891—1929）》，中华书局，
　　2006 年。

欧阳哲生：《傅斯年：一生志业研究》，台北秀威资讯科技有限公司，
　　2014 年。

潘光哲：《何妨是书生：一个现代学术社群的故事》，广西师范大学
　　出版社，2010 年。

潘惠楼编：《周口店遗址》，北京出版社，2018 年。

裴文中：《裴文中科学论文集》，科学出版社，1990 年。

裴文中：《周口店洞穴层采掘记：地质专报乙种第七号》，国立北平
　　研究员地质学研究所实业部地质调查所，1934 年。

石璋如调查，石磊编辑：《龙头一年：抗战时期昆明北郊的农村》，
　　台北"中央研究院"历史语言研究所，2007 年。

石璋如著，李永迪、冯忠美、丁瑞茂编校：《殷墟发掘员工传》，台
　　北"中央研究院"历史语言研究所，2017 年。

舒衡哲：《中国启蒙运动：知识分子与五四遗产》，刘京建译，新星
　　出版社，2007 年。

斯文·赫定：《亚洲腹地探险八年》，徐十周等译，新疆人民出版社，
　　2001 年。

宋广波：《丁文江图传》，台北秀威资讯科技有限公司，2007 年。

苏同炳：《手植桢楠已成荫——傅斯年与中研院史语所》，台湾学生
　　书局有限公司，2012 年。

陶英惠：《典型在夙昔——追怀中央研究院六位已故院长》，台北秀

威资讯科技有限公司，2007 年。

汪荣祖：《陈寅恪评传》，百花洲文艺出版社，1997 年。

王忱编：《高尚者的墓志铭：首批中国科学家大西北考察实录（1927—1935）》，中国文联出版社，2005 年。

王汎森、杜正胜编：《傅斯年文物资料选辑》，台北"中央研究院"历史语言研究所，1995 年。

王汎森、潘光哲、吴政上主编：《傅斯年遗札》，社会科学文献出版社，2015 年。

王汎森：《傅斯年：中国近代历史与政治中的个体生命》，王晓冰译，生活·读书·新知三联书店，2012 年。

王汎森：《中国近代思想与学术的系谱》，河北教育出版社，2001 年。

王国维著，谢维扬、房鑫亮主编：《王国维全集》，浙江教育出版社，2010 年。

吴宓：《吴宓自编年谱》，三联书店，1995 年。

吴学昭：《吴宓与陈寅恪（增补本）》，生活·读书·新知三联书店，2014 年。

徐玲：《留学生与中国考古学》，南开大学出版社，2009 年。

许纪霖等：《近代中国知识分子的公共交往》，上海人民出版社，2008 年。

许倬云口述，李怀宇撰写：《许倬云谈话录》，广西师范大学出版社，2010 年。

杨钟健：《西北的剖面》，生活·读书·新知三联书店，2014 年。

杨钟健：《杨钟健回忆录》，地质出版社，1983 年。

叶文心：《民国时期大学校园文化（1919—1937）》，冯夏根、胡少诚、田嵩燕等译，中国人民大学出版社，2012 年。

易社强：《战争与革命中的西南联大》，饶佳荣译，九州出版社，

2012 年。

余英时:《重寻胡适历程:胡适生平与思想再认识》,上海三联书店,2012 年。

袁疆:《西北科学考察的先行者:地学家袁复礼的足迹》,新华出版社,2007 年。

张灏:《梁启超与中国思想的过渡(1890—1907)》,崔志海、葛夫平译,江苏人民出版社,1995 年。

张朋园:《梁启超与民国政治》,吉林出版集团有限责任公司,2007 年。

赵元任:《语言问题》,商务印书馆,1980 年。

赵元任:《赵元任生活自传》,中国华侨出版公司,1989 年。

赵元任著,吴宗济,赵新那编:《赵元任语言学论文集》,商务印书馆,2002 年。

周明之:《胡适与中国现代知识分子的抉择》,雷颐译,广西师范大学出版社,2005 年。

朱华:《近代中国科学救国思潮研究》,人民出版社,2010 年。

朱涛:《梁思成与他的时代》,广西师范大学出版社,2014 年。

望 MOUNTAIN
登自己的山

主　　编丨谭宇墨凡
责任编辑丨谭宇墨凡

营销总监丨张　延
营销编辑丨狄洋意　许芸茹　韩彤彤

版权联络丨rights@chihpub.com.cn
品牌合作丨tanyumofan@chihpub.com.cn

野 SPRING 望
MOUNTAIN

Room 216, 2nd Floor, Building 1, Yard 31,
Guangqu Road, Chaoyang, Beijing, China